KB138560

개천에서

용나면

안된다

개천에서

용나면

안된다

갑질

공화국의

비밀

강준만

인물과
사상사

'개천에서 용 나는' 모델을 깨야 산다

"사는 게 사는 게 아니다. 이게 어디 사는 거야? 전쟁이지!"

이렇게 말하는 사람이 많다. 심지어 "회사 안은 전쟁터, 밖은 지옥"이라는 말도 나온다. 사회적 약자를 위한 연대를 주장하는 이도 '심리적 참전參戰'이라는 말을 외칠 정도로, 우리에겐 모든 게 전쟁인 셈이다. 이런 '전쟁 같은 삶'은 각종 통계로도 입증된다. 한국은 세계에서 수면 시간이 가장 짧고, 노동 시간은 가장 긴 나라로, '저녁이 있는 삶'을 기대하기 어렵다.[1] "몸 부서져라 일해도 '가난 탈출' 더 어려워졌다"며 빈곤층의 참상을 알리는 기사들이 연일 쏟아져 나오고 있다.[2]

한국노동사회연구소가 통계청의 경제활동인구조사 부가조사를 분석해 2014년 11월 26일 내놓은 '비정규직 규모와 실태' 보고서를 보면, 시간당 5,580원인 최저임금도 받지 못하는 노동자가 전체의 12.1퍼센트, 227만 명이고, 정규직에 한恨이 맺힌 비정규직이 전체 임금노동자의 45.4퍼센트, 852만 명이다. 청년 노동자의 첫 일자리 가운데 36퍼센트가 비정규직이다.[3] 그 밖에도 끔찍한 통계가 수없이 많지만, 세계 최고의 자살률과 세계 최저의 출산율만으로도 그 전쟁의 참혹함을 미루어 짐작할 수 있다.

전쟁터에선 오직 힘만이 정의다. 약육강식弱肉強食 · 우승열패優勝劣敗 · 적자생존適者生存의 원리에 근거한 '사회 진화론Social Darwinism'에 따라 움직이는 사회적 전쟁도 다를 바 없다. 그런 힘의 관계를 가리키는 갑을甲乙 관계와 그 관계에서 벌어지는 갑의 못된 횡포, 즉 '갑질'은 도처에 만연해 있다. 『경향신문』(2015년 1월 8일)의 사설이 잘 지적했듯이, "지금 대한민국은 수많은 '을'의 눈물로 가득 찬 '갑질민국'",[4] 즉 '갑질 공화국'이다.

2015년 1월 한국언론진흥재단이 20~60세 국민 1,000명을 대상으로 사흘간 진행한 설문조사를 보면 95퍼센트의 응답자는 "한국이 다른 나라보다 갑질 문제가 더 심각하다"는 데 매우 동의(44퍼센트)하거나 동의하는 편(51퍼센트)이라고 밝혔다. 갑질이 "모든 계층에 만연해 있다"는 응답은 77퍼센트로 "일부 계층에 해당된다(20퍼센트)"와 "몇몇 개인에 해당된다(3퍼센트)"를 크게 앞질렀다. 또 가장 심각한 갑질은 정치인 · 고위공직자 · 재벌의 갑질인 것으로 나타났다. 갑질이 "매우 심각하다"에 대한 응답은 재벌 64퍼센트, 정치인 · 고위공직자 57퍼센트, 고용주 · 직장상사 46퍼센트 순이었다. 그런데 이 조사에서 정작 흥미로운 건 자신이 갑인지 을인지 묻는 말에 대한 답이었다. "항상 갑이다"라는 응답은 1퍼센트에 불과했고, '나는 을이다'고 답한 사람이 85퍼센트에 이르렀다. 이들 중 "항상 을이다"는 17퍼센트, "대체로 을이다"는 68퍼센트였다.[5]

그러나 갑질은 결코 많은 권력과 금력을 가진 사람들만이 저지르는 게 아니다. 그건 상대적이거니와 다단계 먹이사슬 구조로 되어 있어 전 국민의 머리와 가슴속에 내면화되어 있는 삶의 기본 양식이다. 즉, 이른바 '억압 이양의 원리'에 따라, 상층부 갑질의 억압적 성격은 지위의 고저에 따라 낮은 쪽으로 이양되는 것이다.

'갑질'에 대한 이런 착각보다 무서운 착각이 우리 내면에 도사리고 있다. 그건 바로 '갑질 공화국'의 탄생 이유에 관한 것이다. 우리는 사람들의 좋지 못한 의도와 행위들의 결과로 갑질이 성행한다고 믿는 경향이 있지만, 그건 결코 진실이 아니다. 갑질은 우리가 옳거니와 바람직하다고 여기는 것들의 '의도하지 않은 결과unintended consequence'에 의해 생겨난다. 좋지 못한 의도와 행위들도 그런 '의도하지 않은 결과'의 산물일 뿐이다. 이게 바로 '갑질 공화국'의 비밀이다.

그 비밀의 열쇠는 우리가 세속적 진리로 믿고 있는 속담에서 찾을 수 있다. 그건 바로 "개천에서 용 난다"다. 우리는 개천에서 난 용을 보면서 열광하는 동시에 꿈과 희망을 품는다. 계층 이동의 가능성을 보면서 이 세상이 살 만한 곳이라는 확신마저 갖는다.

그런 확신은 충분한 역사적 근거를 갖고 있다. 대한민국이라는 나라 자체가 국제사회에선 '개천에서 난 용'이기 때문이다. 특히 삼성전자를 비롯한 대한민국의 대표 선수 기업들은 세계 무대에서 선두를 달리며 맹활약하고 있다. 이 얼마나 자랑스럽고 가슴 뿌듯한 일인가. 우리는 내부적으로도 수많은 용을 배출했고, 내 집안은 아닐망정 한두 다리만 건너면 '개천에서 난 용'을 쉽게 찾아볼 수 있다. 사정이 그러하니 "개천에서 용 난다"를 우리의 국가 · 국민적 이데올로기로 삼는다 한들 무엇이 문제이랴.

그런데 고성장의 시대가 끝나면서 요즘은 개천에서 용이 거의 나지 않는다. 그래서 많은 이들, 특히 진보 인사들이 더는 '개천에서 용이 나지 않는 세상'에 대해 개탄하면서 개천에서 용이 날 수 있게끔 세상을 바꿔야 한다고 말한다. 이렇듯 '개천에서 용 나는' 모델은 우리 사회에서 진보적 가치에 충실한 것으로 평가된다. '개천에서 난 용'의 대표 선수로서 이 모델의 열렬한 예찬론자인 전 서울대 총장이자 전 국무총리인 정운찬은 '공정 사회는 개천에서 용 나는 사회'라고까지 주장했는데, 이를 진보적 견해로 평가하는 게 우리의 지적 · 정서적 풍토다.

최근 경상남도 도지사 홍준표가 학교에서 무상급식에 반대하는 논리로 그 모델을 내세운 것도 그런 민심을 겨냥한 것으로 볼 수 있다. 그는 신문광고, 방송 인터뷰, 트위터 등을 통해 "개천에서도 용이 날 수 있는 사회를 만들어야 합니다. 희망을 잃어버린 서민도 꿈을 꿀 수 있는 사회를 만들어야 합니다"라고 외친다. 홍준표는 "전면 무상 급식을 선별 방식으로 전환하고 여기서 남는 600여억 원의 재원을 저소득층 교육비 지원에 쓸 것"이라며 반대자들을 비판한다. "좌파 교육

감들이 무상급식 예산은 기하급수적으로 늘렸지만, 교육 기자재 예산 등 교육 관련 예산은 많게는 40퍼센트나 깎았다. 좌파들의 왜곡된 복지관觀 때문에 오히려 가난한 사람들에 대한 기회가 줄어들었다. 공부하기 위한 학교가 아니라 밥 먹기 위한 학교를 만든 꼴이다."[6]

홍준표의 이런 시도에 대해 진보와 야권은 맹공격을 퍼붓는다. "아이들 밥 가지고 장난쳐선 안 된다",[7] "아이들 점심값에 분개하는 어느 도지사의 야바위를 보며 참을 수 없이 욕지기가 치민다",[8] "기어이 '얻어먹는 아이'들을 따로 줄 세워서 모욕감과 상처를 주고 싶은 모양이다",[9] "가난을 입증하고 다시 눈칫밥 먹으라는 건가" 등등.[10]

이렇듯 비판은 매섭지만 진보와 야권의 진정한 적은 홍준표가 아니다. 그들이 숭상해온 '개천에서 용 나는' 모델이다. 홍준표는 이상한 방식으로 그 모델을 선점해 진보와 야권의 논리를 되돌려주고 있다. 한국갤럽이 3월 20일 발표한 여론조사에서 홍준표의 그런 시도에 대해 "잘했다"가 49퍼센트, "잘못했다"가 37퍼센트로 나온 것도 '개천에서 용 나는' 모델의 힘을 말해준 게 아니고 무엇이랴. 이른바 '성완종 리스트' 사건 등 홍준표의 개인적 악재들이 터져 그의 시도가 성공할 가능성은 매우 낮아졌지만, 그게 곧 '개천에서 용 나는' 모델의 실패를 의미하는 건 아니다.

"개천에서 용 난다"는 단순한 속담이 아니다. 그건 한국 사회를 움직이는 기본 모델이자 심층 이데올로기로서 무게와 중요성을 갖는다. '개천에서 용 나는' 모델은 신분 상승을 이룰 수 있는 '코리안 드림'의 토대지만, 동시에 사회적 신분 서열제와 더불어 "억울하면 출세하라"는 왜곡된 능력주의, 즉 '갑질'이라는 실천 방식을 내장하고 있다.

'개천에서 용 나는' 모델은 누군가의 희생을 전제로 한다. 세계 무대의 선두에서 맹활약하는 재벌 기업들은 혼자 잘나서 그렇게 된 게 아니다. 그들은 국가의 전폭적인 지원을 받았으며, 지금도 각종 특혜를 누리는 건 물론 중소기업을 착취하거나 쥐어짜는 갑질이 그들이 내세우는 경쟁력의 주요 근거가 되고 있다. 용의 반열에 속한다고 평가할 수 있는 좋은 직장에 다니는 보통 사람들의 고연봉도 다른 사람들의 저임금이라는 희생 위에서 가능한 것임은 두말할 나위가 없다.

게다가 '개천에서 난 용'은 자신을 배출한 개천을 돌보지 않을 뿐만 아니라 오히려 죽이는 데에 앞장선다. 개천에 사는 미꾸라지들이 아니라 자신이 어울리는 용들의 문법에 충실해야만 더 큰 성공을 거둘 수 있기 때문이다. 그렇지 않다면 대한민국 건국 이후 거의 모든 대통령과 대부분의 주요 정책 결정자들이 지방 출신임에도 지방을 희생으로 '서울 공화국'이 탄생한 것을 어찌 설명할 수 있으랴.

그보다 더욱 중요한 건 '개천에서 용 나는' 모델의 사회적 기회비용機會費用, opportunity cost이다.[11] 이 모델은 개천의 모든 자원, 특히 심리적 자원을 탕진할 뿐만 아니라 전 국민으로 하여금 개인과 가족 차원에서 용이 되기 위한 '각개약진各個躍進'에 몰두하게 만든다. 각개약진이란 적진을 향해 병사들이 지형지물을 이용, 개별적으로 돌진하는 걸 뜻하는 군사 용어다. 우리는 그런 식으로 살아가고 있다. 공동체와 사회는 와해되어가고 있는 가운데 우리가 사는 곳은 '외로운 분자들의 나라a nation of lonely molecules'로 전락하고 있다.

우리는 개천에 사는 모든 미꾸라지가 용이 될 수 있는 가능성은 열려 있다는 이론적 면죄부를 앞세워, 극소수의 용이 모든 걸 독식하게 하는 승자독식주의를 평등의 이름으로 추진하는 집단적 자기기만과 자해를 저지르고 있다. 미꾸라지들끼리 연대와 협동의 정신으로 공동체와 사회를 꾸려나가는 가치엔 그 어떤 눈길도 주지 않은 채 말이다.

우리는 모두 다 용이 될 수는 없으며, 용이 되기 위해 얼마나 많은 사람이 고통과 희생을 감내해야 하며, 용이 되지 못한 실패로 인해 얼마나 많은 사람이 좌절과 패배감을 맛봐야 하는지에 대해선 생각하지 않는다. '개천에서 용 나는' 모델을 깨지 않는 한 지금의 과도한 지역 간 격차, 학력·학벌 임금 격차, 정규직·비정규직 격차와 그에 따른 '갑질'은 결코 사라지지 않을 것이다.

'개천에서 용 나는' 모델은 한국 진보의 아킬레스건이라고 해도 과언이 아니다. 진보는 '개천에서 용 나는' 모델이 그들이 온힘을 다해 비판해마지 않는 '낙수효과落水效果, trickle down effect'의 사회적 버전임을 깨닫지 못하거나 애써 보지 않으려고 한다. 그래서 그들 역시 개혁 방법론에서 '위에서 아래로'라거나 '큰 것에서 작은 것으로'라는 '낙수효과'의 원칙에 충실하다. 노동운동에 대한 지지와 응원도 대기업 노조 중심이며, 사회 진보를 평생 과업으로 삼겠다는 사람들도 서울이나 서울 근처에서 살아야만 발언권을 가질 수 있다고 굳게 믿고 있다.

'비정규직 없는 세상'이라는 목표는 어떤가. 이는 7년째 공고화된 '비정규직 800만 명대'라고 하는 현실에선 아름다운 꿈이 될 수밖에 없다. 그 꿈을 추구하는 건 좋은 일이지만, 꿈과 현실을 구분해 현실에 걸맞은 대안 모색도 병행해야 하는 게 아닌가? 즉, 비정규직도 지금보다는 훨씬 나은 조건으로 먹고살 수 있게끔 하는 길을 찾아야 하는 게 아니냐는 것이다. 그런 고민을 하는 건 '비정규직 없는 세상'이라는 목표를 흔들 수 있기 때문에 외면하거나 소홀히 한다면, 이는 '꿈의 독재'라고밖에 달리 표현할 길이 없다.

"개천에서 용 나면 안 된다"는 말은 용과 미꾸라지를 구분해 차별하는 신분 서열제를 깨거나 완화시키는 동시에 '개천 죽이기'를 중단하고 개천을 우리의 꿈과 희망을 펼칠 무대로 삼자는 뜻이다. "개천에서 용 나면 안 된다"는 말은 '국가'니 '전체'니 하는 말을 앞세워 일부 사람들의 희생을 강요하는 건 물론 성공을 거둔 뒤에도 희생을 당한 사람들에게 적절한 보상을 해주지 않는 '철면피 심리'를 끝장내자는 뜻이다.

개인적인 차원에선 용이 되려는 이들에게 아낌없는 격려와 성원을 아끼지 말자. 그러나 '개천에서 용 나는' 모델을 공적 차원에서 장려하고 지원하는 것이 과연 괜찮은 것인지 생각해보아야 한다. 더 많은 사람이 죽어나가기 전에 이제 '개천에서 용 나는' 모델에 근거한 '전쟁 같은 삶'에 대해 다시 생각해보자. 그로 인한 과거의 성공 신화는 인정하되, 이제 세상이 크게 달라졌다는 걸 깨닫고, 전쟁 같은 삶의 종전은 아닐망정 휴전이라도 생각해보자.

지금 우리는 우리 사회의 진정한 문제가 무엇인지 그 정체를 제대로 보지 못하고 있다. 이념적·정치적 선악善惡 이분법에 사로잡혀

남 탓만 하기에 바쁘며, '너희들 때문'이라고 하는 증오의 소용돌이에 갇혀 있다. 그 '너희들'을 굴종시키거나 제거함으로써 우리가 더 나은 삶을 영위할 수 있다면, 그런 증오의 대결도 해볼 만한 일이긴 하지만, 그건 결코 답이 아니다. 모든 문제의 주범은 '너희들'이 아니라 '우리'다. 이 문제를 놓고 독자들과 더불어 생각해보고 싶다.

2015년 5월

강준만

제2장 '갑질'을 가르치는 교육

제3장 지위 불안과 인정투쟁

제4장 갑과 을, 두 개의 나라

맺는말 '비교하지 않는 삶'을 위하여

제 1 장

'갑질 공화국'의

파노라마

'조선시대보다 더한 계급사회'?

"오늘의 한국 사회는 그야말로 약육강식의 법칙이 완전히 지배하는, 안전지대라고는 찾아볼 수 없는 소름 끼치는 격투장이 되어버렸다. 한국인들은 마치 맹수에 쫓겨 정신없이 달아나는 토끼들처럼, 불안과 공포라는 괴물을 피하기 위해 죽을 때까지 멈출 수 없는 경쟁의 쳇바퀴를 돌릴 수밖에 없는 것이다."[1]

심리학자 김태형의 말이다. 과장된 진단이라고 일축하기엔 유사한 진단이 정말 많다. 경제부총리를 지낸 이헌재는 "기회가 많고 역동적이었던 우리나라가 이젠 솔직히 헌대(?) 세습사회나 다름없는 구조가 되어가고 있다"고 말한다. "혹자는 조선시대보다 더한 계급사회라고도 혹평한다. 능력과 노력만으로 가능했던, 자유로운 신분 이동은 과거의 유물이 되었다. 사회적 지위나 재산이라는 기득권이 사람들의 미래를 결정한다. 대한민국을 여기까지 끌고 온 힘, 그 역동성은 사라졌다. 고인 물은 썩는다. 정체되고 닫힌 사회는 병든다."[2]

그렇다면 새로운 시스템을 만들어야 할 텐데, 그건 정치의 몫이 아닌가. 그러나 정치는 반감과 혐오와 저주의 대상으로 전락한 지 오래다. 서울대 교수 송호근은 "오늘날 한국의 상황은 구한말 망국 때와 정확히 일치한다"고 주장한다. 너무 비관적 진단 아닌가? 그렇게 생각할 사람들에게 그는 "아니다"고 단언한다.

"구한말에는 그래도 민지民智를 모을 생각은 했다. 지금은 민지를 쪼개는 데에 정신이 팔렸다.……대한제국의 패망으로 식민지, 전쟁, 독재를 치렀듯이, '침몰하는 한국'의 유산은 당대의 것이 아니다. 우리 자녀들과 미래 세대가 감당해야 할 고난의 짐이다. 망국을 부르는 전면전에 나서기 전에 한번 자녀들의 얼굴을 보라. 그 맑고 순진한 표정이 그것을 허락한다면 다 같이 싸워 끝장을 봐도 좋겠다."[3]

아주 좋은 말씀이지만, 자녀들의 얼굴을 보라는 건 좋은 해법은 아닌 것 같다. 모두 다 내 자식 챙기기에만 혈안이 되어 있으며, 정치를 전쟁으로 만드는 것도 다 나름의 자기 자식 사랑에서 비롯된 것일 테니 말이다. 혹 우리는 무언가 잘못된 틀 안에 갇혀 있는 건 아닐까?

"위기는 낡은 것은 죽어가는 반면 새것은 태어날 수 없다는 사실에 있다"고 한 안토니오 그람시Antonio Gramsci, 1891~1937의 말에 따르자면, 오늘의 한국 사회는 진정한 의미의 위기에 처해 있는 셈이다. 연세대 교수 김상근은 한 걸음 더 나아가 '위기'라는 말로는 부족하다며 오늘의 대한민국을 '아포리아aporia'로 규정한다.

"배가 좌초되어서 어떻게 할 수 없는 상태를 고대 그리스인은 아포리아라고 했다. 이는 위기보다도 더 심각한 단계다. 위기는 도움을 청하거나 노를 저어 위험에서 벗어날 수 있지만, 아포리아는 그보다 더 심각한 '길 없음'의 상태에 접어들었음을 말한다. 더이상 어떻게 할 수 없는 상태에 접어들었을 때 우리는 상대방에게 책임을 전가하고 남에게 손가락질한다."[4]

『조선일보』 김대중의 반론

상대방에게 책임을 전가하고 남에게 손가락질을 하는 가운데 영위되는 '전쟁 같은 삶'은 오늘의 '갑질 공화국'을 탄생시켰지만, 이 논지에 모든 이가 다 동의하는 건 아니다. 예컨대, 『조선일보』 고문 김대중은 「나쁜 '갑甲질', 좋은 '갑질甲質'」이라는 칼럼에서 "사회의 공분公憤을 살 그런 따위들이 간혹 눈에 띈다고 해서 그 숫자가 그리 대단한 것은 아닐 것"이라고 말한다. 대부분의 갑甲들은 그렇게 살지 않을 것인바, 그런 전제 아래 최근 몇 건件의 사건을 가지고 우리 사회 전체를 '군림하는 갑'과 '고개 숙이고 사는 을乙'의 구도로 단순화하는 것은 비약이라는 것이다.

이어 김대중은 "그것은 자칫 우리 사회를 가진 자와 없는 자, 힘센

자와 힘없는 자, 가해자와 피해자의 구도로 양분하는 계급론적 방식으로 접근하는 위험성을 띠고 있다. 그런 접근 방식은 우리 사회의 갑甲을 무기력화시킬 수 있다"며 다음과 같이 말한다.

"어느 사회든, 어느 조직이든 갑에게는 갑의 기능이 있고 그에 따른 책임과 의무가 있다. 사회에는 지배층이 있고 피지배층이 있다. 군대에는 장교가 있고 병兵이 있다. 학교에는 선생이 있고 학생이 있다. 회사에는 상사가 있고 직원이 있다. 가정에는 부모가 있고 자녀가 있다. 지배층 · 장교 · 선생 · 상사 · 부모에게는 그 조직을 이끌어갈 책임과 의무가 있다. 모든 갑이 '갑질'의 잠재적 행위자인 양 치부되면 주눅이 든 갑은 갑의 역할과 기능을 수행하기 어렵다. 자칫 상사가 입 다물고, 장교가 눈치 보고, 교수가 고개 숙이고 사는 세상이 올 수도 있다. 이런 현상은 동시에 을乙의 일탈을 불러올 수 있다. 을에 대한 배려의 강조가 오히려 을의 자만自慢을 유발하는 결과가 되는 것이다."[5]

그렇게 우려하는 선의는 잘 알겠지만, 사태를 아주 낙관하는 것 같다. 정말로 한가한 말씀으로 들린다. 그는 "바람직한 것은 우리가 굳이 사회를 갑과 을의 단순 구도로 양분하는 것을 피하는 것이다"고 했는데, 그런 양분은 을이 하는 게 아니다. 또 "사회 통합도 부족한 마당에 이리 가르고, 저리 자르고, 쪼개는 분파적 접근은 해악적이다"고 했는데, 그런 분파적 접근 또한 을이 하는 게 아니다. 을은 갑의 양분과 분파적 접근에 저항조차 못하고 침묵하다가 극단에 이른 갑질이 뉴스가 되는 걸 보고서 익명으로 안전하게 반응하는 것일 뿐이다. 그런데 이를 두고 "갑질의 몇 케이스를 확대해 갑에 대한 분노의 표출로 피해의식을 보상받으려는 심리는 퇴행적이다"고 말하는 게 과연 온당한가? 국민의 95퍼센트가 "갑질 문제가 심각하다"고 보는 현실을 직시하는 게 좋지 않을까?

사태를 낙관했을망정, 김대중의 우려에도 취할 점은 있다. 그건 바로 "나는 갑질의 가해자일 수 없다"는 예외 의식에 대한 성찰이다. 즉, 갑질은 특정 권력자들에게만 국한된 것이 아니라, 우리 모두의 삶의 방식에 내재된 구조적 문제라는 것이다. 그래야 갑질을 1회용 분노로 소비하고 넘어가는, 그래서 달라지는 건 아무것도 없는 현 상황을 타개해나갈 수 있다.

'을'들끼리의 갑질 전쟁

2010년 미국의 에드 디너Ed Diener 연구팀이 130개 국가들을 대상으로 한 조사에 따르면, "하나의 인간으로서 존중받고 있다"고 느끼는 사람의 비율이 미국과 유럽 국가들에선 90퍼센트대에 이른 반면 한국에선 절반밖에 안 되었다.[6] "절반이나 돼?"라고 놀라움을 표해야 하는 걸까? 이는 우리 대부분이 '갑질'의 가해자일 수도 있다는 걸 말해주는 게 아닐까?

그렇지 않다면, 주유소와 편의점을 찾는 사람들 중엔 을이 훨씬 더 많을 텐데도, 이들 중 종업원들을 '야'라고 부르면서 반말을 하는 사람이 많은 건 어찌 이해해야 하겠는가? "야, 장사 안 해?" "야, 여기계산 안 해줄 거야?" "야, 요구르트가 다르잖아. 월로 갖다 주란 말이야! 월로! 에이 씨발!" 이런 소리를 들으면서 주유소와 편의점에서 알바로 일했던 한승태는 『인간의 조건: 꽃게잡이 배에서 돼지농장까지, 대한민국 워킹푸어 잔혹사』(2013)에서 '갑질 공화국'의 이모저모를 실감나게 증언하고 있다.

"이들이 단지 나이 때문에 반말을 하는 건 아니었다. 이런 사람들도 화장실 앞에서 (훨씬 어려 보이는) 다른 손님과 부딪치면 점잖은 목소리로 '죄송합니다' 하며 고개를 끄덕였다. 그러나 운전석에 앉기만 하면 주유원에게 육두문자를 날리는 쌍놈의 새끼로 변하는 것이었다. 이런 행태에 익숙해지면 직업엔 분명히 귀천이 존재하며 신분의 차이라는 것 역시 실재한다는 걸 깨닫게 된다."[7]

편의점도 다를 게 없다. 한승태는 "매주 한 번씩 들르는 슈퍼바이저는 접객 관련 불만 신고가 줄지 않는다며 언제나 투덜거렸다. 그는 어떤 손님이 알바와 다툰 일을 회사 홈페이지에 올렸는데 회장님이 그걸 읽으시곤 해당 편의점이랑 계약을 해지하라며 노발대발했다는 이야기를 빼먹지 않고 들려줬다"며 이런 문제에 대해 다음과 같은 해법을 제시한다.

"모든 서비스업 종사자에게 '눈에는 눈, 이에는 이'라고 적힌 어깨띠와 녹슨 못을 박은 각목을 하나씩 지급한다면 손님과 종업원 사이의 싸움이 획기적으로 감소하리라 생각하지만, 서비스업계가 이런 혁신적인 제안을 받아들일 만한 안목을 갖추고 있는 것 같지는 않다."[8]

택시는 어떤가? 그곳이야말로 서민이 서민에게 '갑질'을 하는 대표적인 공간이다. "늙어서 눈길 어두우면 집구석에나 있든가!" "이 영감탱이가 귓구멍이 썩었나? 한 번 이야기했으면 됐지!" "아 재수 없게. 신호 바뀌었어. 그냥 빨리 가! 돈 더 나오면 책임질 거야?" "에이, 재수가 없으려니 별 지랄 같은 놈 다 보겠네." 이런 언어폭력에 대해 개인택시를 하는 박제호(56)는 "고령화와 조기 퇴직으로 기사들의 나이가 예전보다 더 높아졌다지만 그저 우리는 투명인간일 뿐 참을 수밖에 없다"고 했다. 어떤 이유든 손님이 시청이나 경찰에 일단 신고하면 최소 몇 시간씩 조사를 받아야 하기 때문에 그럴 수밖에 없다는 것이다.[9]

대리기사가 당하는 갑질의 수난은 더 말할 것도 없다. 2014년 12월 현재 운전기사 폭행 총 발생 건수는 354건으로, 하루 10명꼴로 각종 폭행에 시달리고 있다.[10] 전세창은 '대리기사 수난시대'를 이렇게 풀이한다. "대: 대리운전 대리기사 힘들어서 못 살겠네 / 리: 이것저것 찾아보다 마지막이 이 길인데 / 기: 기사들도 인격 있다 함부로들 굴지 마라 / 사: 사람 위에 사람 없고 사람 밑에 사람 없다 / 수: 수틀리면 생떼 쓰고 막말에다 하대하네 / 난: 난잡스런 주정뱅이 깍듯하게 모셨더니 / 시: 시덥잖은 주인 행세 네놈들이 상전이냐 / 대: 대로에서 얻어맞고 이게 무슨 경우더냐."[11]

갑질은 늘 서로 주고받는다. 그래서인지 일부 택시 기사의 갑질도 대단하다. 한 30대 여성이 남자친구와 함께 택시를 탔는데 기사가 "부모 좀 잘 만나지(동네가 후지다)", "할머니구만(나이 많다)", "남의 남자 왜 붙잡냐"는 등 막말을 했다는 사연이 트위터에 올라오자, 막말·성희롱·돌아가기 등 유사 피해 사례가 쏟아졌다.[12]

6·25는 아직 끝나지 않았다

이렇듯 '갑질 공화국'에서 벌어지는 '전쟁 같은 삶'의 기원은 멀리 거슬러 올라갈 수 있겠지만, 그것이 최고조에 이른 건 6·25전쟁 시절이었다. 6·25전쟁이 한국인의 삶의 철학과 기본 자세에 미친 영향은 매우 컸다. 전쟁 중에 나온 『서울신문』(1951년 12월 30일)은 당시의 상황에 대해 다음과 같이 말했다.

"항산恒産이 없으면 항심恒心이 있을 수 없다는 옛 성현의 말씀 그대로 경제적으로 비참한 구렁에 빠지게 된 각 계층은 이렇게 완전히 도덕적으로 타락의 구렁으로 빠지게 되었던 것이다.……사람이란 때로 이상스러운 만큼 잔악하고 악착스럽고 가축만도 못한 행동을 할 때가 많다.……한 번 습성화한 악습은 여간해서 벗어나기 어려운 것으로 지난날의 경제적 괴로움을 해결하기 위하여 부끄럽게 굴었던 그들의 행동 심리는 아직도 농후하게 그들의 언행에 작용함으로써 물욕을 중심한 상호 질시, 자기만을 위하는 극도의 개인주의, 부패성의 자기 합리화 등등 모든 건전치 못한 요소는 아직도 뿌리 깊게 우리들의 마음 그리고 이 사회 안에 뿌리를 박고 있는 것이다." [13]

'6·25 심성'이라 부를 수 있는 그런 의식과 행태는 전후에도 지속되었다. 최봉영은 "이전까지만 하여도 편법주의, 즉 권술은 강한 비난의 대상이 되었다. 권술은 언제나 권도로 위장되어 음성적으로 행해져야 했다. 그러나 전쟁을 겪게 되자 생존을 위한 최후의 수단으로 '얌체', '사바사바', '적당주의', '요령주의', '모리배' 등과 같은 권술이 일반화되었다. 이제 사람들은 예의염치란 불필요한 것일 뿐만 아니라 삶을 구속하는 방해물이라고 생각하게 되었다"며 다음과 같이 말한다.

"6·25전쟁이 끝나자 사람들은 배고픔과 이산에 대한 한이 맺히면서 어떠한 수단을 동원해서라도 살아남겠다고 발버둥치게 되었다. 이제 출세를 위해서는 무슨 방법이든 가능하게 되었고, 돈을 벌기 위해서는 어떠한 수단이든 가능하게 되었다. '바가지'가 난무하게 된 것은 이때부터였다. 사람들은 무엇이든지 원할 수 있었기 때문에 지금까지 그들을 묶고 있던 규범의 사슬이 하나둘 풀려나갔다. 출세와 돈을 위해서라면 몸을 팔 수도, 밀수를 할 수도, 다른 사람의 등을 칠 수도 있었다. 따라서 극소수의 규범주의자와 대다수의 탈규범주의자가 윤리와 비윤리의 극단을 이루는 윤리적 극단주의가 지배하게 되었다."[14]

그런 참혹한 전쟁을 한국만 겪은 건 아니지만, 한국은 지구상에서 유일하게 반세기 넘게 분단 체제의 휴전 상태라고 하는, 그것도 심심하면 간헐적인 실제 전투와 더불어 '불바다' 운운하는 언어 전쟁이 늘 지속되는 상태에 처해 있었다. 휴전 상태에서의 경제 개발도 전쟁 모드를 그대로 적용시켰고, 세계 최고의 해외 의존도를 갖게 된 수출지향형 전쟁에서 노동자는 늘 '산업전사産業戰士'로 싸워야 했던 전쟁국가, 바로 그것이 한국이었다.

그런 '전쟁'을 겪으면서 나라를 이만큼 발전시킨 세대에 헌정된 영화라는 평가를 받은 〈국제시장〉 관객이 1,400만 명을 넘어섰다. 전우용은 「전시戰時 인간성의 대물림」이라는 칼럼에서 "처자식 먹여 살리기 위해 '인간성의 밑바닥'에 도달하는 것도 마다하지 않았던 사람들, 사람으로서 할 일 못할 일 가리지 않고 닥치는 대로 해야 했던 사람들을 동정하고, 그들이 선조이기에 감사하는 것은 인지상정이다" 며 다음과 같이 말한다.

"그런데 이 사회 일각에는 그 시절을 지배했던 의식과 태도, 정신을 되살려야 한다고 주장하는 사람들이 있다. 전쟁 중에나 전쟁 직후에나, 자식들에게는 이 지긋지긋한 가난을 대물림하지 않겠다는 것이 보통 사람들의 일반적 결심이었다. 한국 경제를 성장시킨 견인차 중의 하나는 이 집단적 결심이었다. 이 결심 안에는, 자식들은 '인간성의 밑바닥'에 도달하는 일이 없기를 바라는 염원도 포함되어 있었다. 그럼에도 '물욕을 중심한 상호 질시, 자기만을 위하는 극도의 개인주의, 부패성의 자기 합리화 등등 모든 건전치 못한 요소'들로 가득 찼던 전시의 인간성을 되살리자고? 이거야말로 전쟁을 겪은 세대의 성취를 부정하는 것이고, 그들의 일생 자체를 모욕하는 짓이다."[15]

'6·25 심성'을 되살려야 한다는 주장은 난센스지만, 나는 전우용의 생각과는 다른 의미에서 난센스라고 생각한다. 되살리고 말고 할 것도 없이 '6·25 심성'은 여전히 현재 진행형인데, 무엇을 되살린단 말인가? 한국인은 아직도 6·25전쟁 시절을 사는 듯이 '죽느냐 사느냐' 식의 처절한 삶을 살고 있다. 6·25도 끝났고 '보릿고개'도 끝났지만, 그 시절을 살던 정신은 아직 살아 있다. 한국의 살인적인 대학입시 전쟁이 그걸 잘 보여주고 있잖은가. 그건 적나라한 '생존투쟁'

이요 '계급투쟁'이다. 6·25는 끝났지만 그들은 여전히 또 다른 6·
25를 겪고 있는 것이다.

"30년에 300년을 산 사람은
어떻게 자기 자신일 수 있을까"

6·25는 한국인에게 오직 재앙이요 저주이기만 했는가? 그게 꼭
그렇진 않다는 데에 역사의 아이러니, 아니 잔인함이 숨어 있다. 인류
역사에서 전쟁은 늘 참혹했지만, 동시에 늘 수혜자를 만들어냈다. 세
계의 강대국이나 선진국치고 전쟁에 적극 뛰어들지 않은 나라가 없
고, 전후 경제성장이라고 하는 '전쟁의 축복'을 누리지 않은 나라가
없다. 무엇보다도 전쟁은 기득권 세력을 와해시켜 대대적인 제도 개
혁을 가능케 한다.[16] 인간 세계의 근본 모순인 셈이다.

인명과 고통의 관점에서 보자면, 6·25는 악마의 저주로 간주되
어야 마땅한 일이었다. 사망자, 부상자, 실종자를 포함한 인명 손실은
300만 명으로 전체 인구의 10분의 1이나 되었으며, 1,000만 명이 가
족과 헤어졌고 500만 명은 난민이 된,[17] 필설로 다할 수 없는 끔찍한
비극을 낳은 그 전쟁이 악마의 저주로 여겨지지 않는다면 과연 무엇
이 악마의 저주란 말인가?

그런데도 6·25가 그 어떤 혜택을 가져왔다면? 박명림은 그런 곤
혹스러움을 비켜가기 위해 '분단의 역설'이라는 표현을 쓴다. 그는 분

단의 역설 중 가장 크고 비밀스런 역설은 그것이 사회의 발전에 기여했다는 역설일 것이라고 말한다.[18] 같은 맥락에서 정진상은 '한국전쟁 축적구조'를 역설한다. 6·25전쟁이 전근대적 계급 관계를 깨끗이 청소한 것은, 혁명이 과거의 유산을 쓸어버리는 것과 같은 결과를 가져왔으며, 그걸 한마디로 표현하면 '자본의 천국'이었다는 것이다.[19]

이채진은 "전쟁 그 자체는 바람직하지 못한 괴물임에는 틀림이 없지만, 그 과정에서도 예상치 못한 새로운 무엇이 발아하고 창조될 수 있다는 사실을 지적할 필요가 있겠다"고 말한다. "한국전쟁에서도 전통적인 사회질서의 변화, 신흥 자본주의의 대두, 고난을 타개하려는 의지, 국가 안보를 위한 결의, 여성 해방의 출발, 일부 북한 주민의 남하, 국제적 감각의 향상 등 다양한 긍정적 영향을 생각해볼 수 있다."[20]

흔히 '지옥'으로 묘사된 전쟁의 참상이 불러일으킨 그 어떤 정신적 자세, 즉 '6·25 심성'은 생존경쟁, 물질만능주의, 개인주의, 경쟁과 같은 가치들을 촉진시켰다. 물론 이 가치들은 자본주의 이데올로기의 심층을 구성하는 것들이었다.[21] 즉, 전쟁의 소용돌이에서 발생한 평준화 의식과 상승 이동의 기회균등화가 사회 발전에 기여했다는 뜻이다.

하긴 혼란으로 인해 하루아침에 지위와 신세가 뒤바뀔 때에 사람들은 무슨 생각을 했을까? "너나 내가 다를 게 무엇이냐. 너는 어쩌다 출세를 했을 뿐이니 나도 운수만 따르면 출세하는 건 시간문제다"라는 생각을 했을 것이고, 이런 사고방식이 뜨거운 교육열로 이어지면서 긍정적으로 작용한 점도 있을 것이다.[22]

'6·25 심성'의 일상화로 구현된 갑질 역시 마찬가지다. 갑질이 나쁘기만 했을까? 그랬다면 그게 그렇게 오랫동안 지속되면서 기승을 부리긴 어려웠을 것이다. 갑질 역시 한국인의 전투성을 키워준 동력 중 하나였다. "갑질을 당하면서 느낀 모욕감은 내가 성장하는 데 비료가 되었다. 나 스스로가 강해지는 수밖에 없다는 진리를 깨달은 것이다. 갑질을 당하는 것은 내가 약한 자이기 때문이다."[23] 이런 증언이 말해주듯, 갑질을 당한 한국인 대부분은 자신이 당한 갑질을 성공을 위한 비료로 삼았다고 보아야 하지 않을까?

그런 심리적 토대에 여러 구조적 여건이 맞물리면서 우리는 세계에서 그 유례를 찾기 어려울 정도로 놀라운 '압축성장condensed economic growth'을 이룩했다. 이와 관련, 김진경은 "삼십 년에 삼백 년을 산 사람은 어떻게 자기 자신일 수 있을까"라는 질문을 던진다.

"일본이 메이지유신 이후 100년 동안에 서구의 근대 300년의 변화를 압축해 따라갔다면 한국은 60년대 이래 30년 동안에 서구의 300년을 압축해 따라갔습니다. 이러한 속도 속에서, 이러한 광기 어린 변화 속에서—좀 과장해 말한다면—우리는 30년의 생물학적 시간에 300년의 서사적 시간을 살아버린 것입니다."[24]

'세계 최고'와 '세계 최악'의 병존

세계 학계에서 6·25전쟁 전문가로 자리 잡은 브루스 커밍스Bruce

Cummings는 "다른 나라 사람들한테는 일어나지 않거나 거의 일어나지 않는 이런 경제성장"의 원인에 대해 곤혹스러워한다. "나는 한국 전문가를 자처하지만 어떻게 남한이 그렇게 잘했는지도 잘 이해하지 못한다. 삼성이 소니를 추월해서 애플의 강력한 경쟁자가 됐다. 어떻게 이런 일이 가능했는지 놀랍다."[25]

한국은 '제국주의 경험을 하지 않고 선진국이 된 유일한 나라'라거나 '제2차 세계대전 후에 원조를 받았던 수많은 나라들 가운데 유일하게 원조를 해주는 나라'로 바뀌었다는 찬사도 줄을 잇는다. 최준식은 이 모든 게 '전체 인류사의 기적'이라고 주장한다.[26] 그 밖에도 한국의 좋은 점은 이후 헤아릴 수 없이 많다. 이나미는 다음과 같이 말한다.

"나는 한국이 좋다. 세상 어딜 가도 이만한 자연이 없고, 이만큼 친절한 관공서와 경찰도, 이만큼 정 많고 똑똑하고 잘생긴 국민도 없다.……어느 나라처럼 총으로 무고한 사람들을 쏘아 대지도 않고, 스스로 자살 폭탄이 되는 일도 없다. 밤새 더러워진 거리도 새벽이면 말끔히 치워지고, 대부분의 사람들은 열몇 시간의 공부와 노동을 조용히 감내한다. 이런저런 어려움이 많겠지만 수천 년 동안 그랬듯이 한국인들은 앞으로도 주어진 운명을 잘 개척해나갈 것이다."[27]

최준식과 이나미는 한국 예찬론을 펴고 있는 것인가? 그게 아니다. 그들이 쓴 책들은 한국 사회에 대한 전면적 비판이다. 일방적으로 비판만 하면 "자학하는 거냐?"고 시비를 걸 사람들이 적지 않겠기에 공정과 균형 차원에서 일단 우리의 장점을 거론한 것뿐이다. 예컨대, 최준식은 한국이 이룩한 그 기적의 그늘에서 '행복은 꼴찌, 불행은 일

등인 국가'가 탄생했다며, 오늘날 한국인에게 행복은 과연 가능하겠느냐고 묻는다.

"우리는 지금 어떤 문화 속에서 살고 있습니까? 한국 사회 전체가 '무한경쟁'과 '편 가르기', 자신 혹은 자기가 속한 공동체가 무조건 옳다는 독선적인 이기주의, 자신의 잘못은 모두 남 때문이라는 '남탓주의', 그러면서도 남들을 따라 하지 않으면 견디지 못하는 '무릇대주의'가 팽배해 있습니다."[28]

조윤제도 "지난 66년의 대한민국 역사는 자랑스러운 역사다. 세계가 놀라워하는 경제도약을 이뤘고 민주화도 이뤄냈다"고 전제하면서도 '국가개조'의 필요성을 역설한다. "우리 사회에 깊이 퍼져 있는 불공정, 부패, 반칙, 비합리성, 비효율성, 이런 것들이 정부와 지도자들 그리고 사회 전반에 대한 국민들의 불신을 낳고 있다. 그리고 여기서 나오는 분노와 좌절감이 대립과 갈등, 반목의 골을 깊게 하고 있다. 이를 고쳐나가기 위해서는 결국 전반적 국가제도와 운영체계의 개편, 관행의 변화, 그리고 국민들 스스로의 행동 양식에 일대 변화가 일어나야 한다."[29]

박명림도 한국이 단기간에 선진국에 진입한 경제발전과 기술진보는 '한국 기적'이라 불러도 부족함이 없다면서도 "출생에서 사망에 이르기까지 삶의 모든 단계에서 한국의 집합적 인간지표는 적절한 언어를 찾기 어려울 만큼 섬뜩함 자체"라고 말한다.

"우리 공동체에는 지금 세계 최고 수준의 경제지표와 기술지표, 세계 최악 수준의 인간존엄과 인간지표가 병존하는 것이다. 인류 역사상 이런 공동체는 한국이 거의 유일하다.……서로 반대되는 한국적 기적Korean miracle과 한국적 재앙Korean disaster, 한국에의 희망Korean dream과 한국의 수치Korean shame가 공존하는 한국적 신비Korean mystery와 한국적 수수께끼Korean enigma를 어떻게 이해하고 결합하며 해결할 것인가?"[30]

한국인의 '이카로스 패러독스'

영국 저널리스트 대니얼 튜더Daniel Tudor는 한국의 그런 두 얼굴을 다룬 책의 제목을 아예 『한국: 있을 수 없는 나라Korea: The Impossible Country』라고 붙였다. 『기적을 이룬 나라 기쁨을 잃은 나라』라는 한국어판 제목이 그런 양면성을 실감나게 표현해주고 있다. 물론 그 역시 답을 잘 알고 있다. "한국을 가난에서 구제하고 마침내 우뚝 서게 한 그 경쟁의 힘이, 오늘날 한국인을 괴롭히는 심리적 원인이 되고 있다"는 것이다.[31]

국제적 차원에서 보자면 한국은 '개천에서 난 용'이다. 그런데 이 용은 늘 비교중독증에 시달린다. 대니얼 튜더는 "끔찍한 비극인 세월호 사건에 대해 부끄럽다고 얘기하는 한국인이 있다"며 "한국과 외국을 끊임없이 비교하는 한국인들을 보며 서글픔을 느꼈다"고 말한다. "한국인들은 선진국이 되고자 하는 열망으로 남과 비교하는 저주에 빠져버렸다"는 것이 그의 진단이다.[32] 물론 그런 '비교의 저주'는 일상적 삶에서도 끊임없이 나타난다. 누가 용이 되었으며 누가 용의 지위에 더 근접했느냐를 놓고 한국인은 남들은 물론 자신조차 못살게 군다.

'6·25 심성'은 우리에게 눈부신 발전을 가져오게 한 동시에 '전쟁 같은 삶'이라는 결과를 초래하고 말았다. 물론 심리적 관점에서 보자면 그렇다는 것이고, 한국이 '갑질 공화국'이 된 이유는 매우 복합적이다. 상호 맞물려 있거니와 각기 위상이 다르긴 하지만, 단순 나열식으로 열거해보자면 ① 압축성장의 부작용(황금만능주의 등), ② 효율을 기하기 위한 1극 중심주의가 낳은 서열주의, ③ '낙수효과落水效果, trickle down effect' 중심의 정책으로 인한 사회적 위계화, ④ 수출지향형 경제정책으로 인한 기업사회 구축, ⑤ 부정부패와 출세주의, ⑥ 법치의 실종, ⑦ 연고주의 · 정실주의 · 패거리주의 등 무수히 많은 요인이 얽혀 있다. 그럼에도 이 모든 요인을 그대로 방치하거나 감내케 한 주요 원인이라는 점에서 '6·25 심성'은 매우 중요한 의미를 갖는다.

'6·25 심성'의 두 얼굴은 이른바 '이카로스 패러독스Icarus Paradox'로 볼 수 있다. 그리스신화에 나오는 이카로스는 도저히 벗어날 수 없을 것 같던 상황에서 밀랍으로 날개를 만들어 하늘로 날아오르는 성공을 거두었지만, 자신의 성공에 도취된 나머지 태양에 가까이 감으로써 목숨을 잃고 만다.[33] 지금 우리는 이카로스처럼 태양에 점점 더 근접해가고 있는 건 아닐까?

한국인이 빠져든 이카로스 패러독스는 이른바 '경로의존經路依存, path dependency'의 산물일 수도 있다. 경로의존은 한 번 경로가 결정되고 나면 그 관성과 경로의 기득권 파워 때문에 경로를 비꾸기 어렵거나 불가능해지는 현상을 가리킨다. 한 번 길이 나기 시작하면 사람들은 그 길로만 다닌다. 그 길을 따라 수많은 건물이 세워진다. 그 후에 아무리 더 빠르고 좋은 길을 찾아낸다 해도 이미 엄청난 '기득권'을 생산한 길을 포기한다는 건 매우 어려운 일이다.[34] 지금 우리는 더 좋은 길이 있다는 걸 알고 있으면서도 현재의 길을 바꾸는 게 어렵다는 이유만으로 우리가 전혀 원치 않는 길을 따라 계속 살아가야만 하는가?

사실 이카로스 패러독스의 산 증인들은 우리의 정치 지도자들이다. 그들은 자신을 지도자의 반열에 오르게끔 만든 개인적인 특성을 갖고 있다. 그 특성은 처음엔 장점이었지만 곧 단점, 아니 자신을 파멸케 하는 독약이 된다. 그 특성을 자신의 위상과 시대적 흐름이 크게 달라진 상황에서도 계속 써먹으려고 들기 때문이다. 처음 시작한 대로 끝장을 보려고 하는 심리, 일관성이 있다고 칭찬하기엔 그로 인한 사회적 비용이 정말 크다. 이런 경우엔 "일관성은 상상력이 없는 사람의 마지막 도피처"라고 한 영국 작가 오스카 와일드Oscar Wilde, 1854~1900가 백번 옳다. 이제 우리도 일관성의 덫에서 탈출해 태양을 향해 가는 진로를 변경해야 할 때가 되지 않았을까?

"적이 안 보인다, 누구와 싸워야 하는가?"

아니 이제 미룰 수 없는 임계점에 도달했다고 보는 게 옳겠다. 한국은 이미 1990년대부터 세계에서 스트레스가 가장 심한 나라로 등극했으니 말이다. 한국의 40대 남성 사망률이 세계 최고인데다, 남성 수

명이 여성보다 8년 정도 짧아 경제협력개발기구OECD 국가 중 가장 큰 격차를 보이는 것도 한국이 고高스트레스형 사회 구조임을 말해준다.[35]

고스트레스는 분노로 이어지기 마련이지만, 누구나 다 분노할 수 있는 자유가 있는 건 아니다. 서구인들이 분노를 일상생활에서 10번 느끼고 8번 표출한다면, 한국인은 50번을 느끼고 20번쯤 표출한다는 연구 결과가 있다. 즉, 한국인에겐 억누르는 측면이 훨씬 강하다는 것이다. 이게 바로 한국인에게 '화병火病'이 많은 이유다.[36]

화병은 '전쟁 같은 삶'이 유발하는 전형적 증상이다. 국제정신의학계가 1996년 '화병Whabyung'을 한국적인 정신신경장애증상으로 공인했듯이, 한국인들은 늘 화로 이글거린다. 화난 상태를 표현하는 다양한 언어가 말해주듯, 한국인은 '치솟는다', '솟구친다', '치받는다', '치민다', '끓어오른다', '부글댄다', '이글거린다', '타오른다', '터진다' 등과 같은 상태에 자주 빠져들었다.[37]

2015년 1월 한 취업 포털사이트가 직장인들을 대상으로 "직장 생활을 하면서 화병을 앓은 적이 있는가?"라고 물었더니 응답자의 9할 이상이 "그렇다"고 답했다. 직장인들이 화병 원인으로 든 것은 '상사·동료와 맺은 인간관계에 따른 갈등'(64퍼센트)이 압도적이었고, 그다음이 '업무 스트레스'(25퍼센트)였다. 그래서 "우리 사회는 울화鬱火의 혈기血氣가 가득한 '울혈鬱血 사회'다"라는 진단까지 나온다.[38]

집단적 차원에서 '외상 후 스트레스 장애PTSD: Post-Traumatic Stress Disorder'가 있는가 하면, 그 반대로 '외상 후 성장posttraumatic growth'도 있다. '6·25 심성'도 그런 두 얼굴을 갖고 있지만, 지금 우리는 성장의 단계를 넘어 잠재된 장애의 폭발 시대에 접어들었다. '분노조절 장애 사회'라는 말이 나올 정도로 '전시戰時 인간성'을 전투적으로 드러내는 사람들,[39] 낮에는 세상의 존경을 받는 지킬 박사지만 밤이면 약을 먹고 잔혹하게 변해 악행을 저지르는 하이드처럼 상황에 따라 변신하는 두 얼굴의 사람들이 폭증하고 있다.[40]

심성의 관점에서 보자면, 6·25는 끝난 전쟁이 아니며 아직 우리의 마음속에 살아 있어 우리의 의식과 행동을 규제하는 생활 문법이다. 과거 고성장은 그런 '전쟁 같은 삶'을 역동성과 활력으로 여길 수도 있는 여유를 제공했지만, 이제 저성장low growth과 고용 없는 성장jobless growth의 시대가 불러올 빈부 양극화는 전쟁의 내용과 방식마저 더욱 잔인하고 추악하게 만들 것이다. 어느 시인은 "못난 놈들은 서로 얼굴만 봐도 흥겹다"고 했지만, 이젠 사회경제적 약자들 사이의 전쟁만 더욱 격화되는 일이 벌어질 것이다.

진정 이 시대가 위기를 넘어선 아포리아 상태라면 우리가 싸워야 할 상대도 존재하지 않는 셈이다. 박성민의 말마따나, "적이 안 보인다, 누구와 싸워야 하는가?"[41] 그렇다. 우리를 옥죄고 있는 '6·25 심성'은 눈에 보이지 않는 법이다. 이는 싸워야 할 대상이 바로 우리 자신임을 말해준다.

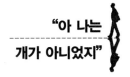

**"아 나는
개가 아니었지"**

대한민국은 '모욕사회'

폭력을 연구하는 미국 심리학자 제임스 길리건James Gilligan이 살인
죄로 수감 중인 재소자들을 심층 인터뷰했는데, 범죄의 진짜 이유를
설명할 때 "그놈이 나를 깔보았다disrespected"는 표현이 가장 많이 나왔
다고 한다. 어느 범죄자는 살인을 통해 무엇을 얻고 싶었느냐는 질문
에 "자부심, 존엄, 자존감"이라고 대답했다. 길리건은 은행 강도들은
돈보다는 인정받고 싶은 동기가 훨씬 강하다고 했다. 한 재소자는 "누
군가에게 총을 겨누었을 때만큼 자신이 '존중respect'을 받아본 적이 없
다"고 말했다고 한다.[42]

우리 인간에게 "자부심, 존엄, 자존감"이 얼마나 중요한지를 말해

주는 연구 결과로 볼 수 있겠다. 그런데 선량한 보통 사람들의 "자부심, 존엄, 자존감"을 박탈하는 것이 일상화된 사회가 있다면, 우리는 그런 사회를 무어라고 불러야 할까? '모욕사회'다. 장은주의 정의에 따르자면, 모욕사회는 "사람을 사람이 아닌 '기계'나 '도구'나 '동물' 또는 그 비슷한 어떤 것으로 대하는 사회"다.[43]

2011년 울산에서 노인들을 상대로 건강식품 사기 판매를 해오던 조직이 경찰에 붙잡혔을 때, 그들의 영업 전략 노트엔 "노인을 사람으로 보지 말자", "노인을 돈으로 보자"는 메모가 적혀 있었다.[44] 스스로 그런 다짐을 해야만 노인을 사람이 아닌 돈으로 볼 수 있다는 건 그들에게 최후의 양심은 남아 있었다는 걸로 보아야 하는 게 아닐까? 굳이 그런 자기암시 과정을 거치지 않더라도 다른 사람을 돈이나 돈 이하의 것으로 보는 사람도 많으니 말이다.

이창근은『이창근의 해고일기』(2015)에서 파업을 진압한 후 파업 참가자들에게 반성문을 쓰게 하는 건 물론 "나는 개다"를 복창하게 한 어느 기업의 이야기를 전한다. "용역 깡패의 활극이 해방 시기 정치 깡패를 능가하는 '수준'으로 위험천만하다. 관리자들의 가랑이 사이로 기어가게 한다는 소문은 과장이 아닌 것으로 보인다."[45]

이런 기가 막힌 사례는 무수히 많다. 대한민국은 전형적인 모욕사회다. 남에게 모욕을 주는 걸 자신의 인정욕구 충족이나 존재감의 확인 수단으로 이용하는 것이 일상화된 사회다. 아니 김찬호의『모멸감: 굴욕과 존엄의 감정사회학』(2014)에 따르면, 한국은 '모멸사회'인지도 모른다. 그의 정의에 따르면, 모멸은 모욕하고 경멸하는 것, 즉 마음으로 낮추어 보거나 하찮게 여기는 것이다. "모멸은 인간이 모든 것을 다 포기하고 내준다 해도 반드시 지키려는 그 무엇, 사람이 사람으로 존립할 수 있는 원초적인 토대를 짓밟는다."

사실 우리는 쉽게 타인에게 모욕감을 준다. 한국의 게시판 댓글에서 악플(악성 댓글) 대 선플(선한 댓글)의 비율은 4대 1로, 1대 4인 일본, 1대 9인 네덜란드에 비해 압도적으로 높은 것으로 조사되었다. 익명의 네티즌들만 모욕을 주는 게 아니다. 모욕을 감당해내는 건 삶의 경쟁력이 되었다. 모멸을 '정서적 원자폭탄'으로 정의하는 김찬호는 문제의 근본은 공동체 붕괴라고 말한다. 실제로 한국은 경제협력개발기구OECD 34개국 중 공동체 지수(공동체 생활로 위안을 얻고 정체성에 도움을 받는 지수)가 33위다. 우리가 개인주의 사회라 알고 있는 서구 사회보다 공동체가 훨씬 취약한 것이다.[46]

한국의 공동체 붕괴는 '개천에서 용 나는' 모델의 당연한 귀결이다. 이 모델은 개천을 지키는 미꾸라지들은 물론 개천 자체에 대한 모멸을 기반으로 삼고 있는바, 개천은 단지 용꿈을 꾸는 이들이 그 의지를 불태우기 위한 자극을 주기 위해 비천해져야만 하는 곳으로 전락하고 말았다.

각개약진형 삶을 사느라 뿔뿔이 흩어진 '외로운 분자'들은 연대를 모른다. 언론은 앞다퉈 한국 현대사가 '4·16 세월호 참사' 이전과 이후로 나뉠 것이라고 했지만, 망각으로 고독과 고통을 견뎌내는 분자들은 그 참사를 잊은 지 오래다. 오히려 그 참사를 용의 지위에 근접이라도 해야 당해도 덜 당한다는 뼈저린 교훈을 새삼 확인한 사건으로만 기억하는 건지도 모른다.

뉴욕 JF케네디 국제공항의 나비

우리는 조선시대보다 더한 계급사회라는 말이 나올 정도로 워낙 전쟁 같은 삶을 사는 탓인지 남에게 모욕을 주는 걸 가볍게 여긴다. 먹고사는 데에 지장 받지 않으려면 참고 견디라는 식이다. 전쟁 같은 삶에 익숙한 사회적 약자들은 모욕을 견디는 데에 능하지만, 이른바 '땅콩 회항' 사건은 그 능력이 무한대인 건 아니라는 걸 잘 보여주었다.

2014년 12월 5일 0시 37분(미국 현지시간) 뉴욕 JF케네디 국제공항에서 인천으로 출발하는 KE086편 항공기 1등석엔 대한항공 부사장 조현아가 타고 있었다. 출발 직전 그곳에선 이상한 일이 벌어졌다. 그 일은 처음엔 아주 사소한 사건이었지만, 얼마 후 "브라질에서 나비가 날개를 펄럭이면 텍사스에서 회오리바람이 불 수 있다"는 이른바 '나비효과butterfly effect'의 한 사례로 간주해도 좋을 만큼 엄청난 후폭풍을 내장하고 있었다. 그 후폭풍의 결과로 작성된 검찰의 공소장에 따라 사건 당시의 대화 상황을 간추리면 이렇다.

> 여승무원 (견과류 봉지를 열지 않은 채 보여주면서) "견과류도 드시겠는지요?"
>
> 조   "(봉지도 까지 않고) 이런 식으로 서비스하는 게 맞냐?"

여승무원   "매뉴얼에 맞게 서빙한 것입니다."

조   "서비스 매뉴얼을 가져와라."

(박창진 사무장이 서비스 매뉴얼이 저장된 태블릿피시를 조에게

전달)

조   "내가 언제 태블릿피시를 가져오랬어, 갤리인포(기내 간이

주방에 비치된 서비스 매뉴얼)를 가져오란 말이야."

조   "아까 서비스했던 그X, 나오라고 해. 내리라고 해."

조   (태블릿피시를 읽은 다음 최초 승무원의 설명이 맞다는 것을 알

고 나서) "사무장 그 XX 오라 그래." "이거 매뉴얼 맞잖아.

니가 나한테 처음부터 제대로 대답 못해서 저 여승무원만

혼냈잖아. 다 당신 잘못이야. 그러니 책임은 당신이네. 너

가 내려."[47]

조현아는 "이 비행기 당장 세워. 나 이 비행기 안 띄울 거야. 당장 기장한테 비행기 세우라고 연락해"라고 호통쳤고, 박창진은 "이미 비행기가 활주로에 들어서기 시작해 비행기를 세울 수 없다"고 만류했다. 그러나 조현아는 "상관없어. 네가 나한테 대들어. 얻다 대고 말대꾸야"라고 꾸짖으면서 "내가 세우라잖아"라는 말을 3~4차례 반복했다.[48]

이미 22초간 약 20미터를 이동한 항공기가 멈추더니 탑승게이트로 복귀해 박창진을 하기시켰다. 이런 수가! 언론인 긴선주는 그 놀라움을 이렇게 표현한다. "영화는 현실을 뛰어넘지 못한다. 한국의 재벌

이 사무장 하나를 달랑 내려놓기 위해 비행기를 돌리는 영화가 나왔다고 치자. 저런 황당무계한 설정이 어디 있느냐고 모두 비웃었을 것이다."[49] 실제로 당시 1등석에 앉은 다른 유일한 승객 박 모(33) 씨는 친구에게 보낸 카카오톡 메시지에서 이 사건의 황당무계함에 대한 놀라움을 다음과 같이 표현했다.

"야, 미쳤나봐 어떡해. 비행기 출발 안 했는데 뒤에 미친X이야."

"승무원한테 뭐 달라했는데 안 줬나봐. 계속 소리 지르고, 사무장 와서 완전 개난리다."

"헐 내리래 무조건 내리래. 사무장 짐 들고 내리래."

"헐 진짜 붙인다(게이트로 비행기를 붙인다는 뜻), 정말 붙여. 내가 보기엔 그리 큰 잘못 아닌데 살다 살다 이런 경우 첨 봐."

"도대체 저 여자 때문에 도대체 몇 사람이 피해 보는 거야."[50]

승객 247명을 태운 비행기는 1시 14분이 되어서야 이륙을 위해 다시 활주로로 향했다. 37분간의 소동으로 항공기 출발이 늦어졌지만 기내에는 한마디의 사과 방송도 없었다.

"내가 내 모든 것을 잃더라도 이것은 아니다"

이 사건이 알려지면서 뉴욕 JF케네디 국제공항에서 일어난 나비의 날개짓은 회오리바람으로 변해 한국 사회를 강타했다. 대한한공은 조현아의 입장을 두둔하는 어리석은 짓을 했을 뿐만 아니라 이후에도 "한 달이면 다 잊힌다"는 논리로 사건의 은폐를 시도함으로써 회오리 바람의 형성에 일조했다. 조현아는 부사장직에서 물러났지만, 그런 수준의 대응으로 잠재울 수 있는 바람이 아니었다.

40대 초반의 나이로 대한항공에서 18년 동안 일했던 박창진은 그 황량한 공항에 홀로 남겨진 채 무슨 생각을 했을까? 아마도 고통스 러운 불면의 밤을 보냈을 박창진은 다른 항공기를 타고 한국으로 돌 아온 후 정의로운 내부고발자로 다시 태어났다. 그는 방송 인터뷰에 서 "아 나는 개가 아니었지, 사람이었지, 나의 자존감을 다시 찾아야 겠다. 내가 내 모든 것을 잃더라도 이것은 아니다"고 했다.

박창진은 "조 전 부사장이 심한 욕설을 하며 매뉴얼 내용이 담겨 있는 케이스 모서리로 자신의 손등을 수차례 찍었"고, "자신과 여승 무원을 무릎 꿇게 하고 삿대질을 하며 기장실 입구까지 밀어붙였다" 며, "그 모욕감과 인간적인 치욕은 겪어보지 않은 분은 모를 것"이라 고 말했다. 그는 대한항공 직원 5~6명이 집으로 찾아와 "사무장이 매뉴얼 숙지를 하지 못해 조 전 부사장이 질책을 한 것이고 욕설을 하 지 않았으며 스스로 비행기에서 내렸다"고 진술할 것을 강요했으며, "지난 8일 국토부로 조사를 받으러 가기 전 대한항공 측에서 '국토부 의 조사 담당자들이 대한항공 기장과 사무장 출신'이라며 '회사 측과 다 찌고 치는 고스톱'이리고 했디"고 털어놓았디.[51]

결국 조현아는 2015년 1월 7일 구속 기소되었고, 1월 23일 박창진은 "이달 말 병가가 끝나면 2월 1일부터 출근하겠다"고 했다. 그는 "대한항공뿐만 아니라 어떤 곳에서도 제2·제3의 박창진과 같은 사건이 일어날 수 있다"며 "권력이나 재력에 의해 소수자의 권리는 강탈되어도 된다는 모습으로 보이는 것은 바람직하지 않다"며 출근 의지를 밝혔다. 그는 "출근은 당연한 개인의 권리"라며 "오너라 하더라도 특별한 징계 이유가 없으면 출근을 막을 수 없고, 이것은 강탈할 수 없는 권리"라고 말했다.[52]

2월 2일 결심공판에 증인으로 출석한 박창진은 "(조 전 부사장이) 야수가 먹잇감을 찾듯 이를 갈며 고함치고 폭행했다"며 "봉건시대 노예처럼 생각해서인지 저에게 일방적인 희생을 강요하고, 지금까지도 본인의 잘못보다는 남의 탓만 하고 있는 게 아닌가"라고 말했다. 그는 "대한항공 승무원으로 최선을 다해 성실하게 일해왔는데 조 전 부사장에게 자존감을 치욕스럽게 짓밟혔다"고 했다. 또 그는 "나야 한 조직의 단순한 노동자로 소모품 같은 존재가 되겠지만, 조 전 부사장과 오너 일가는 영원히 그 자리에 있을 것이라고 생각한다"면서 "더 큰 경영자가 되시길 바란다"고 말했다.[53]

2월 12일 재판부는 이번 사건의 최대 쟁점이었던 항공기항로변경죄에 대해 유죄를 인정하면서 조현아에게 징역 1년의 실형을 선고했다. 오성우(서울서부지법 형사12부 부장판사)는 "이 사건은 돈과 지위로 인간의 존엄과 가치, 자존감을 무너뜨린 사건으로 인간에 대한 최소한의 배려심이 있었다면, 직원을 노예처럼 여기지 않았다면 결코 발생하지 않았을 것"이며 "당시 1등석 승객의 진술처럼 '비행기를 자

가용마냥 운행해 수백 명 승객들에게 피해를 준 것"이라며 실형 선고 이유를 밝혔다.[54]

'귀족과 속물의 나라에서 살아남기'

진보적 지식인들은 박창진의 용기에 뜨거운 격려를 보냈다. 인권 연대 사무국장 오창익은 「대한항공 사무장의 '인간선언'」이라는 칼럼에서 "때론 말 한마디가 모든 것을 단박에 일깨워준다. 나는 개가 아니라, 사람이라는 이 한마디가 꼭 그렇다. 이 엄연한 사실을 확인하기 위해 우리는 늘 너무 많은 것을 내놓아야 한다"며 다음과 같이 말했다.

"거대한 조직 앞에서, 힘센 권력 앞에서 개인은 초라하다. 힘도 없다. 파편처럼 흩어진 개인은 더 그렇다. 해서 개인에게 박 사무장과 같은 인간선언을 기대하는 건 무리일지도 모른다. 단지 개인일 뿐인데, 저 거대한 권력, 재벌에게 당당히 맞서라는 건 무리다. 3대, 4대를 넘어 언제까지 이어질지 모르는 철옹성처럼 견고한 재벌이 아닌가. 그들이 우리의 무릎을 너무 쉽게 꺾어버린다. 무릎 꿇지 않고 살 수는 없을까? 어쩌면 답은 의외로 간단할지도 모른다. 한 장의 종이는 언제든 힘없이 찢겨질 수 있지만, 종이를 묶어 놓으면 아무리 용을 써도 찢는 건 불가능하다. 그래서 개인들의 연대는 개인의 존엄을 지키는 가장 유력한 방법이다."[55]

서울대 법학전문대학원 교수 조국은 「귀족과 속물의 나라에서 살아남기」라는 칼럼에서 "나는 개가 아니다"는 박창진의 말을 전경련 앞에 새기고 나아가 초·중·고교 교과서에 넣어야 한다고 했다. 그는 "(조현아와 같은) '사회귀족'과 달리 사회구성원의 압도적 다수는 일자리, 방 한 칸, 자식 교육 등을 평생 걱정하며 살아야 한다. '사회귀족'의 행태에 불만을 느끼지만 뚜렷한 해결 방안이 보이지 않으니, 분노를 삭이며 자기 앞가림하기에 몰두할 수밖에 없다"며 다음과 같이 말했다.

"'사회귀족'이 지배하는 회사에 들어가는 경우는 바로 '사회노예'가 된다. 자신과 가족의 밥줄이 걸려 있기 때문이다. 이러한 과정 속에서 민주공화국의 주권자는 점점 불의不義는 잘 참고 불이익은 못 참는 존재가 되고 있다. 거악巨惡 앞에서는 침묵하거나 눈치보고 소악 小惡 앞에서는 흥분하고 거품을 무는 존재가 되고 있다.……(그러나) 각성한 주체에게 두려움은 없다.……노동자는 봉급을 위해 노동을 팔 뿐이지, 인격까지 파는 것은 아니다. 회사 밥을 먹는다고 그 회사 '오너'의 '개'가 되어야 한다면, 그 회사는 '동물농장'이다."[56]

조현아 비판은 '마녀사냥'인가?

소수일망정 다른 주장들도 있었다. 세 가지만 살펴보자. 온라인 평판 관리업체 맥신코리아 대표 한승범은 조현아에 대한 비판을 시기와 질투에 의한 '마녀사냥'으로 규정했다. 그는 "조현아 전 부사장에게서 '재벌 3세'란 타이틀을 떼내도 여전히 최고의 스펙을 자랑한다. 미 명문 코넬대 호텔경영학 학사와 173cm(180cm라는 설도 있음)의 늘씬한 키에 고현정을 연상시키는 수려한 외모는 모든 이의 부러움을 자아낼 만하다"며 "조 전 부사장에 대한 대중의 시기·질투가 필요이상의 공격을 유발하고 있는 것"이라고 주장했다.[57]

미국 패션계에서 디자이너로 일하는 오마리는 "'땅콩 회항'은 내가 한국인이란 걸 부끄럽게 만든 사건"이라면서도 "더욱 기분이 찜찜했던 것은 이 사건을 계기로 갑자기 신문이나 방송에서 떠들기 시작한 '갑甲질'이란 단어"라고 말했다.

"마치 유행병처럼 번지기 시작하여 시도 때도 없이 나오는 이 단어가 혐오스러워지기 시작했습니다.……벌어지는 사건마다 너무 극단으로 끌고 가는 경향과 사용하는 언어조차도 거칠어가는 한국 사회가 걱정이 됩니다. 나쁜 용어와 부정적인 단어가 난무하고 사건이 터질 때마다 사건의 수습과 긍정적이며 합리적인 해결 방법보다는 모두 죽일 듯이 비판하고 물어뜯으려고만 합니다."[58]

소설가 박민규는 「진격의 갑질」이라는 글에서 한국 사회의 전근대성을 발견하고, 조현아를 일본 애니메이션 〈진격의 거인〉에 빗대 '결코 넘어선 안 될 (근대라는) 벽을 넘어온 거인'으로 비유했다. 그는 이 사건에 대한 우리의 반응을 "시범 케이스로 하나를 잡고 뜨겁게 끓어올라 욕을 퍼붓고, 한 사람에게 갑질의 십자가를 지우고, 조롱하고, 기필코 갑을 응징했다는 이 분위기도 실은 매우 견근대적인 것"이라고 말했다.

"무엇보다 우리가 이토록 갑질에 분개한다는 사실을 나는 믿지 못하겠다. 국가기관이 대선에 개입해도, 천문학적인 국고를 탕진해도 가만히 있던 사람들이 느닷없이 이 쪼잔한(상대적으로) 갑질에 분노하는 현상을 믿을 수 없다 이 얘기다. 얘는 까도 돼, 어쩌면 더 큰 거인의 허락이 떨어졌음을 은연중에 감지해서인지도 모르겠다. 그래서 나는 찜찜하다."[59]

그렇게 볼 수도 있겠다. 아닌 게 아니라 언론의 '갑질' 관련 보도는 일단 '갑질'이 이슈가 되었으니 무작정 쓰고 보자는 식으로 최소한의 사실관계조차 확인하지 않은 채 선정적으로 치달은 경우가 있었다. 그래서 '하이에나 저널리즘'이란 말까지 나왔다.[60]

그럼에도 이 모든 문제가 '긍정적이며 합리적인 해결 방법'을 찾고 실천하는 것이 거의 불가능하게 된, 즉 '소통 불능'의 현실이 낳은 비극일 수도 있다는 데에 눈을 돌려보면 어떨까? 이제 '을의 남편은 인터넷'이라는 말이 나올 정도로, 인터넷과 SNS는 빽 없고 줄 없는, 보잘것없는 을들의 작은 반란에 만인이 주시하는 광장을 제공했다. 그 덕분에 그간 밀실에서 한恨과 넋두리로만 존재하던 기막힌 사연들이 쏟아져나오게 되었다.

그로 인한 감정의 증폭과 그에 따른 부작용은 있을망정, 역지사지易地思之에 따른 감정이입感情移入의 결과로 보는 게 옳지 않을까? 보통 사람의 범주에 속하는 그 누구건 자신은 물론 자신의 자식 역시 박창진일 수 있다는 생각을 했을 것이다. 그런 처지에서 감내해내야 하는 모욕과 굴욕이 자신에게도 일어날 수 있다는 사실에 어찌 냉정할 수 있었겠는가.

이 사건에 대해 진보가 더 흥분했던 것도 아니다. 이 사건을 처음 보도한 특종은 『한겨레』가 했지만, 감정이입을 최고조로 이끈 건 단연 '보수의 아성'이라는 종합편성채널 방송사들이었다. 종편이 자랑하는 '떼 토크'에서 출연자들이 자신의 경험을 근거로 사건이 일어났던 시간대의 뉴욕 JF케네디 국제공항은 가게들이 모두 문을 닫고 사람들도 없어 얼마나 황량하기 짝이 없는지, 졸지에 그런 곳으로 강제 추방당한 박창진이 느꼈을 참담함과 비애가 어떠했을지에 대해 열변을 토할 때에, 이 사건이 어찌 보수-진보의 경계를 뛰어넘어 모든 국민을 하나로 단합시키지 않을 수 있었겠는가.

대중의 분노는 '더 큰 거인의 허락이 떨어졌음을 은연중에 감지해서'라기보다는 대중, 아니 인간이 원래 갖고 있는 속성 때문으로 보는 게 옳을지도 모른다. 대중이 국가기관의 대선 개입과 천문학적인 국고 탕진에 분노하기는 어렵다. 그건 소련 독재자 이오시프 스탈린 Iosif Stalin, 1879~1953이 "한 사람의 죽음은 비극이지만, 백만 명의 죽음은 통계다"라고 말한 것과 같은 이치다. 문제의 핵심은 피부에 와 닿는 실감이다. 즉, 한 사람의 죽음에 대해선 비극이라는 실감을 느낄 수 있지만, 수많은 사람의 죽음은 그런 실감의 기회를 허용하지 않는다는 것이다.[61]

'쪼잔함'의 여부와 정도는 누구의 관점이냐에 따라 달라진다. 나와 내 자식이 박창진일 수 있다는 가능성은 국가기관의 대선 개입과 천문학적인 국고 탕진에 비해 결코 쪼잔한 것이 아니다. 사실 이건 한국 진보가 안고 있는 문제일 수 있다. 한국 진보는 주로 국가기관의 대선 개입과 천문학적인 국고 탕진 등과 같은 큰 이슈에 집중하는 반면, 대중의 '피부에 와 닿는 실감'을 무시하거나 비교적 소홀히 하는 경향이 있다. 그래서 늘 대중의 외면을 받는 것이다. 그런 대중이 옳다는 게 아니라 그게 우리가 직면하고 있는 '있는 그대로의 세상'이며 그 세상에서 벌어지는 정치의 문법이라는 이야기다.

'못생겨서 무릎 꿇고 사과'

뒤이어 쏟아져나온 이야기들은 보통 사람들의 울분이 그럴 만한 것임을 계속 확인시켜주었다. 2015년 1월 10일 방송된 SBS 〈그것이 알고 싶다〉에서 익명을 요구한 전·현직 대한항공의 승무원들이 오너 일가의 갑질에 대해 폭로한 내용은 사람들을 더욱 놀라게 만들었다. 그들은 '땅콩 회항' 사건과 관련해 "이번 사건 같은 일은 비일비재하다. 이런 게 뉴스에 나왔다는 게 오히려 의아할 정도"라고 밝혔다.

한 대한항공 전직 여승무원은 "로열패밀리가 타면 늘 비상이 걸려 전날부터 회의를 한다. 좋아하는 음료와 가수 등에 대한 교육도 이루어진다"며 "비행기에 그들이 탄다는 것 자체가 공포다. 말없이 내리면 다행이었다. 교육 받을 때에도 말없이 내리면 그게 칭찬이라고 생각했다"고 밝혔다. 이어 다른 승무원은 "회장님과 회장님 사모님, 여동생 분을 많이 서비스했다. 오너 가족분들께서 사무장님한테 '저렇게 호박같이 생긴 애를 왜 서비스를 시키냐"고 했다더라"며 "사무장이 후배한테 시켜서 '가서 사과드려라'고 말했다. 실수한 것도 아니고 서비스 실수도 아니었다. 그런데 얼굴이 마음에 안 든다는 이유로 무릎을 꿇고 사과했다"고 폭로했다.[62]

이런 인권유린은 진짜 동물농장에서도 일어날 수 없는 일이 아닌가. 어이하여 이런 엽기적인 일들이 가능했던 걸까? 그간 그런 인권유린을 감내해낸 대한항공 임직원들을 탓해야 하는 걸까? 아니면 '회사 안은 전쟁터, 밖은 지옥'이라는 말이 드라마 대사의 수준을 넘어서 한국인 대다수가 믿는 상식이 되었다는 걸 말해주는 걸까? 그렇다면, 이건 대한항공이나 조현아만의 문제가 아니잖은가.

지렁이도 밟으면 꿈틀한다. 조현아가 이 속담의 진위를 확인하고 싶어 저지른 일은 아니었겠지만, 그가 만든 '땅콩 회항' 사건은 '전쟁 같은 삶'을 토대로 번성한 '갑질 공화국'의 종언을 예고하는 징후일 수 있다. 한국 사회는 조선시대보다 더한 계급사회라는 말이 나올 정도로 이미 갈 데까지 갔다. 헌법 제119조 2항, 즉 경제민주화 조항을 만든 전 청와대 경제수석 김종인은 다음과 같이 경고한다.

"지금 우리 사회는 더이상 양극화 해소를 미룰 수 없는 절박한 상황이다. 양극화가 계속 진행돼 사람들이 정치·경제·사회적 측면에서 극단적인 차등 대우를 받고 있다고 느끼면 '야성적 충동animal spirit'이 꿈틀거리게 된다. 기업 경영자에게만 동물적인 야성적 충동이 있는 게 아니다. 빈곤층에게 야성적 충동이 발동돼 집단행동에 나서면 제어하기 힘들어진다."[63]

그런 야성적 충동을 폭발시키는 뇌관은 다름 아닌 자존감이다. 박창진이 깊은 고뇌 속에 천명키로 작정한 최후의 자존감이다. 이 최후의 자존감은 계급을 초월해 모든 '을'이 지키고자 하는 것이다. 장은주는 "모욕 없는 사회를 실현하기 위한 '자존감'을 갖춘 시민들의 공화주의적 실천 없이 존엄의 정치는 결코 성공할 수 없다"며 "존엄성은 주어지는 것이 아니라 스스로 참여해서 획득하는 것이다"고 말한다.[64]

어차피 전쟁 같은 삶이라면, 무조건 굴종하는 굴욕적인 전쟁보다는 존엄성을 획득하려는 의로운 전쟁에 뛰어드는 것도 해볼 만한 일이겠지만, 그게 결코 쉬운 일은 아니다. "창진아, 굳세어라!"라는 응원 구호를 외치는 사람이 많은 걸 보면,[65] 우리는 박창진을 통해 그게 가능하다는 걸 보고 싶어 하는 건 아닐까?

'사회적 지지의 환상'

그러나 내부고발자가 겪어야 할 고난의 길은 험난하기만 하다. 박창진이 2월 1일 업무에 복귀해 국내선과 일본 노선 등에서 근무하다가 6일부터 2주간 병가를 냈고, 이어 20일부터 4월 10일까지 50일 동안 병가를 낸 건 그가 극도의 고통에 시달리고 있다는 걸 말해준다. 최근 출간된 『내부고발자 그 의로운 도전』은 내부고발자가 겪게 되는 시련은 생각보다 훨씬 가혹하다고 말한다.

"처음에는 옳고 그름의 다툼 정도로 시작되나, 차츰 권력과 인간 관계의 문제로, 이어서 개인에 대한 참기 어려운 모욕으로, 나중에는 인간의 존재 의미마저 부정당하는 단계로 이어지기도 한다. 다툼은 곧 모든 것을 거는 싸움이 되고, 물러설 수 없는 싸움으로 발전한다. 그리고 이런 게임은 룰이 없는 이전투구의 모습을 보인다. 그런데 상대는 조직과 권력이 있는 다수이고, 내부고발자는 아무것도 가진 것 없는 단기필마이다."[66]

내부고발자에 대한 여론의 환호와 지지가 있지 않느냐고? 그러나 그런 환호와 지지는 그렇게 오래가지 않으며 기대만큼 큰 힘도 되지 못한다. 이 책은 그런 '사회적 지지의 환상'에 대해 "진정한 용기라고 칭송하다가도 곧 식는다. 대부분 안타까워하거나 자책하는 정도이며, 그마저도 잠깐인 경우가 많다"며 다음과 같이 말한다.

"많은 보통 사람들은 불의나 도덕, 옳고 그름을 돌아보기에는 자신의 일이 너무 많고, 다른 것을 챙길 경황이 없다. 내부고발자의 용기 있는 행동에 대해 사회는 생각처럼 그렇게 고마워하거나 기억해주지 않을지도 모른다. 조직이 잘못했다는 것을 알면서도 자신의 작은 이익 때문에 곧 조직을 두둔하고 나서는 이들도 어렵지 않게 볼 수 있다. 상식이 통한다고 하지만 실상은 그렇지 않고, 어쩌면 세상 사람들은 '바른 말을 하면 다친다'는 생각을 더 믿을지도 모른다."[67]

조현아에게 유죄 판결을 내린 재판부도 그 점을 염려했다. "조양호(66) 한진그룹 회장이 박 사무장의 회사 생활에 어려움이 없도록 하겠다고 했지만 '배신자' 꼬리표가 붙을 것으로 보인다." 재판부는 "사회적 지지와 보호는 일시적이며 국민들은 생계 문제로 기억에서 금방 흐려지게 될 것"이라면서 "여론에 의한 사회적 지지가 사라짐에 따라 더 힘든 상황을 겪게 될 가능성을 배제할 수 없다"고 말했다.[68]

실제로 약자를 따돌리는 이른바 '왕따' 현상은 대부분의 기업에 만연해 있다. 예컨대, 2014년 11월 서울 여의도 국회의원회관에서 열린 'KT 직장 내 괴롭힘 실태조사 보고회'에서는 직장에서 모욕과 차별 등을 당했다는 피해자들의 증언이 잇따랐다.

KT의 114 교환원이었던 육춘임(59)은 2001년 "정규직 퇴사 뒤 용역업체 직원이 되라"는 회사의 요구를 거부하고 2013년 12월 퇴사할 때까지 자신이 '어른 왕따'가 되었다고 한다. 회사는 육춘임만 다른 공간에서 일하게 하는 식으로 팀원들한테서 분리시켰다. 육춘임과 어울리면 안 된다는 것을 눈치로 '체득'한 동료들은 회사에서 그를 보고도 유령 취급하듯 못 본 척했다. "회사가 날 왕따시키니 동료들도 당연히 왕따에 가담을 했죠. 왕따는 일상이었어요." KT가 명예퇴직을 거부한 직원들만 따로 모아놓았다고 알려진 조직에서 일했다는 박진태(57)는 회사가 사실상 '일진'이었다고 비판했다. 그는 "노조지부장을 마치자 회사가 외딴섬으로 발령을 내 7년 동안 고립돼 있었다. 인터넷 연결도 안 되는 섬에서 중계소 안테나를 고칠 때면 '이대로 벼락이 쳐서 죽었으면 좋겠다'는 생각을 했다"고 말했다.[69]

'조현아도 시스템의 피해자'라는 상상력

조직이라는 거인의 개가 되어도 문제, 개가 되지 않아도 문제다. 김종대는 "우리 사회의 어떤 미생들은 인간으로서의 자기 존엄성 때문에 갑질하는 강자 앞에서도 개가 될 수 없다. 그게 강자를 무시하는 것으로 오인되는 순간 더 큰 참극이 발생한다. 나의 비통함을 향유하려는 강자는 이를 거부하는 개인을 절대 용납하지 않는다"며 다음과 같이 말한다.

"그런가 하면 실제로 개가 됨으로써 수직 서열화된 위계사회에서 용케도 생존을 도모해나가는 더 많은 미생들도 있다. 이들은 강자에게서 어떤 모욕이나 고통을 당하더라도 그걸 참고 인내함으로써 언젠가 자신이 강자가 되면 지금 자신과 같은 약자를 지배할 수 있는 권리를 확보하게 된다고 믿는다.……여기서 특이한 것은 이렇게 적응할 줄 아는 미생들이 적응할 줄 모르는 미생들을 이해할 수 없을 만큼 증오하고 적대시한다는 것이다. '나는 개가 되었는데, 너는 왜 못하느냐'며 약한 개인에게 책임을 묻는 경향을 보인다."[70]

사정이 그와 같다면, 이건 인간의 문제라기보다는 구조와 시스템의 문제임이 분명하다. 구조와 시스템이 상황으로 나타날 때 사람은 상황의 노예가 된다. 사람의 특성이 아니라 상황이 중요하다고 보는 '상황주의situationism' 또는 '악의 상황 이론situational theory of evil'에 전적으로 동의할 수 없다고 하더라도, 조현아의 갑질과 내부고발자에 대한 탄압을 설명하기엔 적합하다.

전·현직 대한항공의 승무원들이 '땅콩 회항' 사건과 관련해 "이런 게 뉴스에 나왔다는 게 오히려 의아할 정도"라고 밝힌 것을 상기할 필요가 있다. 그런 상황이 당연하거나 자연스럽게 여겨질 정도의 시스템이라면, 그런 시스템의 문법에 충실했던 조현아 역시 그 시스템의 피해자일 수 있다는 인식, 아니 상상력이 필요하다.

내부고발자에 대한 탄압 역시 마찬가지다. 시스템 자체가 갑질과 왕따를 요구하는 것이라면, 우리가 해야 할 일은 특정인에 대한 분노와 증오를 넘어서 그런 상황을 일상화하는 시스템을 바꾸는 것이어야 한다. 그 일이 일터에서 참여를 통해 민주주의 훈련을 하는 이른바 '작업장 민주주의workplace democracy'이건 그 무엇이건 말이다. 그런 의미에서 이 사건은 이제부터 시작이라고 할 수 있겠다.

"무릎 꿇어. 대학은 나왔어?"

"무릎 꿇어. 대학은 나왔어?" 어느 손님이 매장에서 종업원이 실수를 하자 대뜸 내뱉은 말이다. 종업원이 실수를 한 것과 무릎이 무슨 상관이며, 또 대학은 무슨 상관이 있단 말인가? 이런 쓰레기 같은 발언은 정신 나간 사람의 무의미한 외침으로 들으면 간단히 해결될 일이지만, 문제는 우리 사회의 많은 상황에서 갑으로 행세하는 이들이 을의 무릎을 요구하는 일이 잦다는 데에 있다. 이 에피소드를 소개한 김찬호는 다음과 같이 말한다.

"'¬' 한마디에 깔려 있는 거대한 콤플렉스 덩어리는 어떻게 생겨났을까. 그것은 우선 그 사람의 성장 경험에서 찾아야 하겠지만, 다른 한편으로 한국인의 심성을 지배하는 깊은 조류를 함께 더듬어봐야 할 것이다. 철저한 서열의식과 귀천 관념, 자기보다 약한 사람을 짓밟으면서 쾌감을 느끼는 심보는 오래전부터 끈질기게 이어져오고 있다."[71]

그렇다. 그 심보는 '개천에서 용 나는' 모델과 맞닿아 있다. 우리는 출세를 한 사람들이 개구리 올챙이 적 생각하지 못하고 변절하는 경향이 있다고 말하지만, 그건 결코 개인 차원의 문제가 아니다. 이 모델은 개천과 더불어 개천에서 사는 미꾸라지들에 대한 모멸을 기반으로 하는 것이며, 미꾸라지들에겐 이른바 '학습된 무력감learned helplessness'을 강요하는 것이다.[72] 그렇기에 그런 심보를 갖는 것이 자연스럽게 여겨진다.

그런 못된 심보 때문에 무릎을 꿇게 하는 사람들도 있겠지만, 그걸 한 단계 업그레이드시킨 이유 때문에 무릎을 꿇게 하는 사람들도 있다. 그들 나름의 정의감 때문이라면? 이 의문에 대해 생각해볼 수 있는 사건이 2014년 12월 27일 오후 3시 30분쯤 경기도 부천 현대백화점 중동점 지하주차장에서 일어났다.

50대 여성 A 씨는 체어맨 차량에 탄 채로 쇼핑 중인 딸이 돌아오기를 기다리고 있었다. 주차 요원 B 군(21)은 그녀에게 다른 차들의 주차를 위해 조금 이동해달라고 요구했다. 하지만 그녀는 차를 이동시키지 않았고, B 군이 차량과 조금 떨어진 뒤에서 허공을 향해 주먹질을 했다. A 씨는 이것이 자신에게 욕을 한 것이라고 생각해 B 군에게 따졌고, 마침 쇼핑을 마치고 온 딸도 가세했다. 그 뒤 B 군은 모녀 앞에서 무릎을 꿇고 30여 분 동안 있었으며, 말리던 동료 주차 요원 3명도 잠시 함께 무릎을 꿇었다가 주위에서 말려 일어섰다.

이 사건은 그냥 묻히는 듯했지만, 2015년 1월 3일 B 씨의 누나가 "백화점에서 모녀 고객이 아르바이트 주차 요원인 동생에게 30여 분 동안 무릎을 꿇리고 폭언을 했다"는 글을 한 인터넷 사이트에 사진과 함께 올리면서 뜨거운 '갑질 논란'을 불러일으켰다. 한 목격자는 "(백화점 모녀가) 주차 요원한테 '내가 오늘 (백화점에서) 740만 원 쓰고 나왔어 XX' 뭐 이런 식으로 욕도 하고 큰소리를 냈다"라고 증언했다.

B 씨 누나의 글에 대해 한 누리꾼은 댓글에서 자신을 '당사자 겸 목격자'라고 소개하며 "동생분이 무슨 짓을 하셔서 저희 모녀에게 무릎 꿇고 사과하게 됐는지 아예 안 써져 있는 거 같다"며 "주차 요원이 허공에다 대고 주먹을 날리는 행동을 해 항의를 했더니 사과하지 않고 버티다가 일어난 일"이라고 설명했다. 이어 "계속 고개만 저으며 대답도 않고 사과도 안 하다가 사람들이 몰리니 그제서야 스스로 무릎을 꿇었다"며 "사과를 받고 끝난 일인데 이런 식으로 글을 올려 피해를 입었다"고 주장했다. 반면 B 군은 나중에 "날씨가 추워 몸을 풀려고 섀도복싱 동작(주먹질)을 했는데 이것 때문에 오해가 생겼다"며 "'죄송하다', '아니다'라고 해명하려 했는데 당황스럽고 말을 잘 못하니 의사전달이 안 됐다"고 해명했다.[73]

"너무 두려워서 무릎을 꿇었다"

2015년 1월 10일 방송된 SBS〈그것이 알고 싶다〉를 통해 모녀는 '마녀사냥'을 당하고 있다며 억울함을 호소했다. 모녀는 주차 아르바이트생을 주차장 바닥에 무릎 꿇린 것에 대해 "때릴 수 없기 때문에 그랬다. 꿇어앉아라, 할 수 있다. 내가 화난 상태에서는" 이라고 설명하며 "사회정의를 위해 그렇게 했다"고 강조했다. 특히 모녀 중 어머니는 급기야 사무실 바닥에 뒹굴며 "내 돈 쓰고 내가 왜 주차 요원에게 모욕을 받아야 하냐. 왜 이런 대우를 받아야 하냐"고 언성을 높이기도 했다.

하지만 당시 B 군의 무릎 꿇은 모습을 사진 촬영한 목격자는 "그런 모습은 처음 봤다. 온몸을 막 떨면서 몸이 경련이 일듯이 훌쩍훌쩍 울더라. 이 사람이 무슨 큰 잘못을 한 줄 알았다. 아무 대꾸도 못하고 계속 울기만 하더라"고 설명했고, 실제로 CCTV에서 주차 요원은 장시간 무릎을 꿇은 탓에 제대로 걷지도 못한 채 부축을 받으며 나가는 장면이 포착되었다. B 군은 "너무 두려워서. 알바를 그만두면 등록금 마련이 힘들어질 것 같아서" 무릎을 꿇었다고 했다.[74]

참으로 놀라운 생각이다. 때릴 수 없어 무릎을 꿇렸고, 사회정의를 위해 그렇게 했다는 당당함이 말이다. 아니 놀랍다 못해 무섭다. A 씨는 자신의 그런 정의로운 행위가 칭찬을 받기는커녕 '마녀사냥'의 대상이 되었다는 생각에 억울함을 견디지 못해 사무실 바닥에 뒹군 게 아니었겠는가. 소통 절대 불능의 이 상황을 어찌할 것인가!

그러고 보니 조현아 역시 처음엔 "내가 뭘 잘못했느냐"며 억울해했다. 그 역시 여승무원과 사무장을 무릎 꿇게 한 것이 정의, 아니면 적어도 '조직의 정의'를 위해서였다는 생각을 했을 법하다. 부천 현대백화점 모녀 갑질 사건이 일어난 지 열흘만인 2015년 1월 5일 대구의 한 백화점에서 일어난 "백화점 점원 뺨 때린 '갑질녀' 사건"의 장본인도 억울하다고 했다. 그 사건의 전말은 이렇다.

1월 5일 오후 7시께 대전 모 백화점 3층 의류매장에서 40대 여성이 환불을 요구했다. 이물질이 묻은 옷 교환 요구에 매장 점원은 "옷에 립스틱이 묻어 교환이 안 된다"고 거절했다. 그러자 여성은 카운터에 있던 물건과 옷을 바닥으로 던지고 고함을 지르며 30분간 난동을 부렸다. 이 과정에서 남성 직원은 이 여성에게 뺨까지 맞았고, 옆에 있던 점원들도 떼밀리는 등 폭행을 당했다. 목격자들의 이야기를 들어보면 당시 백화점 안의 음악소리가 굉장히 컸는데도 뺨을 때리는 소리가 시선을 집중시킬 정도였다. 40대 여성은 결국 옷 교환에 성공했으나 분을 삭이지 못하고 다시 매장을 찾아 "여태까지 뭣 때문에 염장을 질렀냐. 나 원래 이렇게 사는 사람 아니다"라며 또 다시 직원의 머리카락을 손으로 치고 어깨를 밀쳤다. 직원들은 끝까지 이 여성을 '고객님'이라고 부르며 제대로 항의조차 못하고 당하기만 했다.[75]

이런 사건은 어쩌다 뉴스가 되느냐 되지 않느냐 하는 차이만 있을 뿐 전국 방방곡곡에서 매일 일어나고 있다고 해도 과언이 아니다. 왜 그럴까? 실질적인 계급사회, 아니 신분제 사회를 만들기 위해 안달하는 기업들에도 큰 책임이 있다.

"처음으로 사람을 죽이고 싶다는 생각을 했다"

　백화점 등과 같은 업소에선 상위 20퍼센트의 고객이 백화점 전체 매출에 기여하는 정도가 70~80퍼센트 수준에 달하기 때문에 백화점들은 고객을 차등화해 서비스를 하는 '계급 만들기'에 혈안이 되어 있다. 당연히 직원들에겐 VVIP 등과 같은 최상위 고객에겐 절대 복종할 것을 요구함으로써 그 어떤 저항의 가능성도 미리 차단한다.

　VVIP들은 직원을 종 부리듯 대한다. 반말은 기본이요, 사소한 부분이라도 마음에 안 들면 "너, 내가 누군지 알아?" "네가 나를 몰라봐?"라는 말을 불쑥불쑥 내뱉는다. 친절한 VVIP들도 있지만, 그들조차도 직원들을 종처럼 하대하는 건 기본이다. 직원들이 가장 무서워하는 말이 "나 백화점 옮길 거야"이기 때문에, 이런 1퍼센트의 고객을 잡기 위해 직원들은 죽으라면 죽는 시늉도 해야 한다. 물론 직원들 무릎 꿇리게 하는 건 일도 아니다.[76]

　백화점들은 '암행감시단'까지 매장에 파견해 직원이 종처럼 구는지를 확인한다. 한 명품 브랜드가 자사의 판매직원들을 감시하기 위해 각 매장에 '미스터리 쇼퍼'라는 암행 고객을 파견하면서 교육한 내용은 이렇다. "최대한 집요하게 진상처럼 굴어보세요. 매장에 없는 물건을 보여달라고 요구해보기도 하고 물건에 대해서 트집도 잡아보세요. 그래도 직원이 불쾌한 내색 않고 흐트러짐 없이 응대를 하는지, 회사의 매뉴얼에 맞춰 안내를 하는지 살피세요."

　2013년 10월 노동환경건강연구소의 조사 결과에 따르면, 백화점 판매 노동자, 카지노 딜러, 철도·지하철 역무·승무 노동자, 간호사, 콜센터 노동자 2,259명 중 83.3퍼센트가 "회사가 나를 지속적으로 관찰하고 있다"고 느낀다고 답했고 59.4퍼센트가 "회사에서 파견한 모니터 요원(미스터리 쇼퍼)를 경험한 적 있다"고 말했다. 자신의 회사에서 "평가점수가 낮은 사람들에게 인격을 모독하는 조치가 이뤄졌다"고 응답한 이는 41.2퍼센트였다.

감시와 모욕적 언행이 일상이 된 회사에서 서비스직 노동자들은 극심한 우울 증상을 호소했다. 응답자의 38.6퍼센트가 상담이 필요한 수준의 우울 증상을 보였고 30.5퍼센트가 "자살 충동을 느낀 적 있다"고 답했다. 이 같은 우울 증상은 회사나 고객에게서 부당한 대우를 받은 노동자일수록 심하게 나타났다. 80.6퍼센트가 일하면서 고객에게서 무리한 요구를 받은 경험이 있다고 응답했는데 이들 중 41.45퍼센트가 상담이 필요한 수준의 우울 증상을 나타냈다. 욕설을 포함한 폭언을 들은 경험이 있는 81.1퍼센트의 노동자 중에서 41.06퍼센트가, 성희롱이나 신체접촉을 당한 경험이 있다는 29.5퍼센트 중에서는 63.49퍼센트가 상담이 필요한 우울 수준이었다.[7]

물론 고객들의 그런 부당한 대우는 사실상 사측이 조장한 것이다. 항공사의 경우를 보자. 1등석일수록 숙련된 승무원이 배치되어야 하는데 1등석 고객들이 "요즘 왜 여기 늙은 것들만 배치했냐"고 항의하는 일이 벌어졌다. 그러자 항공사는 '예쁜' 승무원들만 1등석에 배치했다. 사측의 이런 자세는 승무원의 신체와 관련된 것들까지 세세하게 통제하는 것으로 나타난다. 실제 규정에는 "담배나 커피 등에 의

한 착색이 심한 경우에는 치아 미백 관리를 통해 깨끗한 치아를 유지한다", "새치머리와 흰머리인 경우에는 반드시 지정 색상으로 염색한다", "곱슬머리의 경우 반드시 웨이브를 펴서 손질한다" 등의 내용이 있다.[78]

이렇게까지 인권침해적인 간섭을 받는 감정 노동자들의 정신 건강이 좋을 리 없다. 2014년 11월 한국노동사회연구소가 은행·증권·생명·손해보험회사 등 금융권 직원 2,456명을 상대로 감정노동 실태조사를 벌인 결과 직원의 3분의 2가 폭언을 듣고도 실적을 위해 친절함을 강요당하는 '감정노동'에 시달리고 있는 것으로 나타났다. 34.3퍼센트는 병원 방문이 필요한 중증 이상의 우울증을 겪고 있는 것으로 나타났지만, 이들에게 회사 측은 "너만 참으면 된다"는 주문을 외워댈 뿐이다.[79]

고객센터 관리자로 일하는 박정연(가명·32)은 신입사원 때 사소한 실수 때문에 고객한테 고소를 당할 뻔했다. 고객은 와서 무릎 꿇고 사과하면 고소하지 않겠다고 했다. 팀장과 부장이 직접 그를 데려가 사과하도록 했다. 무릎 꿇기 전 고객이 마음을 풀었지만 친절과 환대로 가득 찼던 그의 세상은 그날 이후 무너졌다. "그때 처음으로 사람을 죽이고 싶다는 생각을 했다. 일할 땐 진상 고객을 욕하지만 회사를 벗어나면 약자들한테 소리 지르는 내 모습을 발견한다."[80]

직원들을 이윤 추구의 도구로만 보면서 직원들에게 이런 전쟁 같은 삶을 강요하는 게 기업의 정의다. 백화점 모녀가 외친 정의는 '사회정의'가 아닌, '기업정의'였던 셈이다. 80퍼센트의 수입을 올려주는 20퍼센트의 고객에 치중하기 위해 수익에 도움이 안 되는 소비자를 의도적으로 밀어내는 디마케팅demarketing=decrease+marketing도 불사하는 기업정의 앞에서, 하루에 740만 원을 쓴 VVIP 앞에서, 시간당 수천 원을 받는 알바 직원이 무릎 좀 꿇었다고 해서 그게 무슨 대수랴. "너만 참으면 된다"는 기업정의의 헌법 앞에서 말이다.

"왜 저항하지 않았느냐"

'백화점 모녀'의 무릎꿇림 사건은 이화여대 교수 조기숙의 발언으로 인해 뜨거운 논쟁을 불러일으켰다. 조기숙은 2015년 1월 6일 새벽 트위터(@leastory)에 "우리 사회 갑질은 새로울 것도 없다만, 백화점 알바생 3명이나 무릎을 꿇었다는 사실이 믿기 어렵다. 하루 일당 못 받을 각오로 당당히 부당함에 맞설 패기도 없는 젊음. 가난할수록 비굴하지 말고 자신을 소중히 여기면 좋겠다"고 썼다.

조기숙은 이 트윗에 대해 논란이 일자 "난 트위터를 인기 얻기 위해 하지 않는다고 말했지요. 예민한 문제지만 내가 하고 싶은 이야기는 약자는 무슨 짓을 해도 괜찮다고 생각하지 말자는 겁니다. 노무현은 그 알바생보다 더 가난했겠지만 자신의 자존심과 신념을 지켰습니다"라고 말했다. 그는 이어 "땅콩 회항이 세상에 알려진 것도 젊지 않은 나이에 퇴사를 각오하고 누군가 폭로했기 때문입니다. 알바생이 잘못이 없어도 갑인 고객에게 머리를 숙이고 사과를 할 수는 있겠지만 단체로 무릎 꿇을 만큼 우리 사회가 그렇게 엉터리인가요"라고 쓰기도 했다. 또 비판하는 멘션에 답을 하며 "저 어려서 세끼도 못 먹을 만큼 어려웠지만 돈에 굴복한 적 없다", "성폭행 피해자를 비난한 게 아니라 성폭행할 능력이 없는 사람에게 먼저 옷 벗어주지 말라는 말입니다"라는 말도 했다.[81]

조기숙의 주장을 옹호하는 이들도 있었지만, 거세게 비판하는 반응이 다수였다. 사실 조기숙의 주장은 그 선의가 온전히 전달되기 위해선 미리 전제하거나 조건을 달아야 할 것이 많은 성격의 것으로, 퇴고의 과정을 즉각적인 감정 분출로 대체해버리는 속성이 있는 트위터 커뮤니케이션으로는 적합지 않은 것이었다. 이런 이해를 전제로 해서 조기숙의 발언에 대한 일련의 반론들을 살펴보기로 하자. 물론 갑질과 그에 대한 대응을 위한 우리의 이해도를 높이기 위해서다.

한겨레 기자 이재훈은 「'갑질 모녀'에 무릎 꿇은 알바생에 "왜 저항하지 않았느냐"는 말이 틀린 이유」라는 기사에서 "부당한 갑질에 을이 순응하지 말고 합당한 저항을 하라는 말인데 왜 비판하는지 모르겠다"는 반응이 일리 있는 지적임을 인정하면서도, 조기숙 발언의 문제점을 다음과 같이 지적했다.

첫째, 무릎을 꿇은 알바생에게 주체적인 행동을 요구하기보다 먼저 봐야 하는 건 그 주체를 둘러싼 환경, 즉 구조라는 것이다.

"소비자 중심주의가 점점 더 확산하면서, 소비 공간의 결정판인 백화점에는 고객이 정말 '왕'입니다.……매장 직원들은 고객이 '블랙컨슈머'가 아닌 이상, 일반 고객과 마찰이 생기면 그 마찰의 원인과 잘못이 어디에 있든 '고객을 조용한 장소로 데리고 가서 어떤 수단과 방법을 쓰든 진정시켜야' 합니다.……어떤 고객의 경우에는 백화점 관리자급 간부들이 집까지 찾아가 무릎을 꿇어야 하는 경우도 있다고 합니다.……결국 모두가 소비 앞에 '무릎을 꿇는 사회'라는 겁니다. 이런 상황에서 알바생들에게만 유독 '무릎을 꿇지 않고 저항하라'고 말하는 것은 어떤 의미가 될까요. 생각해볼 일입니다."

둘째, 저항의 대상은 무릎을 꿇으라고 강요하는 바로 앞의 그 '진상 고객'이 아니라 자신을 무릎 꿇게 만드는 사회 구조를 향해야 하고, 그런 구조를 만든 지배 계급을 향해야 한다는 것이다.

"바로 눈앞의 그 '진상 고객'에 대한 저항은 피해 당사자가 아니라 사회에 맡기면 됩니다. 피지배 계급의 일원은 지배 계급의 적나라한 면모를 사회에 고발하는 행동만으로 이미 저항을 하는 것이 됩니다. 그러니 피해 당사자가 우선해서 할 일은 즉자적 저항보다 되레 그 당시의 상황을 자세하게 기록해두었다가 사회에 낱낱이 고발하는 일입니다. 공개적으로 힘들다면, 비공개적으로라도 말입니다. 알바생 누나의 인터넷 글을 통해 당시의 일이 공개된 이번 사건처럼 말이죠.……이런 사회적 여론이 모이면서 지배 계급과 대중의 윤리의식이 점점 유리되고, 그런 간극에 의해 사회적 비판 여론이 사회 구조와 지배 계급으로 집중될 때 비로소 집단의 저항이 가능해집니다. 그러니 조 교수의 말은 저항의 대상을 잘못 짚은 오판이라고 할 수 있습니다."

셋째, 저항이 가능한 토대, 즉 알바생들이 모순을 향해 '송곳'처럼 저항하려면 저항 이후 그들과 단단히 연대해주는 동료들이 있어야 한다는 것이다.

"그런 토대가 바로 노동조합이 되겠지요. 그런 이유로 2013년 8월 국내 최초로 아르바이트 노동조합인 '알바노조'가 공식 출범했습니다. 하지만 대부분의 알바생들은 노조에 가입하기 쉽지 않은 구조입니다. 노조에 가입해 활동했다고 해고 통지를 받는 일이 비일비재하게 일어납니다. 알바노조 설문결과, 해고 경험이 있는 알바생 응답자 123명 가운데 40명(32.5퍼센트)은 '해고 이유를 알지 못한 채' 해고됐습니다.⋯⋯이런 사회를 만든 것에 기성세대는 책임이 없을까요. 비정규직을 양산한 정부의 책임은 어떤가요."[82]

"그들은 저항했다"

동명대 교수 김동규는 "하루 일당 못 받을 각오로"라는 식으로 학생들의 일자리를 함부로 업신여기는 태도를 비판했다. 그는 "그것이 성인 정규직이든 대학생 주차 아르바이트든, 해당 일자리에 한 개인의 생활 문제가 걸렸을지 모른다는 인식이 있다면 저렇게 쉽게 말을 내뱉을 수 있을까요. 이 엄동설한에, 매연 가득한 지하공간에서 최저임금을 받고 주차 아르바이트하는 학생들이 '있는 집' 자식일 리 만무합니다. 저마다 긴한 경제적 사정이 있을 겁니다"라면서 다음과 같이 말했다.

"입장을 바꿔 생각해보실 것을 권합니다. 당사자인 학생들이 그

트윗 글을 읽는 순간 어떤 생각이 들었을까요. 앞으로 비겁을 떨치고 용감하게 살아야겠다 뼈저린 반성을 했을까요? 아니면 늘 진보적 입장에 서 있는 유명인사까지 이런 생각을 가졌음을 확인하는 순간, 혹시 자기들이 무릎 꿇은 시멘트 바닥보다 세상이 더 차갑다고 느끼지는 않았을까요. 그러므로, 애초에 패기니 비굴이니라는 단어를 입에 담아서는 안 되었습니다. 그보다는 아이들에게 '꿇어!'라고 진상을 떨고, 아이들이 그렇게 억지로 무릎 꿇을 수밖에 없는 이런 세상을 만든 책임감을 먼저 토로했어야 합니다."[83]

『중앙일보』 기자 이영희는 "안타까움에서 나온 말이란 건 안다. 그런데도 이 말이 불편한 건 '젊음＝패기'라는 공식이 주는 어떤 강압적인, 혹은 예스러운 느낌 때문이다. 말하기에도 입이 아프지만, 지금 한국 사회에서 20대는 가장 패기를 갖기 힘든 세대다"며 다음과 같이 말했다.

"단지 나이가 어리다는 이유로 '패기를 가지라'고 강요하는 건 가혹하지 않은가.……패기覇氣는 '어떤 어려운 일이라도 해내려는 굳센 기상이나 정신'이란 뜻이다. 한 20대 후배가 말했다. '자신의 월급을 지키기 위해 무릎 꿇는 모욕을 견디는 것도 일종의 패기라면 패기다.' 요즘 청년들은 패기가 없다기보단 너무 일찍 세상을 알아버린 것인지도 모른다."[84]

여성학 강사 정희진은 「그들은 저항했다」라는 『경향신문』(2015년 1월 16일) 칼럼에서 '백화점 모녀 사건'은 저항이란 무엇인지에 대해 근본적인 인식의 전환을 요구하고 있다는 점에 주목했다. 그는 "저항해서 자존감이 회복되거나 실질적 보상을 받는 경우는 드물다. 저항 과정의 사소한 문제가 가해의 본질보다 더 문제시되는 경우가 대부분이다. '갑질'은 하지 않지만 '있는 자'들은 이 억울함을 모른다"며 다음과 같이 말했다.

"없는 이들의 저항은 폭력으로 간주된다. 사회불안 조장세력이 되거나 허수아비 취급을 받으면서 누가 시켰느냐며 배후를 조사받는다. 가해와 피해의 상황은 사라지고 양비론에 사생활까지 파헤쳐진다. 나는 성폭력, 가정폭력 피해 여성들을 상담하면서 이런 경우를 무수히 보았다. 저항해도, 저항하지 않아도 비난 받는다. 부정의는 끝이 없다. 유명 진보 인사나 '강남 좌파'가 저항하면 명예든 실질적 힘이든 얻을 확률이 있지만, 민초가 저항하면 박수보다 뭉개진 억장臆腸(가슴과 창자)에 다시 억장億丈이 덮친다. '저항하지 않았다'는 누구의 시각인가? 그들은 저항했다."[85]

"무릎 꿇는 모욕을 견디는 것도 패기다"

독일 쾰른대학 법정책연구소 객원연구원 남경국은 「그들은 저항했다. 그러나…」라는 『한겨레』 칼럼에서 "해당 알바생들은 그들의 방식으로 저항했다. 그러나 과연 현재 사회구조와 시스템이 바뀌기 전까지는 알바생들이 '강요된 무릎꿇기'를 감수하면서 심한 모욕감과 치욕을 당하고 난 후에 비로소 고발의 방식으로 대응할 수밖에 없는 것일까?"라는 의문을 제기했다.

남경국은 '백화점 모녀 사건'은 본질적으로 '저항의 문제'가 아니라, '헌법적 권리(기본적 인권)의 문제'라고 진단했다. 그는 "자신의 (법적) 권리는 행사하면 된다. 저항을 고민할 문제가 아니다. 개인의 헌법적 권리도 마찬가지다. 우리 헌법은 인간의 존엄성을 규정(제10조)하고 더하여 노동자의 근로조건과 관련하여 특별히 인간의 존엄성을 법률로 보장하도록 규정(제32조 제3항)하고 있다"며 다음과 같이 말한다.

" '강요된 무릎꿇기'는 개인이 가지는 불가침의 기본적 인권에 대한 침해다. 따라서 백화점 모녀의 행위는 단순히 수인 가능한 범위의 갑질이 아니라 헌법위반임과 동시에 형사책임과 민사책임(손해배상)이 있는 범죄행위다. 백화점도 마찬가지다. 미국이나 독일 등 서구 사회에서 이런 사건이 일어났다면 그것을 방치한 백화점과 더불어 모녀 고객은 형사책임뿐만 아니라 엄청난 규모의 징벌적 금전손해배상 책임을 면치 못했을 것이다.……이제는 우리 사회에서도 더이상 '강요된 무릎꿇기'와 같은 반헌법적 인권 범죄가 일어나지 않아야 한다. 이번 기회에 고용주와 소비자들이 서비스업 종사자들의 인권 착취와 희생을 담보로 한 '서비스 과잉의 문제'를 한번 고민해보았으면 좋겠다."[86]

전적으로 옳은 말씀이지만, 다시 문제는 한국 사회에 큰 구멍이 뚫린 곳이 한두 군데가 아니라는 점에 있다. 사실 사회적으로 화제가 된 갑질에 대해 분노하고 말 것도 없이, 일반적인 갑질에 대해 법적 책임을 물으면 그만인 일이지만, 한국 '법치法治'의 수준이 그런 책임 문기를 감당해낼 수 있는 수준에 와 있지 않다는 것이다. 나중에 자세히 다루겠지만, '법치'와 공적 영역에 대한 국민적 불신도가 매우 높다.

"자신의 월급을 지키기 위해 무릎 꿇는 모욕을 견디는 것도 일종의 패기라면 패기다"라는 말도 바로 그런 사회적 환경을 너무도 잘 알기에 나온 게 아닐까? 나와 내 가족 말고는 믿을 수 없는 세상이라는 건 상식이 된 지 오래니, 그런 상식에 충실했던 게 아니겠느냐는 것이다. 좀더 적극적인 해석을 해보자면, 그건 궁극적으로 승자가 되기 위한 와신상담臥薪嘗膽의 의례儀禮인지도 모른다.

청소년 상담가 이창욱이 2만 명이 넘는 청소년들을 상담한 후에 쓴 『사춘기 쇼크』라는 책의 「기꺼이 무릎을 꿇어라」는 글에 이런 말이 나온다. "이야기할 때만이라도 아이의 또래 친구가 되어주세요. 정신연령이 낮아져도 괜찮습니다. 권력자에게 무릎을 꿇는다면 비난 받을지 모르지만, 자녀와 대화하기 위해 무릎을 꿇는 것은 분명히 존경받을 일입니다."[87]

무릎꿇기가 진정한 소통을 위해, 과오를 사과하기 위해, 높은 곳에서 낮은 곳을 향해 이루어진다면 얼마나 좋을까? 갑이 을에게 사과 또는 사죄하기 위해 무릎 꿇는 일이 수시로 일어나는 나라가 될 수는 없을까? 물론 절대 다수 국민이 전쟁 같은 삶을 영위하는 곳에선 불가능한 일이다. 전쟁에서 유일 정의는 오직 힘일 뿐이니까 말이다.

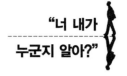

"국회의원이면 굽실거려야 하느냐"

2014년 9월 17일 새벽 0시 48분쯤 서울 영등포구 여의도동에서 벌어진 세월호 유가족들과 대리운전 기사 사이에서 벌어진 몸싸움, 그리고 그 와중에서 일어난 일련의 사건들은 "내가 누군지 알아?"라는 말을 유행시켰다. "내가 누군지 알아?"는 이 말을 입 밖에 내건 내지 않건 갑질을 저지르는 모든 갑의 의식 세계 바탕에 깔린 이데올로기라고 해도 과언이 아닌데, 이 사건은 전혀 그럴 것 같지 않은 사람들이 가해자가 되는 바람에 많은 사람을 곤혹스럽게 만들었다. 여의도 사건의 전말은 이렇다.

세월호 참사 가족대책위 집행부 간부와 유족 등 5명은 16일 저녁

여의도에서 새정치민주연합 의원 김현과 함께 저녁 식사를 했다. 술도 마셨다. 이날 자정쯤 호출을 받고 도착한 대리기사 이 모(52) 씨가 30분이 지나도 손님이 나오지 않자 "다른 기사를 부르라"고 하면서 돌아가려 하자 김현이 제지하며 국회의원 신분을 밝히는 과정에서 사건이 벌어졌다. 현장 영상과 목격자 증언에 따르면 김현은 "너 거기 안 서?" "내가 누군지 알아?" 하며 고압적 태도를 보였다. "국회의원이면 굽실거려야 하느냐"는 이 씨의 말에 유가족들은 "의원님 앞에서 버릇이 없다"면서 폭력을 휘둘렀다. 이 씨는 "나도 세월호 성금도 내고 분향소에도 다녀왔는데 그들이 세월호 유족 대표라는 사실을 알고 더 실망스럽고 분했다"고 했다.[88]

범죄과학연구소 소장 표창원은 19일 자신의 페이스북에 올린 「김현 의원의 갑질」이라는 글에서 "여러 각도에서 보아도 김현 국회의원의 행동은 명백한 갑질 패악"이라고 비판했다. 그는 "대리기사에게 30분 넘게 대기시키다가 떠나려는 것을 힘으로 막는 것은 형법상 업무 방해의 책임을 물을 수 있다"며 "더구나 국회의원의 지위와 힘을 내세웠다면 아주 질 나쁜 갑질"이라고 덧붙였다.[89]

한신대 교수 윤평중은 "'내가 누군지 알아?'는 한국인의 감춰진 성감대이며 우리네 삶을 추동하는 집단 무의식이다.……'내가 누군데 감히 네 따위가'를 핵심으로 삼는 권력 담론이자 강자가 약자를 짓밟는 '갑질'의 언어다.……인간관계를 힘의 우열優劣로 나누어 약자를 얕보는 한국인의 차별적 가치관과 봉건적 집단 무의식을 그 무엇보다도 선명하게 증언하는 것이 바로 '내가 누군지 알아?'다"며 다음과 같이 말했다.

"힘으로 상대방을 누르려는 '내가 누군지 알아?'는 궁극적으로 동물의 언어에 불과하다. '내가 누군지 알아?'의 반말을 언제라도 발사하려는 사람으로 가득 찬 사회는 동물의 세계와 비슷하다.…… 내가 누군지 알아?'가 널리 수용되는 사회는 잔혹한 약육강식弱肉强食의 사회다. 하지만 폭행사건 피해자인 대리기사의 항변에는 희망의 싹이 엿보인다. 사회적 약자 중의 약자인 대리기사가 강퍅한 한 의원에게 던진 '국회의원이면 다입니까?'라는 항의야말로 열린 사회의 미래를 보여주기 때문이다. 강자强者의 난폭한 말씨에 숨은 권력관계를 거부하면서 그 정당성을 묻는 보통 사람만이 사람 사는 사회를 꿈꿀 수 있다."[90]

"내가 누군 줄 아느냐. 너희들 목을 자르겠다"

"내가 누군지 알아?"는 1년 365일 내내 전국 도처에서 외쳐지고 있는 구호라고 해도 과언이 아니다. 2014년 10월 1일 오후 10시쯤 서울 양천구 목동에서 벌어진 일을 보자. 주황색 택시 한 대가 급정차했다. 고급 양복을 입은 40대 남성이 문을 벌컥 열고 나오더니 택시 기사를 향해 "야, 이 개XX야, 당장 내려!" 고래고래 소리를 질렀다. 60대 택시 기사가 "몇 살인데 반말이냐 부모도 없냐"고 하자 40대 남성은 "그래 없다. 너 내가 누군지 알아? ○○그룹 부장이다"라며 고함을 쳤다.

백화점에서 불만이 있으면 그냥 소비자의 자격으로 항의해도 될 텐데, 꼭 "내가 ○○○ 시장과~", "XX 구청장과는~" 운운하며 "내가 누군지 알아?"라고 항의하는 손님이 많다. 항공업계에선 좌석 업그레이드와 관련해 청와대·국회·정부기관과의 관계를 과시하면서 "내가 누군지 알아?"라고 속삭이는 사람이 많다. 경찰 관련 일도 마찬가지다. 한 경찰 관계자는 "청와대·국회·정부는 기본이라고 보면 된다"며 "대한민국의 모든 권력기관이 총출동한다"고 말한다.[91]

그럴듯한 지위나 줄이 없으면 가진 돈으로 자신의 위세를 드러내려는 사람들도 있다. 2014년 12월 전주지법 군산지원은 공무집행방해 혐의 등으로 기소된 복 모(32) 씨에 대해 징역 1년 6월을 선고하고 법정 구속했는데, 그가 저지른 죄는 무엇이었던가? 10대 후반 300만원으로 주식투자를 시작해 100억 원이 넘는 수익을 거둬 방송 매체에서 '슈퍼개미'로 불리며 명성을 얻은 복 씨는 전북 군산시의 한 가요주점에서 종업원 조 모(28) 씨의 이마를 맥주병으로 때리고 파출소에 연행된 뒤에도 경찰관의 낭심을 발로 차고 욕설을 퍼붓는 등 30여 분간 행패를 부렸다. 그는 "내가 100억 원 중 10억 원만 쓰면 (당신) 옷을 벗긴다. 당장 '1억 원'도 없는 것들이, 아는 사람들에게 1억 원씩 주고 너희들 죽이라면 당장이라도 죽일 수 있다"고 폭언한 것으로 드러났다.[92]

2015년 2월 10일엔 청와대 민정수석실 소속 ㄱ행정관(5급)이 "내가 누군지 알아?"의 대열에 참여했다. 그는 그날 오후 11시 44분쯤 서울 광화문에서 택시를 탄 뒤 자택 인근인 경기도 용인 기흥구 중동에서 택시 기사가 잠을 깨우자 멱살을 잡는 등 폭행했다. ㄱ행정관은 기분이 나쁘다는 이유로 택시비 3만 7,000원도 내지 않겠다며 시비를 벌이다 운전기사의 신고로 현행범으로 체포되었다. ㄱ행정관은 파출소에서도 "내가 누군 줄 아느냐. 너희들 목을 자르겠다"는 등 행패를 부렸다고 한다.[93]

청와대에서도 가장 힘이 세다는 민정수석실 소속이라는 걸 남들이 몰라보는 게 불만이었을까? 『조선일보』 논설위원 신정록은 정권 출범 2년 만에 이런 종류의 갑질 스캔들이 벌써 4명째라고 지적하면서, 권력 수호가 존재 목적인 '호위 무사'들이지만, "호위 무사는커녕 '잡탕 집단'이라 해도 할 말 없게 됐다"고 했다.[94]

손석희는 2월 12일 JTBC 뉴스룸의 '앵커 브리핑'에서 "Who Are You?"라는 질문을 던졌다. "내가 누군지 알아?" 현상의 핵심을 잘 꿰뚫고 있어, 그 전문을 감상해보는 게 좋을 것 같다. 아래와 같다.

"당신은 대체 누구시길래"

내가 누군지 아느냐. 술에 취해서 택시 기사를 폭행하고 파출소에서 소란을 피운 청와대 민정수석실 행정관이 어제(11일) 면직 처리됐습니다. 그러고 보니까 참 많이도 들어본 말이네요. 오늘 1심에서 징역 1년 실형을 선고받은 대한항공 조현아 전 부사장 또한 '내가 누군지 아느냐' 식의 갑질로 처벌을 받게 되었고 국무총리 후보자가 기자들을 앉혀 놓고 했던 말도 결국은 따지고 보면, '내가 누군지 아느냐'와 다름없었습니다. 보도내용과 언론사 인사, 학교 인사, 법안까지. 참 많은 말을 했죠.

남을 누르는 고압적인 질문, "내가 누군지 아느냐". 시대를 막론하고 부와 권력을 쥔 사람들의 상징어가 돼서 없는 사람들의 마음을 짓누릅니다. "내가 누군지 아느냐. 여기선 내가 왕이다." "내가 시의회 의장이다. 의장도 몰라보나." "네가 뭔데 나에게 차를 빼라 하느냐." 이 사람들은 왜 자기가 누구인지를 남에게 물어보는 걸까요?

자신이 누구인지를 남에게 확인받아야 하는, 그래야 직성이 풀리는 자기과시의 심리. 그러나 그것은 어찌 보면 온전한 자기 자신에 대한 확신이 없어서인지도 모르겠습니다. 그래서일까요? '내가 누군지 아느냐'는 질문에 왠지 답을 해야 할 것 같은 느낌마저 드는군요. 그래서 오늘 앵커 브리핑이 고른 단어. "who are you?", '당신이 대체 누구시길래' 입니다.

내가 누구인지 아느냐고 묻기 전에 스스로 자신이 누구인지를 먼저 묻고 대답해보면 답은 나오리라 믿습니다. 그리고 대답은 명확합니다. 민주사회에 지도층은 존재하지 않는다는 것. 권력층도 존재하지 않는다는 것. 모두가 우리 사회를 구성하고 이끌어가는 평등한 시민이라는 것이지요.

부와 권력이란 것도 결국엔 시민으로부터 나온 것이니 그걸 운 좋게 좀더 갖고 있다고 해서 함부로 휘두르지 말라는 것은 동서고금에서 이미 다 배운 바가 있습니다. 그래서 이번 항공기 회항 사건 재판에서도 알 수 있듯, 또한 총리 인준을 둘러싼 무성한 논란에서 볼 수 있듯이, '내가 누구인지 아느냐'라는 물음에 대해 돌려드릴 대답은 딱 하나밖에 없습니다. who are you? 당신은 대체 누구시길래. 앵커 브리핑이었습니다.

'의전 사회'의 이데올로기 구호

"내가 누군지 알아?" 현상은 한국이 전형적인 '의전 사회'라고 하는 점에서 고스란히 드러난다. 2013년 국회 국정감사 자료를 보면 최근 3년간 코트라 해외무역관에서 이루어진 여야 의원과 고위 공무원들의 의전 서비스는 모두 1,100건을 넘었다. 이에 대해 『경향신문』은 "출장에 앞서 몇 달 전부터 이들을 뒷바라지하느라 현지 직원들이 매달리는 것을 생각하면 본업이 제대로 굴러갈지 의문이다. 한국 무역의 최일선에 있는 해외무역관이 고관대작들의 의전과 잡무로 소일하는 것은 한국 경제의 큰 손실이다"고 했지만,[95] 어찌 경제뿐이랴. 해외 대사관들의 주요 임무 중 하나도 바로 그런 의전 서비스이니, 외교인들 제대로 될 리 없다. 임정욱은 한국 사회의 '의전 중독'에 대해 다음과 같이 말한다.

"의전 사회의 폐해는 세월호 참사에서도 드러났다. 높은 사람이 오면 그에 맞춰서 의전을 준비하는 데 익숙해진 공무원들은 현장에서 고통받는 희생자 가족들의 입장에서 배려하는 방법을 몰랐다. 위기

상황에서 효율적으로 구조 활동을 펼치는 방법에 대한 매뉴얼은 없는데 높은 사람들을 모시는 의전 방법은 매뉴얼로 머릿속에 박혀 있었을 것이다. 그렇다 보니 자기도 모르게 그렇게 행동했을 것이다."[96]

물론 의전 사회의 이데올로기 구호는 "내가 누군지 알아?"다. 윤평중은 "'내가 누군지 알아?'를 추동하는 한국적 권력 의지와 출세관은 우리 모두의 마음속에 꿈틀거리는 암종癌腫이다. 추악한 그 암 덩어리를 단호히 끊어내야만 진정한 민주·평등 사회로의 비약이 가능하다"고 결론 내렸지만,[97] 아무리 생각해도 그런 '유토피아'는 가능할 것 같지 않다.

나름 제법 성공을 거둔 이들이 자신을 '개천에서 난 용'으로 간주하는 가운데, 우리는 그들이 기고만장氣高萬丈할 수 있는 사회적 분위기를 열심히 조성해오지 않았던가? 우리는 자기 정체성을 오직 남과의 서열관계 속에서만 파악하는 삶을 살아오지 않았던가? 그래서 자신의 서열 확인 차원에서 자신보다 서열이 낮다고 여기는 사람들을 상대로 "내가 누군지 알아?"를 외치는 게 아닌가?

힘없는 사람들도 "내가 누군지 알아?"를 외칠 수 있는 입지를 갖기 위해 투쟁을 하는 게 우리의 현실 아닌가? '우리네 삶을 추동하는 집단 무의식'을 무슨 수로 끊어낼 수 있단 말인가? 이런 글을 쓰는 나역시 무의식의 심층을 놓고 이야기한다면 "내가 누군지 알아?" 멘털리티에서 자유롭다고는 장담 못하겠다.

진보 역시 "내가 누군지 알아?"를 말할 수 있는 위치에 오르기 위한 수단으로 진보를 외치는 건 아닐까? 사실 진보 진영에도 "내가 누군지 알아?" 심리의 토양이라고 할 권위주의적인 문화는 건재하다. 이와 관련된, 탈권위주의적 진보 인사들의 증언은 무수히 많다.

조병훈은 "운동권 선배들은 기껏해야 나보다 한두 살 많은데, 행동하는 것은 자기가 왕이에요. 후배들은 아무것도 모르는 아이인 것처럼 대하고 자기는 모든 걸 다 아는 듯이 행동하죠"라고 말한다.[98] 정상근은 상명하복의 문화, 토론 없는 일방주의, 파시스트적 성격 등 진보의 '폭력적이고 차별적인 조직문화'를 고발하면서 "지금의 진보운동에서 권위적인 분위기는 아주 일반적이다"고 말한다.[99]

젊은 학생들의 군기 잡기 문화

진보의 권위주의 못지않게 비극적인 건 젊은 학생들의 기수 문화다. 모든 학과가 다 그러는 건 아니지만, 매년 2~3월만 되면 전국의 많은 대학에서 신입생의 군기軍紀를 잡는 행사가 대대적으로 벌어진다. 2008년 용인대 동양무예학과 학생이 신입생 훈련을 이유로 선배들에게 구타를 당해 사망한 사건이 발생하면서 비판의 대상이 되었던 대학 내 군대식 문화가 지금도 건재한 것이다.

서울 S대 토목공학과 신입생 환영회와 개강총회에선 과가科歌 가사를 틀리자 바닥에 머리를 박는 '원산폭격' 얼차려를 주고, 목소리가 작고 허리를 구부정하게 앉았다고 "놀러 왔냐, XX 새끼들이"라는 폭언을 퍼부으며 '전원 엎드려뻗쳐'를 시키는 일이 벌어졌다. 어느 여대의 생활체육과 신입생들은 화장은 물론 치마나 트레이닝복 착용도 금지되고, 선배들과 대화할 때 종결어미는 '다·나·까'만 사용해야 하고, 선배가 보이면 달려가서 인사해야 하고, 전화는 문자로 먼저 허락을 받고 해야 하며, 이런 모든 규칙은 캠퍼스에서 2킬로미터 떨어진 지하철역까지 적용된다.

어느 예술대학의 선배 학생들은 아예 '○○대학 신입생이 지켜야 할 것'이라는 제목의 문서까지 만들었는데, 그 내용이 가관이다. 구체적으로 선배에게 연락하는 법, 15학번이 혼자 들어올 때, 15학번이 혼자 나갈 때, 동기와 함께 들어올 때, 동기와 함께 나갈 때, 지나다닐 때, 선배가 들어올 때 등 '상황별 인사법', 인사 할 때는 손에 든 모든 것을 내려놓고 허리를 굽혀 인사한 후 0.1초 뒤 육성으로 인사를 한다는 '인사 방법' 등이다. 또한 "기대거나 눕지 않는다", "과대가 먼저 앉고, 여학생, 남학생 순으로 앉는다" 등의 내용도 들어 있다.[100]

"내가 어떻게 해서 여기까지 왔는데"

"내가 누군지 알아?"가 일상적으로 저질러지는 대학 캠퍼스를 어찌 이해할 것인가? 굳이 선의로 해석하자면, 자신이 "내가 누군지 알아?"를 외칠 수 있을 만한 지위에 오르기까지의 노력과 고생에 대해 큰 의미를 부여하는 이른바 '노력 정당화 효과effort justification effect'로 보아야 할까? 심리학자들은 "엄청난 어려움과 고통을 이겨내고 뭔가를 얻은 사람은 최소한의 노력으로 같은 것을 획득한 사람보다 그것을 더 가치 있게 여기는 경향이 있다"고 말한다. 54개의 부족 문화에 대한 연구에서도, 가장 극적이고 가혹한 입회의식을 치르는 부족들의 내부 결속력이 가장 강한 것으로 나타났다.[101]

그런 원리에 따라 신입생에 대해 가혹한 '군기 잡기'를 하는 것이라면, 그리고 이런 심리가 습관이 되어 "내가 누군지 알아?"가 사회 전반에 만연하는 것이라면, 이런 못된 짓들이 사라지긴 어렵겠다는 생각이 든다. 물론 은수저를 입에 물고 태어난 재벌 3세는 예외겠지만, 일반적으로 보자면 그럴 수 있다는 것이다. 자기 분야에서 성공한 사람들이 간혹 과도한 탐욕과 오만의 포로가 되는 이유 중의 하나도 바로 "내가 어떻게 해서 여기까지 왔는데"라는 생각 때문일 것이다.

그런 생각을 자신의 내면에만 담아두면 좋겠는데, 애초에 노력하고 고생했던 이유가 속물적인 인정과 과시에 있었기에 어떤 식으로건 그걸 표출해야만 한다. 그래서 '내가 누군지 알아?'를 외치거나 누군가에게 '무릎꿇림'을 강요하면서 그걸 '정의'라고 생각하게 된 건 아닐까?

오래전 미국 제32대 대통령 프랭클린 루스벨트Franklin Delano Roosevelt, 1882~1945의 부인인 엘리노어 루스벨트Eleanor Roosevelt, 1884~1962가 흑인 등 소수자들의 인권운동을 펼치면서 한 다음과 같은 말이 오늘날의 한국에서 큰 울림을 갖고 다가온다는 게 서글플 따름이다. "당신의 승낙 없이는 그 누구도 당신이 열등하다고 느끼게 만들 수 없다No one can make you feel inferior without your consent."

"삶의 오르막길에서 만나는 사람들에게 정성을 다하라. 훗날 내리막길을 내려올 때 만나게 될 사람들도 바로 그들이니까"라는 말이 있지만, 한국에선 그럴 일이 거의 없다. 올라가는 사람은 늘 올라가고 내려가는 사람은 늘 내려가니까 말이다. 그럼에도 앞으로는 "내가 누군지 알아?"라고 묻는 사람에겐 반드시 손석희의 제안대로 이 답을 던져보도록 하자. "Who are you?" 영어가 좀 딸리는 사람은 "당신은 대체 누구시길래"라고 해도 좋겠다.

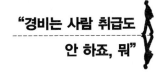

"경비는 사람 취급도 안 하죠, 뭐"

"개가 사고를 당했더라도 이랬을까"

'개천에서 용 나는' 모델의 본질은 "너와 나는 다르다"는 구획 설정이다. 잘났건 못났건 더불어 어울려 살기보다는 출세 순으로 일렬종대를 설 것을 요구하고, 그에 따른 구별짓기를 하는 집단을 가리켜 공동체라고는 할 수 없다. 한국의 아파트를 진정한 의미의 공동체로 보기 어려운 이유도 바로 여기에 있다.

2014년 10월 7일 서울 강남구 압구정동의 B 아파트 경비원 이 모(53) 씨가 아파트 주차장에서 분신자살을 기도한 사건이 발생하면서 아파트 주민들의 갑질이 논란이 되었다. 이 아파트 경비원들이 속한 민주노총 서울본부 일반노조는 13일 기자회견을 열고 이 씨가 겪은 인격 무시 사례를 폭로했다.

"(한 가해 주민은) 먹다 남은 빵을 5층에서 '경비', '경비' 불러서 '이거 먹어' 던져주는 식으로 줬다. 안 먹으면 또 안 먹는다고 질타해 경비실 안에서 (억지로) 먹었다.……일부 입주민의 일상적인 인격 무시, 폭언 등이 누적된 게 이 씨의 자살 기도 원인이다. 아파트 주민들로부터 폭행·폭언을 당해도 제대로 대응할 수 없는 것이 경비원들의 상황이다."

실제로 국가인권위원회 보고서(2013년)에 따르면 아파트 경비원 10명 중 3명(35.1퍼센트)은 주민들에게서 폭언을 들은 경험이 있었다. 보고서는 "정신적·언어적 폭력은 심각한 스트레스 요인으로 작용하고 심지어 정신질환으로 이어질 수 있다"며 "이를 지속적으로 당하는 경우 불안장애·우울증 등의 원인이 된다"고 지적했다. 압구정동의 B 아파트에선 특히 어느 할머니의 갑질이 심했던 것 같다. 이 아파트의 경비원 ㄱ씨는 다음과 같이 증언했다.

"○○○호에 사는 할머니는 수시로 초소 안에 들어와 귀에다 대고 아파트 주변과 건물을 청소하지 않아 지저분하다, 교대자는 일을 잘하는데 당신은 왜 못하느냐고 30분 내지 40분간 잔소리를 하고, 쓰레기통에 막대기를 찔러보고 페트병 컵이 나오면 이거 나오면 안 된다고 고함을 치고, 쓰레기통 옆에 가구나 나무 소파 등이 나와 있다고 이거 누가 내놓았느냐고 물으면서 빨리 치우라고 소리치고……한 세대에서 공사 중일 때도 사다리로 운반하지 왜 엘리베이터로 짐을 운반하게 하였냐고 질책하면서 '네가 허수아비냐'고 삿대질을 하고 고함을 치면서 야단을 쳤고……."

민주노총 서울본부 일반노조는 이 씨가 분신을 하자 입주자대표
위원회(입대위)에 재발방지 대책을 요구했는데, '개인 간의 문제'라는
답변이 돌아왔다. 경비원 ㄷ씨는 "현재까지 입대위가 이 씨에게 병문
안을 한 차례도 오지 않았다"고 했다. 민주노총 서울본부 일반노조 조
합원 3명은 15일 오후 5시께 B아파트 경비원들을 대신해 아파트 입구
에서 호소문을 읽었다.

"우리도 똑같은 사람이고 한 집안의 가장이며 인격을 무시당하면
모멸감에 깊은 상처를 받습니다. B아파트라는 공간에서 경비 일을
하며 입주민과 함께 살아가는 성원이기도 합니다. 가정보다 B아파트
에서 지내는 시간이 더 많은 한 식구입니다. 이유야 어쨌든 입주민 주
거 생활의 평안을 위해 경비원이 일하던 중 큰 사고를 당했는데도 입
주자 대표분은 아직까지 우리에게 따스한 위로의 말씀도 없습니까.
저희는 감히 집에서 키우는 개가 사고를 당했더라도 이랬을까 하는
생각이 듭니다."[102]

아파트는 '갑질 공화국'의 동력인가?

분신자살을 시도한 경비원 이 모 씨는 전신 3도 화상을 입어 한
달 만인 11월 7일 패혈증으로 인한 다발성 장기부전으로 사망했다. 이
비극은 비교적 널리 알려진 사건일 뿐, 언론에 보도되지 않은 수많은

인권유린 사건이 매일 전국적으로 벌어지고 있다.

2010년 6월 창원시의 한 아파트 옥상에서 투신자살한 경비원 이 모(65) 씨는 유서에 "아무 잘못 없이 폭행을 당하고 보니 머리가 아파 도저히 살 수가 없어 이런 결정을 하게 되었습니다. 차후 경비가 언어폭력과 구타를 당하지 않게 해주세요"라고 적었다. 이 씨는 자살 전 아파트 입주민에게서 멱살을 잡히고 얼굴을 수차례 맞았다. 하지만 이 같은 폭행에도 아파트 경비원들은 속수무책으로 당하기 일쑤였다. 대부분이 비정규 계약직이라 1~2년 단위로 계약을 갱신해야 했기 때문이다.

예나 지금이나 아파트 경비원들이 이구동성으로 하는 말이 있다. "경비는 사람 취급도 안 하죠, 뭐." "경비원이란 딱지가 붙는 순간 바로 인격이 없는 사람 취급 받는 것 같습니다." "경비원은 아파트 단지의 제일 하층민입니다. 온갖 잡일을 다하면서도 제대로 된 인사는커녕 무시를 받는 경우가 많습니다."

서울 강남의 A 아파트단지에서 경비원으로 일하는 김 모(63) 씨는 경비 업무 외에 분리수거, 낙엽 청소, 주차 관리 등의 업무도 맡고 있는데, 주말에 가장 중요한 업무는 주차 관리다. 5분에 한 번씩 차 키를 들고 나가 이중 주차된 차량을 정리한다. 김 씨가 일하는 한 평(3.3제곱미터)이 채 안 되는 경비초소 벽면에는 아파트 주민들이 맡긴 자동차 키 40여 개가 빼곡히 걸려 있다. 김 씨는 "주차를 대신해 주다 차가 긁히면 수리비를 내줘야 한다"며 "항상 신경이 곤두서 있다"고 말했다. 입주민에게서 폭언을 듣는 경우도 있다. 김 씨는 "나이 어린 입주민이 나한테 '야, 차 왜 빨리 안 빼'라며 대뜸 반말을 할 때면 나도 화를 내고 싶다"며 "하지만 아파트 입주민이 문제 제기를 하면 불이익을 받는 건 경비원이기 때문에 참을 인忍 자를 마음에 새기는 방법밖에 없다"고 말했다.[103]

경기도 구리에 있는 아파트에서 전기 설비 일을 하는 김 아무개 씨는 "아파트는 입주자 대표들의 공화국으로, 그들은 무소불위의 절대 권력을 휘두른다. 그들이 마음에 안 드는 직원을 (관리사무소에) 말하면 그 사람은 바로 갈린다"며 한숨을 내쉬었다. 이와 관련, 전종휘·임지선은 다음과 같이 말한다.

"한 가구당 관리비 몇 천 원 아끼기 위해 사람을 자르고, 실제로 쓸 수 없는 휴식시간을 주고, 열악한 노동 여건에 몰아넣고 머슴처럼 부리는 곳, 대한민국 아파트는 또 하나의 노동착취 현장이다. 다만 우리의 삶과 너무 밀접한, 늘 마주치는 이들이 그 가운데 서 있다는 점이 이 공포영화의 기괴함을 더할 뿐이다."[104]

대한민국 아파트는 또 하나의 노동착취 현장일 뿐만 아니라 인성을 메마르게 만드는 그 어떤 구조적 요인을 내재하고 있는 건 아닐까? 경비원에 대한 갑질은 그런 요인들의 총체적 반영으로 나타난 것일 뿐, 아파트라는 거주양식과 운영구조 자체가 대한민국을 '갑질 공화국'으로 만드는 주요 동력으로 작용하고 있는 건 아닐까?

"배달원은 엘리베이터 타지 마"

2012년 7월 서울 강남구 대치동의 14층짜리 은마아파트에 다음과 같은 경고문이 나붙어 논란이 되었다. "당 아파트에 출입하는 배달사원(신문, 우유 등)들의 배달 시 각층마다 승강기 버튼을 눌러 사용하므로 주민들의 이용 불편과 승강기 고장, 유지 및 관리비(전기료) 발생 등으로 인하여 입주민 민원이 많이 발생하고 있습니다. 반드시 계단을 이용하여 배달해주시기 바라며, 개선되지 않을 시 이에 상응하는 강력한 조치를 취함을 알려드리니 배달 시 유의하시기 바랍니다."

이 사실이 알려진 후 다음 아고라에는 한 네티즌이 "사람을 질리게 만드는 이 폭염 속에서 14층 아파트를 오르락내리락 하라고요? 아니, 날씨와 관계없이 이게 상식적으로 합당한 일입니까?"라며 "배달사원들이 심심해서 아파트 엘리베이터를 이용합니까? 당신들 신문과 우유를 집까지 배달해주려고 하는 것 아닙니까? 그럼 차라리 신문도 보지 말고, 우유도 먹지 마세요. 해도 해도 너무하네요, 정말!"이라고 질타하는 글이 올라왔고 수많은 네티즌이 이에 공감하는 댓글을 붙였다.

한 시민은 "세상 참 각박해져 간다 하는데……가도 가도 참 저렇게까지 할 수 있는지. 저 아파트엔 배달 안 하면 되겠네요. 경비실 앞에 놔두고 저 아파트 주민들이 알아서 가져가라 하세요"라고 일갈했고, 다른 시민도 "배달사원이 올라가는 게 아니라 그걸 시킨 사람이 1층으로 내려와서 받아가시면 되겠네"라고 공감을 표시했다.

이 밖에 "역시 잘난 사람들은 달라—보통 사람들은 도저히 생각지 못하는 걸 생각해내다니", "쑈킹 해외토픽에 나올까 무섭, 전 세계적으로 나라 망신", "천민자본주의의 샘플 같은 동네", "대한민국 강남 은마아파트는~ 배달 제외지역으로 정합시다", "아이들이 뭘 보고 배우겠습니까?"라는 질책의 글이 잇따랐다.[105]

다른 경우라면 더할 나위 없이 선량할 수도 있을 평범한 입주민들에 의해 몹쓸 갑질이 1년 365일 내내 일상적으로 벌어지는 아파트를 빼놓고 어찌 갑질에 대해 논할 수 있으랴. 도대체 왜 이렇게 된 걸까? 오늘날 대한민국 아파트 문화의 원동력이었던 강남 개발의 역사가 한국 사회 전역에 팽배해 있는 '공공영역의 부재'와 그에 따른 '각개전투식 생존경쟁'이라고 하는 현상의 원조라고 하는 건 결코 우연이 아니다.[106]

아파트는 지금 한국인 10명 가운데 6명이 사는 공간이다. 모든 주택을 아파트 일색으로 바꾸려는 '아파트 제국주의帝國主義'가 기승을 부리는 가운데,[107] 아파트에 사는 사람은 너나없이 "10억짜리 아파트에 살며 20억이 안 되니까 안심할 수 없다고 엄살떠는 중산층 환자들"(이지민의 「타파웨어에 대한 명상」)이 되어버렸다. 이것이 바로 지난 40년 동안 아파트를 통해 그려진 우리의 자화상이다.[108]

"아파트 이름 바꿔 떼돈 벌어보자"

한국의 아파트는 '살 집'이 아니라 '팔 집'이다. 그래서 전체 인구의 19퍼센트가 해마다 이사를 다니는 바람에 5년만 지나면 한 동네가 완전히 새로운 사람들로 바뀐다.[109] 주거 자체가 상업적 행위가 되어버린 상황에서 그 어떤 일이 일어난다 한들 놀랄 게 무어 있으랴. 아파트에 기업 브랜드를 붙이는 나라, 그리고 그 브랜드를 놓고 갈등이 끊이지 않는 나라가 대한민국 말고 또 있을까? 이와 관련, 건축가 정기용은 다음과 같이 말한다.

"도대체 어느 나라 사람들이 어디 사냐고 물으면 '나는 현대에 살고, 너는 삼성에 살며, 그 친구는 대우에 살고, 저 친구는 우성에 산다'고 말할 수 있단 말인가. 동네가 아니라 대기업체의 이름 속에 당당하게 살기 시작하면서 우리는 각자의 삶을 살기보다는 (집이라는) 상품을 소비한다고 말할 수밖에 없다고 생각한다."[110]

그래서 같은 지역, 같은 평형이라도 브랜드에 따라 값이 2배까지 차이가 나기도 했다. 급기야 지방 중소업체들이 대형업체들의 유명 브랜드와 비슷한 이름을 붙이는 '짝퉁'도 나타났다. 대우건설의 '푸르지오'와 비슷한 '푸르지요', 삼성물산의 '래미안'을 흉내낸 '라미안' 등이 등장한 것이다. 아파트 입주민들 사이에선 "아파트 이름 바꿔 떼돈 벌어보자"는 운동이 맹렬하게 전개된다.[111]

사정이 그러하니 아파트 광고에 '욕구', '욕망', '욕심' 따위의 말이 난무하는 것도 당연한 일이다. "'욕심 낸 그 곳에 꿈에그린이 온다(한화건설)', '욕심내세요(대방건설)', '욕심내세요, 어울림이니까(금호건설)', '서울이 욕심내는 곳(대림산업)', '욕심나는 투자처(이수건설)', '욕심낼수록(한화)', '욕심낼 만한 이유(현대리모델링)', '욕심만큼(대우

건설)’, ‘아름다운 삶의 욕심(고려개발)’.”[112]

이화여대 건축과 교수 임석재는 “광고 문구들을 보자. 저 성에 사는 사람이 누군지 궁금하다, 이 성에서 햇볕 사용법을 배웠다, 친구들이 부러워하는 건강한 사치를 누리자 등등이다. 자기네 40층 아파트가 들어오면 온 도시가 푸른 녹지로 변한다고 생떼를 쓰는 회사도 있다”며 다음과 같이 말했다.

“배용준이 나와서 내 여자한테는 이런 아파트를 주고 싶다는 회사도 있다. 자기네 아파트에 살며 남편들이 아내를 사랑하게 된다는 회사도 있다. 아파트 이름에 ‘올 래來’자 하나 넣고 여자의 미래가 바뀐다는 회사도 있다. 자기네는 아파트를 짓는 것이 아니라 환경을 짓는다는 회사도 있다. 가우디가 지은 성당 이름과 똑같이 지어놓고 자기네 아파트가 가우디의 명품과 같다는 회사도 있다.……나는 우울할 때면 아파트 광고를 본다. 정말로 웃기는 문구들로 넘쳐난다. 새 광고가 나올 때마다 ‘개콘’이나 ‘웃찾사’ 프로가 시작할 때보다 더 기다려지고 흥분된다. 이번에는 또 어떤 기상천외한 생떼가 등장할까 기대되기만 한다. 하지만 이건 정말로 서글프고 분노해야 할 삐뚤어진 현실이다. 좋게 말하면 코미디요, 나쁘게 말하면 사기다.”[113]

“아파트 광고는 마약 광고보다 나쁘다”

아파트라고 해서 다 같은 아파트가 아니기 때문에 아파트를 향한 꿈은 늘 더 높은 곳을 향해 계속 나래를 펴고, 그 꿈을 인도하기 위해 한국의 미녀들이 총출동한다. 문화평론가 김종휘는 이렇게 말한다. "획일적인 주거 형태를 가진 아파트끼리 무슨 대단한 문화적 차이가 있는지, 여성 연예인의 이미지를 내걸고 품격을 다투는 노릇이 단연 상종가 화제다. 고현정 아파트, 이영애 아파트, 김남주 아파트, 최지우 아파트, 채시라 아파트, 김현주 아파트, 송혜교 아파트, 장진영 아파트, 김희애 아파트, 신애라 아파트, 김지호 아파트, 한가인 아파트……. 그들의 이름은 더 있고 앞으로 더 많아질 것이다."[114]

김대중 정부에서 대통령 경제수석을 지낸 성균관대 교수 김태동은 2007년 5월에 출간한 『문제는 부동산이야, 이 바보들아』에서 연예인들에게 호소했다. "당신들이 하는 아파트 광고는 마약 광고보다 더 나쁜 겁니다. 소비자들이 광고의 메시지에 영향을 받을수록 우리나라의 아파트 가격은 적정 수준보다 높게 거품이 낄 것입니다. 그만큼 무주택자의 삶을 짓밟고 내 집 마련의 꿈을 빼앗는 것이며, 자라나는 신세대까지 노예화하는 극악의 결과를 가져오는 것입니다. 마약은 본인에게만 피해를 주지만, 아파트 광고에 나오는 일은 수십만, 수백만 명에게 큰 피해를 줄 수 있습니다."[115]

2007년 6월 경실련 아파트값 거품빼기 운동본부는 아파트 광고에 출연하고 있는 모델들에게 "무분별한 아파트 광고 출연을 자제해달라"는 편지를 보내고 '선先분양 아파트 광고와의 전쟁'을 공식적으로 선포했다. 경실련 시민감시국장 윤순철은 "연예인이 출연하는 아파트 광고는 허허벌판에 합판으로 모델하우스만 하나 지어놓고, 유명

연예인의 이미지와 맞바꾸자는 비상식적인 상술"이라고 비판했다. "지금 시민들은 아파트의 품질은 좋은지, 가격은 적당한지, 이사 안 가고 평생 안락하게 살 만한 환경인지 등은 꼼꼼히 따져볼 수도 없이 연예인들이 홍보하는 이미지만 보고 아파트를 선택할 수밖에 없습니다."[116]

광고 못지않게 언론도 큰 문제였다. 신문의 전체 광고 중 20퍼센트 이상이 아파트 분양 광고로 채워지는데,[117] 어찌 언론이 그 유혹에서 자유로울 수 있었으랴. 선대인은 다음과 같이 말한다.

"언론이 객관적인 사실을 보도하지는 않고 투기 심리를 조장해 국민을 '고분양가 아파트'의 제물로 삼아야겠습니까? 한국 언론은 악마에게 영혼을 판 '메피스토펠레스'란 생각이 듭니다. 건설재벌에 영혼을 저당 잡히고 광고를 따내기 위해 수단 방법을 가리지 않습니다. 정도의 차이만 있을 뿐 큰 틀에서는 모두 마찬가지입니다."[118]

아파트 반상회와 부녀회의 '아파트값 올리기'

아파트 입주자들의 탐욕은 재건축에 이르러 그 극단을 보여주었다. 2003년 가을 김은식은 강남의 어느 아파트 앞을 지나가다가 "경축, ○○아파트, 안전진단 통과!!-21세기형 주거 공간, ○○○"이라고 쓰인 플래카드가 휘날리고 있는 걸 보았다며 "안전진단을 통과했다면, 안전성이 입증되었다는 말일 텐데, 그게 그렇게 경축까지 할 일인가? 그건 그렇고 건설회사는 뭐가 좋다고 자기네가 짓지도 않은 아파트에 경축 플래카드를 걸어놓은 것일까?"라는 질문을 던졌다.

"아하, 그러고 보니 그게 아니었다. 안전진단 통과란, 합격이 아니라 불합격을 의미하는 말이었다. 다시 말해, 이 아파트가 안전하다는 것이 입증되었다는 것이 아니라, 매우 안전하지 못하다는, 그래서 어서 허물고 다시 지어야 한다는 것을 의미하고 있는 것이었다. 안전진단 불합격을 놓고, 통과라는 말을 붙여가며 아파트 입구에 경축 플래카드를 붙인 것은, 그 아파트 주민들이 드디어 재건축 프리미엄을 붙여서 아파트를 비싸게 팔 수 있게 되었기 때문이었다. 그리고 그것을 허물고 다시 짓는 일을 맡게 된 건설회사는, 또 그 틈에 일거리를 맡아 돈을 벌게 되었기에 경축을 하고 있었던 것이다. 우리 집이 무너지게 생겼다고 경축하는 풍경. 지은 지 한 이삼십 년 지났으면 대충 무너져줘야만 서로서로 득이 되는 요지경 같은 세상 이치를 드러내주는 풍경."[119]

이런 풍경에 화답하듯, 아파트 반상회와 부녀회는 탐욕의 경연대회로 전락했다. 반상회는 1980년대 후반 민주화와 더불어 아파트 생활의 보급으로 쇠퇴하다가 2002년 부동산 광풍 이후 집값 담합 등 이익집단화의 수단으로 활용되기 시작하면서 부흥기를 맞아 '무서운 반상회'로 거듭났다. 반상회에선 통장의 주도 아래 주민들이 담합해 아파트값을 올려야 한다는 결의가 이루어지고, 좋은 일 하자며 아파트를 싼 가격에 거래되도록 주선한 경비원은 개인 재산권 침해라는 이유로 해고당하기도 한다.[120]

서울 강남을 중심으로 아파트 붐이 불기 시작한 1980년대에 본격적으로 생겨나기 시작한 아파트 부녀회는 수많은 잡음을 만들어내고 있다. 초창기부터 아파트 부녀회들이 힘을 쏟은 분야 중 하나도 '아파트 매매 값 올리기'였다. 부녀회뿐만 아니라 아파트 주민들의 인터넷 동호회도 집값 담합을 위한 모의 장소로 활용되었다. 이곳에서 오가는 대화의 대체적인 귀결점은 '아파트값'이었고, 이에 대해 이견을 제시하거나 딴죽을 거는 사람은 심하게 매도되는 분위기였다.[121]

2015년 1월 서울 송파구 ㄹ주상복합아파트에서는 부녀회가 "아파트를 25억 원 이하로는 팔지 않겠다"는 각서를 쓰라고 주변 부동산 중개업소들에 요구한 사실이 드러났다. 이 아파트 부녀회 간부들은 "부동산업소 두 곳이 아파트값을 떨어뜨리고 있다"며 해당 업소 '퇴출'을 위한 동의서를 받다가, 1년 전 내놓은 아파트를 처분하지 못하고 있는 '반대 주민'과 폭행 시비가 붙어 경찰 조사까지 받았다.[122]

"어디 사세요?"라는 질문은 '현대판 호패'

그런 환경에서 자라는 아이들이 무엇을 보고 배우겠는가? 아파트의 돈값에 따라 사람을 차별하고 갑질하는 심성을 기르지 않는다면 오히려 그게 더 이상한 일이 아닐까? 『경향신문』은 "어디 사세요?"라는 질문은 '현대판 호패'인 양 우리를 불편하게 한다고 했다.[123] 서울 서초구 방배1동의 한 공인중개사는 다음과 같이 말한다. "강남에선 중학생부터 회사원들까지 자기 사는 동네를 엄청 내세워요. 자식이 자꾸 그러니 부모가 빚을 내서 오는 경우도 있고, 강남에 산다는 과시 욕구와 교육 문제로 이사 오는 사람들이 10명 중 6~7명쯤 되는 듯합니다."

달동네 인상을 줄 수 있다며 관악구가 2008년 신림4동을 신사동, 신림6·10동을 삼성동으로 변경한 일이나, 양천구 신월·신정동을 '신목동'으로 바꾸려다 기존 목동 주민들의 반발로 무산된 일 등은 이미 '사는 동네'가 계급지표가 되었음을 반영한다.[124] 동국대에 다니는 네팔인 유학생 검비르 만 쉐레스터는 한국인들은 인도와 네팔의 카스트제도에 대해 놀라면서 비판하지만 자신은 한국 사회의 '보이지 않는 카스트'를 발견하게 되었다고 말했다.

"신입생 환영회 때의 일이다. 선배들은 처음 본 신입생에게 먼저 '집이 어디세요?'라고 물었다. 그런데 재미있는 것은 지방에 산다고 대답했을 때와 강남에 산다고 대답했을 때 선배들의 태도가 달라졌다는 것이다. 지방에 사는 신입생에게는 더이상 질문이 없었던 반면 강남 출신 신입생에게는 여러 가지 질문을 하면서 관심을 가졌다. 다음으로 하는 질문은 '고등학교 어디 나왔어요?'이다. 한국의 명문 고등학교가 어디인지 모르지만 선배들의 반응을 보고 자연스럽게 알 수 있었다. 다음으로 하는 질문은 '아버지 직업은 뭐예요?'이다. 아버지의 직업이 국가 공무원, 의사, 변호사인 경우에 여러 사람들의 관심을 끈다. 이런 현상은 학교뿐 아니라 한국 사회 곳곳에서 발견할 수 있다."[125]

차별과 갑질은 같은 지역 내에서도 자주 벌어진다. 서울 강남에 한 호화 아파트가 들어서면서 인근 한 초등학교가 위화감으로 홍역을 치른 이야기를 들어보자. 어느 부인은 "그 아파트에 사는 아이들의 위세가 어찌나 대단한지 원래 살던 아이들의 기가 팍 죽었다"며 "아이들이 '우리도 그곳으로 이사 가자'며 졸라대는 바람에 부모들이 곤욕을 치르고 있다"고 말했으며, 또 다른 부인은 "그 바람에 이 학교는 그 아파트에 사는 아이들과 그러지 못한 학생으로 나뉜다"고 말했다. 부모가 가졌느냐, 못 가졌느냐에 따라 자연히 아이들 사이에 '패거리'가 형성된 것이다.[126]

심지어 한국 아파트의 지존이라 할 타워팰리스(서울 강남구 도곡동) 내에도 그런 차별의 아픔은 있었다. 그 안에도 젊은 독신자와 노인 부부 등을 위한 30평대 이하의 소형 아파트들이 있었는데, 이곳에 사는 이들이 차별의 대상이 된 것이다. 2004년 11월에 나온 「"30평 애들하곤 놀지 마": '부의 상징' 타워팰리스 빈곤층(?)의 비애」라는 기사를 살펴보자.

124평 펜트하우스에 사는 최 모(13) 군은 "어느 날 60평대에 사는 다른 동 친구를 집으로 초대했는데, 부모님께서 그다지 달가워하는 눈치가 아니어서 그 뒤론 안 데려온다"고 털어놓았다. 최 군은 "이곳 아이들이 주로 다니는 대치동 D 중학교에서도 아파트 평수와 부모의 직업에 따라 친구들이 구분된다"고 말했다. 소형 아파트들이 주로 D·E동에 몰려 있다 보니 "나 이곳(D·E동)에 살지 않는다"며 결백(?)을 증명하는 웃지 못할 일도 벌어진다. D동 20평대 오피스텔에 사는 이 모(32 · 여) 씨는 "가끔 엘리베이터에 같이 탄 사람이 묻지도 않았는데 '난 여기에 놀러 온 것 뿐'이라고 해명하기도 한다"며 "일부 주민들은 자신이 소형 아파트에 산다고 오해받는 것을 불쾌해하는 것 같다"고 말했다. E동 30평대 아파트에 사는 50대 변호사 박 모 씨는 "내가 E동에서 나오거나 들어가면 지나가던 사람들이 신기하다는 듯 빤히 쳐다볼 때가 있다"며 씁쓸해했다.[127]

"임대 아파트 아이들과 섞이고 싶지 않다"

그래도 20~30평대 타워펠리스 주민은 노골적인 모욕은 당하지 않으니 다행이라고 해야 할까? 주변에 임대 아파트만 세워지면 부모들이 임대 아파트 아이들과 섞이고 싶지 않다며 자녀들을 다른 학교로 전학시키는 일이 전국적으로 벌어진다. 경기도 안양의 어느 초등학교는 한때 학급 수가 43개나 될 정도로 컸지만, 학생들이 썰물처럼 빠져나가 지금은 달랑 12학급만 남았다. 교육청 홈페이지엔 이런 민원 같지 않은 민원이 빗발친다. "학교 배정을 바꿔달라." "임대 아파트 아이들과 섞이고 싶지 않다." "같은 학교에 다니면 임대 아파트 아이들도 위화감을 느낄 것이다."[128]

언론매체엔 어느 아파트에서 인근의 임대 아파트에 사는 아이들이 자기 아파트를 지나 등교하지 못하도록 담을 세웠다는 기사, 어느 아파트 경비원들이 영구 임대 아파트 주민 자녀들이 놀이터에서 놀지 못하도록 일일이 신원확인을 하거나 일부 학부모들이 학교 학군 조정을 요청하는 분위기가 포착되었다는 기사들이 자주 등장한다.

어느 아파트 1단지와 2단지 사이에 세워진 철제 담장. 애초 이 아파트는 임대와 분양 아파트 간 '담장 없는 마을'을 표방했지만 2단지 분양 아파트 주민들이 사유지 재산권 행사를 이유로 221미터의 담장을 설치했다. 물론 이유는 1단지 사람들과 섞이기 싫다는 것이었다. 임대 아파트에 사는 어느 할머니의 말이다. "내가 여기 아들네에 온지 한 달 됐는데, 나이가 많든 적든 엄마들은 꼭 어디 사느냐고 묻더라고. 임대 아파트나 평수 작은 데 살면 잘 어울리지도 않아. 오죽하면 아이들도 '너, 몇 동 살아? 너희 집이야, 전세야?' 하고는 서로 비슷하면 친구가 되더라고. 기가 차서 원."[129]

자신이 사는 아파트 옆에 임대주택이 지어질 경우 집값 하락 등을 이유로 손해배상을 청구할 수 있는가? 이 말도 안 되는 것 같은 일을 실제로 실천에 옮긴 어느 아파트 주민들이 있었다. 서울의 한 아파트 같은 동에 사는 주민들이 서울시와 구청, 재개발조합, 건설회사를 상대로 제기한 소송에 대해 2010년 1월 27일 서울중앙지법 민사14부는 다음과 같은 판결을 내렸다.

"임대주택은 도심지역의 재개발사업과 함께 반드시 건설되어야 하는 것으로 그 공익적 성격이 매우 높다. 기존 거주자들이 어느 정도 불편함을 느낀다거나 경제적 손실이 수반된다 하더라도 사회의 구성원으로서 당연히 감수해야 하며, 따라서 그 어떤 이유를 들어서라도 그로 인한 주장이 정당화될 수 없다."[130]

금전적 배상을 받을 수 없기에 모욕을 주는 걸로 대신하는가? 영구 임대 아파트 아이들은 '영구'라는 별명으로 놀림받기도 한다. 사실상 학부모들이 놀리는 셈이다. 어느 아파트의 학부모 대표들이 학군 조정 문제를 두고 교육기관을 방문해 의견을 전달하고 온 뒤 아파트 벽에 붙은 안내문은 강조된 글씨체로 이 문제가 '집값'이 걸린 문제라는 점을 뚜렷이 부각시켰다. 이에 대해 권수현은 다음과 같이 말한다.

"만약 아이들이 그 안내문을 읽었다면 어떻게 생각했을까? 어른들의 악착같은 재산 증식 노력에 감동했을까, 아니면 어른들의 이기주의를 부끄러워했을까. 부모들의 이런 행동을 보고서 아이들이 무엇을 배울지 몹시 걱정스러웠다. 초등학교 아이들이 어떤 평수의 아파트에 사는가에 따라 친구들을 등급화하고 서로 따로 논다는 말이 들리기 시작한 지 이미 오래다. 이런 환경에서 자라는 아이들이 과연 더불어 살아가는 삶의 가치를 제대로 이해할 수 있을까?" [131]

"대중과 섞이기 싫다"

김용철의 『삼성을 생각한다』라는 책엔 타워팰리스 이야기가 나온다. 그는 이 아파트 단지의 설계 철학을 "대중과 섞이기 싫다"는 것으로 보았다. 외부 손님이 묵는 '게스트룸'이 따로 있고, 외부인은 신분증을 보여주어야만 들어갈 수 있는, '손님을 모욕하는 구조'의 바탕엔 "잘난 사람들은 못난 사람들과 섞여 지내면 안 된다"는 발상이 녹

아 있다는 것이다.[132]

정말 그런지는 알 수 없지만, 타워팰리스가 대중과 섞이지 않는 다는 건 분명하다. 2010년 통계청이 인구주택총조사(센서스)의 효율 성과 참여율을 높이기 위해 서울 강남 등 일부 부유층 밀집지역의 경 우 조사원의 출입 자체를 막는 경우가 많아 이들 지역에 협조를 당부 하는 공문을 보내겠다고 밝힌 게 그걸 잘 말해준다. "타워팰리스 등 사회지도층과 부유층이 많이 사는 지역에선 조사원의 접근 자체가 어 려운 사례가 있어 해당 지역에 노블레스 오블리주를 강조하는 공문을 보내 적극적인 협조를 유도할 계획"이라는 것이다.[133]

아파트가 자꾸 고층으로 치솟는 이유도 그런 구별짓기 심리와 무 관치 않다. 2010년대 들어 서울의 아파트는 평균 18층 이상으로 1980년 대에 비해 두 배쯤 높아졌다. 서울대 교수 전상인은 부자들의 집은 나 날이 '고고익선高高益善'이라며, 초고층아파트를 성공의 징표로 삼는 과 시적 주택 소비와 아울러 높은 곳에서 아래를 내려다보려는 심리에서 그 이유를 찾는다.

"'고층족高層族'으로 살게 되면 지상地上의 현실로부터 자유로워지 는 효과도 있다. 수많은 동시대인들이 경제적 고통과 절망 속에서 살 아가는 삶의 현장이 그곳에는 전달되지 않기 때문이다. 이는 비행기 에서 멀리 내려다보는 세상이 항상 평화롭고 아름답게 느껴지는 착시 錯視 현상과 같은 이치다. '눈에서 멀어지면 마음에서도 멀어진다'는 속담도 있지 않은가."[134]

고층아파트에 살면서 살벌한 삶의 전쟁 현장에서 멀어지고 싶은 심리를 이해하지 못할 건 아니지만, 문제는 한국 사회를 움직이는 엘리트가 그곳에 많이 산다는 점이다. 우리는 자신의 거주지를 중심으로 한 경험을 근거로 세계에 대한 이미지를 만드는 '가용성 편향 availability bias'을 갖고 있기 때문이다.

가용성 편향은 우리말로 "노는 물이 어떻다"는 식의 표현을 원용하자면, '물 편향'이라고 번역할 수도 있겠다. 비슷한 사람들이 끼리끼리 어울리는 물의 영향을 받는 사람들은 비슷하지 않은 사람들의 사정을 헤아리기 어렵다는 것이다. 이에 대해 미국 언론재벌 에드워드 스크립스Edward W. Scripps, 1854~1926가 남긴 명언이 하나 있다. 그는 언론사 사주는 이윤 추구의 욕망 때문에 부패하기보다는 돈이 자신을 다른 사람들과 격리시키기 때문에 부패한다고 했다. "이러한 격리는 인간에 대한 연민을 줄어들게 만든다."135

이런 '가용성 편향'은 소득 수준에 따른 거주지의 분리로 비슷한 사람들끼리 몰려 사는 경향이 가속화되면서 사회적 소통·통합의 큰 장애가 되고 있다. 그렇다고 해서 아파트라는 거주양식 자체에 그런 문제들이 내재되어 있는 건 아니다. 연세대 건축공간계획연구실 책임연구원 박진희는 다음과 같이 말한다.

"30, 40년 전 건축된 아파트에는 공동체를 위한 배려가 있습니다. 주민들이 함께 가꿀 수 있는 화단이 있고, 반상회를 열 수 있는 마당이 있고, 같이 빨래를 널 수 있는 공간도 있어요. 미학적 고려도 뛰어납니다. 지금은 아예 동네를 밀어버리고 새로 아파트를 짓지만, 옛 아파트는 대지와 길거리를 고려해 다양한 형태로 건축됐어요."136

아파트가 아니라 '아파트 단지'가 문제다

그렇다면 왜 아파트가 그렇게 '공동체 죽이기'의 방향으로 진화한 걸까? 서울시립대 교수 박철수와 명지대 교수 박인석은 문제는 '아파트'가 아니라 아파트 '단지'이며 한국 사회가 문제인 것은 '아파트 공화국'이라서가 아니라 '단지 공화국'이기 때문이라고 말한다. 이들은 한국이 단지 공화국이 된 것은 정부의 '단지화 전략' 때문이라고 진단한다. 주택 부족, 공공시설 문제를 해결하려고 정부가 의도적으로 선택한 정책이라는 것이다. 역대 정부들은 매년 초 "올해는 몇 만 채의 아파트를 공급하겠다"는 발표를 해왔는데, 이에 대해 박철수는 이런 질문을 던진다.

"그런데 정말 정부가 공급한 것인가요? 실제로는 주공이나 아파트 건설업체들이 아파트를 '분양'하는 것이었고, 정부는 마치 자신들이 공공주택을 공급하는 것처럼 표현했습니다. 건설업체에 아파트 안에 공원, 놀이터 등 부대복리시설을 만들게 정해놓으면 복지공간을 정부 돈을 들이지 않고 공급하는 셈이니 정부로선 손 안 대고 코 푸는 것이나 마찬가지였던 겁니다."[137]

이 모든 시설은 아파트 단지 입주자들의 부담이었다. 당연히 단지 주민들은 높은 담을 두르고 타인의 출입을 막았다. 그래서 한국의 아파트 단지는 철저하게 폐쇄적이 될 수밖에 없었다. 이에 대해 박인석은 "주민들을 탓할 수 있는가?"라고 묻는다.

"자연스러운 일 아닌가. 이것을 이기주의라고 탓해야 하는가. 손해를 좀 보더라도 담장을 헐고 살라고 해야 하는가. 탓해야 할 것은 오히려 녹지와 공원이 태부족 상태인 도시 환경 아닐까. 온 골목이 불법 주차장이 되도록 방치하고 그 상태에서도 아무 대책 없이 건축을 계속 허가하고 자가용 차량 판매를 지속하는 사회 체제를 탓해야 하는 것 아닌가."[138]

입주민들끼리는 잘 지내느냐 하면 그것도 아니다. 자기 집으로 가는 길은 외줄기여서 이웃과 만날 일이 없다. 낯선 손님은 즉시 경계 대상이 된다. 공공의식이나 공동체 의식도 없다. 마당, 복도 등 공공 공간, 곧 이웃과 공유하는 공간이 어떻게 되든 현관 안쪽의 사적 전용 공간만 넓고 쾌적하면 그만이다. 즉, 아파트 단지화는 사적 전용공간의 중시 경향을 낳고, 그 결과 공동체 의식 저하를 초래한 것이다.

그에 따른 해법은 결국 '단지화의 중단과 해체'다. 박철수와 박인석은 어차피 단지식 개발이 끝물이라는 데 동의한다. 요즘은 지어도 잘 팔리지 않고, 주민들도 원치 않는다는 것이다. 서울시의 뉴타운 사업 포기가 변곡점이었던 셈인데, 문제는 기존의 단지를 어떻게 할 것인지다. 박인석은 다음과 같이 말한다.

"궁극의 지향점은 결국 시간의 켜가 쌓인 골목의 회복이지만 그 이전에 담장 허물기, 단지를 작은 단위로 쪼개기, 도로에 접한 저층부를 상점으로 만들기, 계단실과 계단실 연결하기, 동과 동 사이 연결다리 만들기 등이 해법이 될 수 있습니다. 이를 위해선 시민들 모두 약간의 불편을 마땅히 감수하는 태도가 필요하다는 인식을 공유해야 할 것입니다."[139]

박철수는 '커뮤니티 디자인community design'의 필요성을 역설한다. "커뮤니티 디자인이란 매일 얼굴을 마주하는 동네 사람들이 길을 오가다 만나 소소한 대화를 나눔으로써 공동의 관심사와 정보를 주고받고 서로 생각들을 공유하는 모습으로 동네의 풍경을 만들어가는 활동이고, 일상생활의 터전인 동네의 풍경을 만들어가는 활동이고, 일상생활의 터전인 동네에 대해 관심을 갖자는 운동인 것이다." [140]

왜 대형마트가 들어선 지역의 투표율은 하락하는가?

기존 아파트와 비슷한 효과를 내고 있는 대형마트에 대해서도 다시 생각해볼 일이다. 개인과 가족으로서는 대형마트가 여러모로 편리하고 쾌적하겠지만, 사회적 차원에서도 과연 그럴까? 이런 의문을 품은 미국의 경제학자들이 대형마트가 있는 지역과 없는 지역의 차이에 대해 연구했다. 연구 결과는 다소 충격적이었다. 대형마트가 있는 지역의 사람들은 대형마트가 없는 지역의 사람들에 비해 지역공동체에 대해 무관심하며, 투표율도 낮은 것으로 나타났다. [141]

왜 그런 일이 벌어진 걸까? 잠시 대형마트가 없던 시절로 되돌아가보자. 전통시장이나 골목상권에서 우리는 상인들은 물론 그곳에서 만나는 다른 고객들과도 인사를 나눈다. 전통시장과 작은 가게는 물건을 사고파는 곳일 뿐만 아니라 우리가 사는 지역의 소통 공간이기도 했다.

그러나 대형마트에선 인사를 나누는 법이 없다. 물론 대형마트 직원들은 필요 이상의 인사를 하면서 친절을 베풀지만, 그건 얼굴을 기억해서 하는 인사가 아니라 그 대상이 누구이든 기계적으로 하는 인사일 뿐이다. 대형마트에서 아는 사람을 만나 인사를 나눈다 하더라도 자신이 살고 있는 동네에 관한 한담을 나누진 않는다. 대형마트는 수많은 동네에서 온 사람들을 한곳으로 모이게 만들지만, 우리는 대형마트를 애용하면서 동네에 관한 이야기를 잃어버린 것이다.

물론 작은 가게가 좋은 것만은 아니다. 일단 작은 가게의 주인과 알게 되면 다른 집 가기가 면구스러워질 뿐만 아니라 불만이 생겨도 토로하기 난감해지는 등 불편한 관계일 수도 있다.[142] 공동체는 이런 종류의 불편함을 많이 안겨준다. 이런 불편함이 싫어 공동체를 해체하기로 했다면 그건 존중받아야 할 선택이겠지만, 지금 우리가 목격하고 있는 공동체 해체는 그런 게 아니다. 자본에 의해 일방적으로 밀어붙여진 것이다.

자신이 사는 동네에 관한 이야기를 할 기회를 잃어버린 사람들이 지역공동체에 대해 무관심해지는 건 당연한 일이다. 이는 지역 정치에 대한 무관심으로 이어지기 마련이다. 그러니 투표율도 낮아질 수밖에 없다. 정치적 관심이라고 해보아야 텔레비전 등과 같은 미디어를 통해서만 접할 수 있는 중앙 정치, 즉 대권의 향방에 관한 것뿐이다. 이런 점에서 미국 철학자 존 듀이John Dewey, 1859~1952가 민주주의의 핵심을 '공동체 삶community life'으로 본 것은 정곡을 찌른 것이다.[143] 이와 관련, 시인 이문재의 다음과 같은 표현이 더 가슴에 와 닿는다. "민주주의는 장소의 문제다. 본질적으로 장소에 대한 감수성의 문제다. 장소 없는 민주주의는 사람이 살지 않는 집과 같다."[144]

같은 지역에 사는 사람들끼리 상호 교류를 통해 얻게 되는 인간적 신뢰와 지역공동체에 대한 관심은 지역의 안녕과 질서는 물론 지역발전을 위해서도 매우 중요한 것이다. 그래서 일부 학자들은 그런 신뢰·관심·유대를 가리켜 '사회적 자본social capital'이라고 부른다. 돈이라고 하는 경제 자본 못지않게 또는 그 이상으로 중요하다는 뜻에서 붙인 이름이다.

부정부패와 경제적 불평등이 신뢰를 죽인다

물론 사회적 자본을 감소시키는 것은 아파트와 대형마트뿐만이 아니다. 부정부패와 경제적 불평등도 중요한 이유다. 부정부패가 기승을 부리고 빈부 격차가 심한 사회에선 사람들 간의 신뢰가 쌓이기 어려운 법이다. 실제로 학자들의 연구에 따르면, 신뢰 수준과 경제적 불평등 사이엔 강력한 연관관계가 있는 것으로 밝혀졌다.

미국에선 상대적으로 평등한 주에 사는 사람들이 더욱 신뢰했으며, 소득 격차가 큰 곳일수록 사람들은 "기회만 있다면 나를 이용할 것이다"라고 믿고 있는 것으로 나타났다. 가장 평등한 주들에선 10~15퍼센트의 인구만이 타인을 믿을 수 없다고 답한 반면, 불평등한 주들에서 그 비율은 35~40퍼센트까지 증가했다.[145] 한국보건사회연구원이 2014년 11월에 공개한 「복지국가, 사회신뢰의 관계 분석과 시사점」 보고서에 따르면, 한국에서도 계층별 소득 격차가 크다고 생각하는 사람일수록 사회에 대한 신뢰 수준이 낮은 것으로 나타났다.[146]

빈부 격차가 심화되면서 한국의 사회적 자본은 밑바닥을 드러내고 있는 실정이다. 2007년 10월 서울대 사회발전연구소가 『동아일보』와 함께 실시한 '한국 사회기관 및 단체에 대한 신뢰도' 조사 결과에 따르면, 정당 2.9퍼센트, 국회 3.2퍼센트, 행정부 8.0퍼센트, 사법부 10.1퍼센트인 것으로 나타났다. 언론과 시민단체, 종교단체의 신뢰도도 각각 13.3퍼센트, 21.6퍼센트, 15.5퍼센트에 불과했다.[147]

2010년 미국의 에드 디너Ed Diener 연구팀이 130개 국가들을 대상으로 한 조사에 따르면, "위기 시에 믿고 의지할 수 있는 사람이 단 한 명도 없다"고 응답한 사람의 비율이 미국과 유럽 국가들에선 3∼4퍼센트 불과한 반면 한국에선 약 20퍼센트로 나타났다.[148] 2014년 1월 통계청이 내놓은 '한국의 사회동향 2013'에 따르면, "당신은 일반적으로 사람들을 신뢰할 수 있다고 생각하느냐"는 질문에 22퍼센트만 대체로 또는 항상 신뢰한다고 답한 것으로 나타났다.[149]

겨우 한 자릿수 신뢰도를 갖고 있는 권력기관, 10퍼센트대의 신뢰도를 갖고 있는 언론과 종교, 20퍼센트대의 상호 신뢰도를 갖고 있는 국민, 이것이 바로 대한민국의 민낯인지도 모른다. 대한민국이 어쩌다 이 지경에까지 이른 걸까? 그 이유의 전부는 아닐망정 상당 부분은 바로 '개천에서 용 나는' 모델 때문이다. 이 모델은 개인의 영광과 출세를 우선시하는 사람들을 지도자와 엘리트로 만드는 선발 시스템이다. 물론 고성장의 시대엔 이 시스템이 꽤 성공을 거둔 것도 분명한 사실이지만, 이젠 그런 경험의 축적이 부메랑이 되어 새로운 진로 모색을 어렵게 만들고 있다.

제 2 장

'갑질'을 가르치는

교육

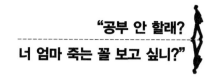

학력 · 학벌증명서로 대체된 양반족보

지배층의 갑질은 망국의 원인이 된다는 게 역사의 교훈이다. 이를 잘 보여준 게 조선의 몰락이다. 국호를 대한제국으로 바꾼 1897년경 매관매직賣官賣職은 국가 시책이었다. 1894년 갑오개혁으로 과거제도를 폐지해버린 탓도 있었지만, 황실은 세원稅源이 없어 벼슬을 팔아서라도 국고國庫를 충당해야만 했기 때문이다. 그 결과 탐관오리貪官汚吏들만 득실거리게 되었다.[1] 벼슬을 돈 주고 샀으니 본전 뽑고 이익까지 남겨야 하지 않겠는가. 백성을 착취하는 것 이외에 무슨 방법이 있었겠는가. 오죽했으면 백성들 사이에서 '가난이 보호막'이라는 말까지 나왔겠는가.[2]

양반의 갑질에 질린 백성들의 저항은 '양반족보 구입'으로 나타났다. 역사학자 이덕일의 조사에 따르면, 대구 지역은 1690년(숙종)에 양반이 9.2퍼센트, 양민이 53.7퍼센트, 노비가 37.1퍼센트였다. 약 100년 뒤인 1783년(정조)에는 양반이 37.5퍼센트, 양민은 57.5퍼센트, 노비는 5.0퍼센트가 되었다. 그로부터 70년 뒤인 1858년(철종)에는 양반이 70.3퍼센트, 양민이 28.2퍼센트, 노비는 1.5퍼센트로 줄었다. 조선 말기에는 양반이 80~90퍼센트가 되었다고 한다. 양반 족보를 사서라도 양반 시늉을 내지 않으면 살 수가 없었기 때문이다.[3] 오늘날 양반족보는 학력·학벌증명서로 대체되었다.

한국의 학력별 임금 차이는 매우 높다. 고졸과 같은 중간학력을 가진 근로자가 중졸 이하의 저학력 근로자에 비해 29퍼센트나 임금을 더 받는다. 반면 중간학력을 가진 근로자는 전문대졸 이상 고학력 근로자에 비해 47퍼센트나 적게 받는다. 이런 격차는 OECD 회원국 가운데 각각 8위, 10위에 해당할 정도로 심하지만, 문제는 학력에 따른 이런 임금 차이가 20여 년 동안 전혀 좁혀지지 않고 있다는 점이다. 2002년 저학력과 중간학력 간 임금 격차는 2012년과 같은 29퍼센트였고, 고학력과 중간학력 간 임금 격차는 43퍼센트였다.

숙명여대 교수 권순원은 "학력에 따른 임금 격차는 대부분 기업 규모에 따른 임금 격차와 맞물려 있다"며 "중간학력이나 저학력자는 중소기업이나 영세기업에 많이 취업해 있는 반면 고학력자는 대기업과 중견기업을 중심으로 취업해 있다"고 말한다. 그는 "이러다 보니 고교생 대부분이 대학으로 진학하려 하고, 노동시장이 왜곡되는 것"

이라며 "기업 규모에 따른 임금 격차를 줄이는 것이 이중 노동시장을 해소하는 지름길"이라고 했다.[4]

학력에 따른 임금 격차는 물론 학벌에 따른 임금 격차도 심각한 수준이다. 한국교육개발원의 교육여론조사에서 성공·출세 요인으로 '학벌과 연줄'을 꼽은 학부모의 비율은 2006년 33.8퍼센트에서 2008년 39.5퍼센트, 2010년 48.1퍼센트로 급증하고 있다. 차별 경험이 있는지 물어본 한국노동패널의 7차(2004년) 조사에서 학벌은 취업 차별 경험자의 43.8퍼센트로 1위였다. 임금 차별의 47.5퍼센트, 승진 차별의 49.1퍼센트, 사회생활 차별의 47.2퍼센트도 학벌을 가장 많은 이유로 꼽았다.[5]

교육은 '개천에서 용 나는' 모델의 수단

그러나 역대 정권들은 학력·학벌 간 임금 격차 해소라고 하는 지름길을 외면해왔다. 더디 가도 좋으니 올바른 길로 나아갔으면 좋으련만, 현실은 전혀 그렇지 못했다. 그런 임금 격차로 인해 빚어지는 입시전쟁과 사교육 문제에 대해 입시제도를 바꾸는 미련한 방법으로 대응해왔으며, 지금도 여전히 그러하다. 입시전쟁을 견디지 못한 10대 자살률이 세계 1위를 기록해도, 모든 답이 입시제도에 있는 것처럼 그걸 갖고 장난 친 게 수십 년째다.

이젠 메뉴가 고갈되었는지 '인성면접'이라는 새로운 장난감을 들고 나타났다. 아니 입시전쟁 자체가 인성을 타락시키는 판국에 그 체제를 그대로 두고서 '인성 코스프레'를 점수로 매겨 평가하겠다니 그게 말이 되나? 학생·학부모·교사는 그 장난감 사용법을 익히느라 고생하겠지만, 곧 그 장난감이 불량품이라는 게 밝혀질 것이고, 그러고 나선 또 다른 새로운 장난감이 등장할 것이다. 이는 지난 수십 년간 지겨울 정도로 반복된 불멸의 법칙이건만, 늘 교육 당국자들의 표정은 진지하고 심각하기만 하니 웃어야 할지 울어야 할지 모르겠다.

국민 세금으로 먹고사는 만큼 뭔가 일을 해야 한다는 강박 또는 이른바 '행동 편향action bias' 때문일까? 그렇게 선의 해석을 한다 해도 그 사회적 비용이 만만치 않으니 그게 문제다. 차라리 "답이 없다"고 포기 선언을 하는 게 모두를 덜 괴롭게 만드는 일이겠건만, 이런 일엔 더할 나위 없이 부지런하기만 하니 이 노릇을 어찌할 것인가.

이명박 정부의 교육과학기술부 장관 이주호는 장관이 되기 전에 "장관 따라 정권 따라 바뀌는 입시제도에 신물이 날 지경이다. 교육부 장관이나 대통령 마음대로 입시를 좌지우지할 수 없도록 해야 한다"고 했지만, 그 역시 무언가를 보여주어야 한다는 압박에 굴복해 언론에서 "정권마다 성형 수술되는 대입에 국민은 진절머리가 난다"는 비판을 받았다.[7] 물론 그 이후로도 '대입 성형수술'은 계속되었고, 앞으로도 계속될 것이다.

왜 그럴까? 근본 원인은 무엇일까? '개천에서 용 나는' 모델 때문이다. 이계삼이 잘 지적했듯이, "한국 교육의 근원적인 불행이란 교육을 통한 신분 상승 외에는 다른 삶을 향한 출구가 이 사회에는 전혀 존재하지 않는다는 사실에서 연유한다".[8] 즉, 교육은 누가 용이 될 것인가 하는 걸 가려내는 선발의 의미만 있을 뿐, 그 이상도 그 이하도 아니다.

그걸 귀신같이 꿰뚫고 있는 학부모가 자식의 전투력 강화에 일로 매진하는 건 당연한 일이긴 하지만, 원래 전쟁의 공포는 증폭되기 마련이다. "너 대학 못 가면 뭔 줄 알아? 잉여인간이야, 잉여인간! 인간 떨거지 되는 거야!"와 같은 폭언은 비단 〈말죽거리 잔혹사〉와 같은 영화 대사로만 등장하는 게 아니다. 전국 방방곡곡 각 가정의 일상에서 각종 변주를 거치며 수시로 만들어지는 말이다.

"넌 누구 닮아서 그 모양이니?"

청소년 상담가 이창욱이 2만 명이 넘는 청소년들을 상담한 후에 쓴 『사춘기 쇼크』라는 책은 '부모는 이해 못하고 아이는 설명 못하는 소리 없는 전쟁'을 다루고 있는데, 이 책에 소개된 부모들의 폭력적인 대화법은 '전쟁 같은 삶'의 교육이 가정에서부터 이루어지고 있다는 걸 실감나게 말해준다.

"넌 누구 닮아서 그 모양이니? 엄마 말 안 들려? 넌 이것도 못해? 그렇게 쉬운 것도 몰라? 엄마는 화내고 싶어서 화내는 줄 아니? 공부 안 할래? 너 엄마 죽는 꼴 보고 싶니? 넌 커서 뭐가 되려고 그러니?"

엄마들의 흔한 대화법인데, 공통점은 물음표가 있지만 답을 할 수 없는 질문이라는 것이다. "넌 누구 닮아서 그 모양이니?"라는 질문에 "엄마요", "넌 이것도 못해?"라는 질문에 "네"라고 답하면 어떤 일이 벌어질까? 이번엔 아빠들의 흔한 대화법을 감상해보자.

"야! 이리 와. 앉아 봐! 너 성적이 이게 뭐냐? 내가 너 이렇게 공부하라고 뼈 빠지게 돈 벌어 오는 줄 알아? 정신이 있는 거야, 없는 거야? 넌 커서 뭐가 되려고 그래? 도대체 왜 그렇게 생각하냐? 왜 그렇게 생각하는지, 나를 한번 설득해봐라! 넌 부족한 게 뭐냐? 해달라는 데로 다 해줬는데 왜 그러냐? 내가 널 그렇게 가르쳤냐? 꼴도 보기 싫으니까 방에 들어가서 공부나 해!"⁹

일부 청소년들은 "하고 싶은 일을 못 찾겠어요"라고 말한다. "아직도 제가 하고 싶은 것을 못 찾았어요. 학교에서 주는 희망직업란에는 그냥 쓴 직업일 뿐, 제가 하고 싶은 일이 아닌 것 같아요. 집에서는 제가 정확히 진로 정해서 잘하고 있다고 생각을 하셔서 말은 못하고 제가 하고 싶은 일을 못 찾고 항상 고민해요."¹⁰

"개구리 올챙이 적 생각 못한다"는 속담은 진리일까? 아니 어쩌면 올챙이 적 생각을 일부러 안 하는 건지도 모른다. 학부모들 역시 청소년 시절에 부모들에게서 들었을 똑같은 말을 왜 반복해서 자녀들에게 해주는 걸까? 학부모와 자녀들 사이에서 벌어지는 주요 갈등 중 하나는 바로 '꿈'의 문제일 텐데, 이창욱은 다음과 같은 결론을 내린다.

"사회 전반적으로 아이들에게 진로나 꿈을 강요하고 있습니다. 어려서부터 큰 꿈과 이상을 품는 것은 좋지만, 청년층을 대상으로 한 리서치 결과를 살펴보면 자신이 진짜 하고 싶은 일을 발견하는 나이는 대략 27~30세 전후라고 합니다. 그렇기 때문에 진로에 대한 결정을 너무 일찍 내리는 것은 매우 위험합니다. 청소년기에는 가능하면 다양한 활동을 하는 것이 매우 중요합니다."[11]

"학부모들은 '대학교'라는 신흥종교의 광신자"

그러나 진로나 꿈을 늦게 정할수록 입시전쟁에선 불리하다는 걸 잘 아는 학부모들이 가만있을 리 만무하다. 학부모단체 대표 전풍자는 "한국의 학부모들은 '대학교'라는 신흥종교의 광신자"로서 "자녀의 인간적 성장 후원자가 아닌 경쟁 후원자의 역할만 하고 있다"고 개탄한다.[12] 아니 어쩌면 학부모는 경쟁의 후원자라기보다는, 직접적인 당사자인지도 모른다. 자신의 한恨이나 인정욕구를 자식을 통해 풀거나 채우려는 당사자 말이다.

"비록 나는 주류에 끼어들지 못했지만 내 아이들은 주류로 살게 하리라. 주류 중에서도 가장 중심에 선 주류가 되게 하리라. 한 번뿐인 인생, 아이들이 세상의 부와 권력을 실컷 맛보게 해주고 싶었다. 집이 가난하다고, 촌년이라고 놀림당하는 설움을 자식들에겐 겪게 하고 싶지 않았다."[13]

주류에 속한 학부모가 주류에서 탈락하지 않으려는 욕망은 그런 한풀이 못지않게 강하다. 그래서 주류건 비주류건 모든 학부모가 자식의 전투력을 키우기 위해 모든 것을 바치는 가운데 전쟁터에서 어울릴 법한 폭력적 어법으로 자식을 독려한다.

"내가 너보다 더 속이 탄다", "내가 어쩌다 너를 낳아서 이 고생인지", "내가 무슨 낙을 보자고 이러는지 모르겠다", "넌 왜 ○○처럼 못하니! ○○의 반만 따라 해봐라", "어째 잠시 말썽 없이 잘한다 싶더니……네가 하는 짓이 다 그렇지 뭐", "공부해라, 공부해서 남 주니?"[14]

이러한 '언어폭력'은 부모-자식 간의 관계를 넘어 '부모-학생-교사-학교-언론'이라고 하는 5대 주체가 벌이는 공동 게임이다. 언론과 학교는 폭력 분위기를 조성하는 데에 앞장서고, 그 분위기에 자극받은 부모와 교사들은 주마가편走馬加鞭을 통해 모두 다 함께 미쳐 돌아가는 굿판을 벌인다. 사회학자 조혜정은 다음과 같이 말한다.

"아이들은 아이들대로 '입시 전선 우방 없다', '졸면 죽는다', '사당오락四當五落' 등의 문구를 책상머리에 붙여 놓고 살벌하게 공부한다. 부모들은 '대학에 들어가는 것이 효도'라고 누누이 강조한다. '인생은 성적순'이고, '남을 제치고 이겨야 산다'는 생각을 아이들은 일찍부터 뼈아프게 터득하게 된다. 어머니, 교사, 아이들이 어우러져 만들어내고 있는 이 입시극에서 행복한 사람은 하나도 없으나 과장과 신화에 싸인 이 연극이 최대의 관객을 끌고 있는 것은 외면하지 못할 비극적 현실인 것이다."[15]

"남을 제치고 이겨야 산다"는 그 누구도 부인할 수 없는 한국적 현실이다. 어머니의 자식 사랑은 이 현실에 맞게 발휘된다. 최준식은 "현금의 우리나라 교육 환경에서 가장 문제되는 것을 한마디로 표현한다면 내 새끼 위주의 무한경쟁 체제이다"라며 "다른 집 아이가 성적을 비관해 숱하게 떨어져 죽어도 교육 현실을 바꾸려는 생각보다는 내 새끼만 죽지 않으면 된다고 생각하는 게 한국인이다'라고 개탄한다.

"한국의 어머니들의 지상목표, 아니 자신의 인생을 실현하는 고유의 수단은 새끼가 공부 잘해 좋은 대학에 들어가는 것밖에 없는 것처럼 보인다. 고3 학생들을 자식으로 둔 어머니들을 대상으로 한 조사에서 85퍼센트 이상이 어떤 수단을 쓰든 내 자식만 좋은 대학에 들어가면 된다고 하는 결과가 나온 것이 그것을 말해준다."[16]

'자녀를 범죄자로 만드는 부모들'

이젠 외국 언론까지 다 알아버려 '호랑이 엄마 등쌀에 공부하는 아이들' 등과 같은 분석을 내놓는다. 친엄마 외에 '입시 대리모'나 '사교육 대리모'로 불리는 신종 직업마저 등장했다. 이들은 주로 자녀를 아이비리그나 서울대 등 명문대, 또는 특목고에 보낸 엄마들로, 다른 사람의 아이를 맡아 입시 준비를 해준다. 그 대가로 한 달에 수백만 원에서 1,000만 원까지 받는다.[17]

이나미는 『한국 사회와 그 적들: 콤플렉스 덩어리 한국 사회에서 상처받지 않고 사는 법』이라는 책에서 "한에 울던 한국인, 이제 욕망 때문에 운다"고 했는데, 그는 그런 욕망에 짓눌려 '자녀를 범죄자로 만드는 부모들'을 다음과 같이 고발한다.

"똑똑하고 경쟁적인 일부 부모들은 '기죽지 말고 하고 싶은 대로 해라(설령 네가 잘못해도 꼭 사과할 필요는 없다)', '수단과 방법 가리지 말고 남을 이겨라(커닝이나 폭력 정도는 걸리지만 않으면 된다)', '남 신경 쓰지 말고 네 것만 챙겨라(약하고 아픈 사람 도와줄 필요 없다)'와 같은 메시지를 아이들에게 은근히 또는 노골적으로 보내 자녀들을 냉혹하고 지능적인 범죄자로 만드는 데 일조한다."[18]

학교폭력도 사실 그런 부모들의 책임이다. 학교폭력 관련 상담을 하는 한 소년정신과 의사는 이렇게 말한다. "부모라는 이름으로 사악함을 정당화하는 부모가 많더라. 자식이 가해자인데도 자기 자식의 잘못엔 무감각하고 피해 학생이 못난 탓을 하며, 심지어 피해자를 협박하기도 한다. 잘못을 지적하면 '엄마는 자식을 위해 무슨 짓을 해도 죄가 되지 않는다'고 주장한다."[19]

이젠 '교육 독친毒親'이라는 말까지 등장했다. 자식을 위한다는 명분하에 성적과 학생부를 조작하게 하거나 백일장 대필代筆을 구하는 등 불법을 저지르는 학부모가 많다. 현직 교사와 짜고 스펙을 조작해 아들(20)을 한의대에 입학시켰다가 덜미를 잡힌 이 모(49·대학 시간강사) 씨는 경찰 조사에서 "강남 한번 가보세요. 다른 부모도 다 그렇게 하고 있어요"라고 강변했다.

얼마나 많은 강남 부모가 다 그렇게 하는지는 알 수 없지만, 고학력 부모들 중에 독친이 많다는 건 분명하다. 영남대 총장을 지낸 대구 교육감 우동기는 "고학력 부모일수록 자신의 성공 경험에 집착해 자녀에게 '너도 할 수 있다'며 채찍질하고, 이런 '교육 독친毒親'에 억눌린 아이들은 집에서 거짓으로 '착한 아이' 연기를 하는 경우가 많다"

고 말했다.[20]

가정과 학교의 '갑질 교육'

그런 상황에서 고등학교는 '수능 익숙한 학생을 찍어내는 공장'이라고 해도 과언이 아니다.[21] 고교 교실, 아니 공장 작업장에 이런 급훈들이 내걸리는 건 당연한 일이라 하겠다. "네 성적에 잠이 오냐?", "쟤 깨워라", "30분 더 공부하면 남편 직업이(마누라 몸매가) 달라진다", "10분만 더 공부하면 마누라가 바뀐다", "대학 가서 미팅할래, 공장가서 미싱할래?", "끝없는 연습만이 살 길이다 10시간: 서울대, 8시간: 연대, 7시간: 이대."[22]

흥사단 투명사회운동본부 윤리연구센터가 발표한 '2013년 청소년 정직지수'를 보면, "참고서를 친구에게 빌려주기 싫어서 없다고 거짓말할 수 있다"는 항목에 초등학생은 26퍼센트가 그렇다고 답했는데, 중학생은 42퍼센트, 고등학생은 46퍼센트로 학년이 올라갈수록 높아졌다. 요즘 고등학생들은 문제집의 표지를 불투명한 커버로 숨기는데, 이는 내가 뭘 보고 공부하는지 남들이 모르게 하기 위해서라고 한다.[23]

한국 학생들의 '더불어 사는 능력'이 세계 꼴찌 수준인 건 너무도 당연한 일이 아닐까? 그런 식으로 키워져 성공한 아이들이 갑질에 대한 문제의식이나 있을까? 요컨대, 한국의 가정교육은 사실상 '갑질을 가르치는 교육'이고, 사교육 업체들은 그런 고객의 뜻을 하늘처럼 떠받드는 데에 혈안이 되어 있다.

"2000~2015학년도 1,751명 특목고 합격 1위." 서울의 ㅁ학원은 2000년부터 2015년까지 16년간 특수목적고·자사고·영재학교에 합격한 수강생의 명단을 일일이 적은 현수막을 학원 건물 외벽에 붙여두었다. 2000년에 합격한 학생이라면 지금은 30대 중반인데도, 그들은 학원 광고에 이용되고 있는 것이다. 일부 학원은 학생의 얼굴 사진까지 걸어두기도 한다. "2015 대입 수능 결과 전 과목 만점자 2명 탄생!"이란 현수막을 건 서울 목동의 ㅊ학원은 이들 학생 2명의 얼굴 사진과 이름을 현수막에 인쇄해 건물 외벽에 걸어놓았다. 다른 학원은 수시 합격자 5명의 얼굴 사진을 내걸었다. 심지어 내신 성적이나 석차를 공개하는 학원도 있다. 인천의 ㅇ학원은 2014년 2학기 기말고사에서 전교 1~3등을 한 중학생 수강생의 명단을 내걸고 학생을 모집했다.[24]

이런 광고 행위에 대해 학벌 차별 문화를 조장한다는 비판의 목소리도 있지만, 과연 돌을 던질 수 있는 사람의 수가 얼마나 될지 의문이다. 학교 역시 그런 광고를 열심히 하고 있으니 말이다. '서울대 6명 대전 일반계고 최다 합격, 연세대 5명, 고려대 9명, 서강대 2명, 성균관대 9명…….' 최근 대전 중구 한 고등학교 벽면에 내걸린 이 학교 학생들의 2015년 대학별 합격자 수가 빼곡히 적힌 현수막이다. 주요 대학 합격자 발표 즈음에 전국 어디서나 볼 수 있는 '자랑'이다. 오죽하면 국가인권위원회가 이런 현수막들이 '학력·학벌 차별 문화를 조장한

다'며 특정 학교 합격 홍보물 게시 관행 개선을 촉구하는 성명을 냈겠는가.[25]

그러나 학교들은 들은 척도 않고 계속 특정 학교 합격자를 과시하는 현수막을 게시하고 있다. 수시합격이 유망한 학생의 스펙을 위해 상을 몰아주기도 하는 학교에서 그런 현수막 게시가 무어 큰일이라. '사교육걱정없는세상'의 조사에 따르면 최상위권 학생만의 특별반을 편성해 차별적 혜택을 제공하는 사례, 성적 우수자에게만 기숙사 혜택을 주어 스파르타식으로 훈육하고 심지어 급식까지도 성적순으로 배식하기도 한다.[26] 그런 교육을 받고 당당하게 자기 모교의 현수막에 등장하는 대학에 들어간 학생들이 무슨 생각을 하겠는가. 대학서열을 신분 계급으로 받아들이는 게 당연하지 않을까?

가정 · 학교 · 사회의 '직업서열제' 교육

가정 · 학교 · 사회는 3위1체가 되어 대학서열제와 더불어 직업서열제를 가르친다. 2012년 노동부와 교과부가 한국직업능력개발원과 공동으로 고등학교 교과서 7개 과목 16종을 분석한 결과 직업에 대한 왜곡된 관념을 강화하는 등의 불합리한 기술이나 표현이 상당수 발견되었다. 이를테면 "교사와 의사 등의 직업과 같이 '선생님'으로 불리며 사회적으로 존경받는 직업 집단과 그렇지 못하는 직업 집단 사이에는……", "명문대 법대를 수석 졸업한 김 변호사는 이제 한국의 최상위층이 되었다"는 식이다.

교과서에 기술된 직업 빈도도 실제 분포와 달리 전문직에 치중되어 있고, 이들에 대해서는 긍정적 묘사가 상대적으로 높게 나타났다. 반면 단순 노무직, 판매직, 기능직, 농·어업 종사자 등은 기술 빈도도 적을 뿐더러 부정적 묘사가 상대적으로 높았다. 무거운 짐을 진 그림과 함께 "중학교밖에 못 나왔으니……이런 일밖에 못 하네"라고 기술한 부분까지 있었다.

이에 대해 『경향신문』은 "조선시대 사농공상士農工商의 신분제도를 연상케 하는 전근대적 직업관을 적나라하게 보여주고 있어 어이없다 못해 쓴웃음이 나온다"고 개탄했다. "현대판 사농공상 직업관은 우리 사회의 거의 모든 구조적 모순과 문제의 뿌리라고 할 수 있다. 직업 차별이 학력 차별을 낳고 학력 차별이 입시경쟁을 낳고 입시경쟁이 사교육을 낳고 사교육이 공교육을 파탄시키는 악순환 구조인 셈이다. 우리가 아무리 학력·직업 차별 제도를 개선하려고 노력한다 해도 교육이 이를 역행한다면 모래 위에 집을 짓는 것이나 다를 게 없다."[27]

이런 현실에 화답하듯, 경찰의 범죄자 수배 전단엔 "키 172cm에 체격 건장, 노동자풍"이라는 표현이 아무렇지도 않게 쓰이고, 부모들은 자기 아이한테 "너 공부 안 하면 노동자 된다"라며 겁박한다. 어느 중학교의 교사는 급식 도구를 운반하는 자원봉사자를 멀리서 가리키면서 학생들에게 "너희들 공부 안 하면 저렇게 된다"고 말했다나.[28]

이런 기막힌 현실에 대해 성공회대 노동대학장 하종강은 "우리 아이들은 장차 대부분 노동자가 될 것이다. 또는 노동자의 가족이 되거

나. 화이트칼라든 비정규직이든 노동자라는 본질에는 변함이 없다. 그런데도 아이들이나 부모 대부분은 노동 문제를 자신과 관계없는 문제라고 생각한다. 모두가 경영자가 될 것처럼 군다. 노동자를 바라보는 한국 사회의 시선부터가 지극히 부정적이다"며 다음과 같이 말한다.

"노동운동에 대해서는 적대감마저 표출한다. 언젠가는 환경미화원들이 파업을 하는데 지역 시민단체 사람들이 몰려와 '당신들은 우리가 낸 세금으로 월급 받는 사람들이다. 자기 할 일은 하면서 권리를 주장해야지'라며 윽박지르는 것을 보았다. 같은 시기, 프랑스 파리에서도 환경미화원들이 파업을 벌였다. 그때 파리 시민들은 어떻게 했을까. 쓰레기를 모아 시장 집 앞에 버리는 운동을 벌였다. 파업은 노동자들이 할 수 있는 최후의 선택이다. 자칫하면 월급 못 받고 직장 잘리고 구속까지 각오해야 하는데 그 어떤 노동자가 좋아서 파업을 하겠나? 이런 절박성을 알기에 파리 시민들은 노동자가 아닌 권한 있는 자에게 책임을 따져 물은 것이다."[29]

한국의 제1차 이데올로기 전선은 학벌

더욱 비극적인 건 이런 차별엔 보수와 진보의 구분이 거의 없다는 점이다. 그 구분에 앞서는 게 바로 학벌 카스트이기 때문이다. 인도 기행문에서 카스트제도의 추한 면을 고발한 이유경은 이렇게 말한다. '나는 인도의 브라만들이 때로는 노골적으로 때로는 진보적인 체하면서 결국 '브라만'임을 드러내는 현실을 보며, '삼성맨', '조선일보맨', '서울대 출신', 더 나아가 '연대-조선일보', '경기고-서울대', '이대-서울대 혼인' 뭐 이런 한국판 '카스트 현상'을 끊임없이 떠올렸다."[30]

우석훈·박권일은 『88만원 세대: 절망의 시대에 쓰는 희망의 경제학』(2007)에서 진보의 주축이 된 386세대에 대해 "대학 개혁에 대해 거의 아무런 청사진이나 의미 있는 노력을 개진하지 않았을 뿐만 아니라 오히려 학벌사회를 더욱 강화시키며 교육 엘리트주의를 강화시키는, 일종의 역사에 대한 배신을 행한 세대"라고 말한다.[31]

"그것도 대학이냐"라는 말을 듣는 대학을 나와 진보 매체에 기자로 취직한 정상근은 "학벌 철폐를 지상 과제로 내걸고 있는 진보는 어떤가? '진보판'에 들어오면 적어도 그런 얘기는 안 들을 줄 알았고, 사실 이 사람들도 딱히 자신이 어느 학교 나왔다는 것을 강조하지는 않는 경우가 대부분이다"며 다음과 같이 말한다.

"그런데, 뭐 술만 먹으면 정파부터 시작해 학교 운동권 얘기를 하면서 '서울대 운동권', '고려대 운동권'을 따지는지, 그러고 보니 80~90년대 학생운동을 이끌었던 '수장'들부터가 거의 스카이sky 출신이다.……지난 지방선거에서 진보 진영 후보 출마자들의 포스터는 어떠했는가?……노회찬 진보신당 서울시장 후보 포스터에는 '용접공 출신'은 없고 '경기고-고려대'가 약력의 맨 앞을 차지했다."[32]

민중을 위해 희생하는 진보가 되고 싶어도 일단 학벌이 좋아야만 지도자급 반열에 들 수 있다. 이는 학생운동이나 민주화 투사 출신으로 금배지를 단 사람들의 출신 학교를 보면 금방 알 수 있는 사실이다. 이건 바뀔 수 없는 철칙이다. 열린우리당이 압승을 거둔 제17대 총선 (2004년 4월 15일) 결과에 대해 김동춘은 다음과 같이 말한다.

"민노당의 10석 장악, 여성의 13퍼센트 의석 차지는 바로 지난 1천년 이래 지속되어온 정치의 개념을 바꾼 획기적인 사건이다. 그러나 다수당인 우리당 그리고 민노당의 일부 인사는 여전히 우리 사회의 신분 자격증(서울대 혹은 명문대 출신)을 얻는 사람들로 채워졌다. 어떤 점에서 분명히 판갈이가 된 것처럼 보이지만 그 기저에서는 기존의 판이 그대로 남았다."[33]

사정이 그러하니, 진보가 기러기 아빠의 대열에 선두를 차지한다고 해서 놀랄 일은 아니다. 너무도 당연한 일이다. 6 · 25전쟁의 연장선상에서 살고 있는 전시체제하에서 '진보'와 '보수'의 구분이 있을 리 없잖은가 말이다. 미국 캘리포니아주립 어바인대학교의 동아시아학과 교수인 최정무는 다음과 같이 말한다.

"이제 웬만큼 경제력 있는 기업인이나 전문직에 종사하는 30~40대 중에서 기러기 가족은 공공연한 기정사실이 되었다. 이들뿐만 아니라 우리 사회에서 웬만큼 인지도가 있는 인사들, 자타가 공인하는 좌파 내지 진보적 지식인들은 물론 심지어 민족문화의 기수를 자처하는 문인들까지도 그 가정을 들여다보면 많은 이들이 어떤 형태로든지 자녀들을 외국, 특히 영어권 국가로 조기 유학시키고 있거나 스스로 기러기 가족이 되어 있음을 알 수 있다."[34]

서울대 교수 임현진은 "얼마 전 가까운 후배 교수가 미국에서 연수를 마치고 돌아오면서 자식들을 두고 왔다"며 이렇게 말한다. "철저한 반미주의자인 그에게 물었다. '반미주의자가 미국에 애들을 두고 오다니 말이 되는가.' 내 힐난에 대한 그의 대꾸가 흥미롭다. '애들이 반미反美를 하려면 미국을 알아야 하지 않습니까.' 앞뒤가 안 맞는다. 그의 두 남매는 미국을 알기 전에 미국화될 것이 십상이기 때문이다. 그러나 그의 이중성을 탓하기에 앞서 한국의 교육제도가 갖는 모순을 생각하면 그의 처지가 이해된다."[35]

가슴 아픈 이야기다. 보수와 진보를 막론하고 모든 학부모는 자녀교육에 '올인'하라는 것이 한국 사회가 요구하는 전쟁 같은 삶의 문법이라는 게 말이다. 지금 나는 이 문제에 대해 옳다거나 그르다거나 하는 식의 그 어떤 가치 판단을 내리려는 게 아니다. '있는 그대로의 세상'을 직시하자는 것이다. 학벌 없이 진보의 리더십을 행사하는 게 매우 어려운 현실이 시사하는 게 뭔지 좀더 깊이 생각해보자는 것이다.

일단 기존 게임의 룰에 순응하고 나서 그 룰을 강요하는 체제를 바꾸겠다는 뜻을 탓할 순 없다. 다만 문제는 이 세상일의 대부분은 학벌주의라고 하는 게임의 룰에 순응하는 것에 의해 결정되며 이후 그 어떤 변화의 시도도 무력할 수밖에 없다는 데에 있다. 달리 말하자면, 학벌의 값을 떨어뜨리려는 노력이 우선되지 않는다면, 대중의 일상적 삶은 좋은 학벌을 쟁취하기 위한 입시전쟁에 포획될 수밖에 없으며, 이는 변화의 동력 자체를 제거한다는 것이다. 그런 의미에서 한국 사회의 제1차 이데올로기 전선은 좌우左右나 진보-보수가 아니라 학벌인 셈이다.

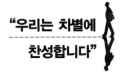

**"우리는 차별에
찬성합니다"**

'괴물이 된 이십대의 자화상'

갑의 갑질이 얼마나 추악하고 비열한지는 당해본 을만이 안다. 그런데 갑을관계의 진짜 비극은 갑의 갑질에 있다기보다는 갑질을 당한 을이 자신보다 약한 병에게 갑질과 다를 바 없는 을질을 한다는 데에 있다. 병은 또 자신보다 약한 정에게 갑질·을질과 다를 바 없는 병질을 한다.

이런 먹이사슬 관계를 온몸으로 가장 잘 드러내는 이들이 놀랍게도 아직 갑을관계의 본격적인 현장에 뛰어들지 않은 대학생들이다. 미리 연습을 하려는 걸까? 사회학자 오찬호가 쓴 『우리는 차별에 찬성합니다: 괴물이 된 이십대의 자화상』이란 책은 대학생들의 '대학 서열 중독증'을 실감나게 고발하고 있다. 대학생들과의 자유로운 대화에 근거한 애정 어린 고발인지라 '괴물이 된 이십대'에 대해 연민을 불러일으킨다.

오찬호는 대학의 수능점수 배치표 순위가 대학생들의 삶을 지배한다고 말한다. 전국의 대학을 일렬종대로 세워놓고 대학 간 서열을 따지는 건 단지 재미를 위해 하는 일이 아니다. 매우 진지하고 심각한 인정투쟁이자 생존투쟁이다. 대학 서열은 수능점수나 학력 평가로만 끝나는 게 아니다. 아예 노골적인 인간차별로 이어진다. 왜? 수능점수는 '진리의 빛'이기 때문이다.

오찬호는 〈내 깡패 같은 애인〉이라는 영화를 '인 서울(서울 소재 대학)' 대학생 열다섯 남짓과 같이 보고 나서 지방대생이 사회적 편견으로 인한 차별을 받는 것에 대한 의견을 물었다. 학생들은 모두 "차별이 없는 것이 말이 되느냐!"는 입장을 내보였다. 한 학생은 "에이, 그래도 지방대는 저희 학교보다 대학 서열이 낮아도 한참 낮은 곳인데, 제가 그쪽 학교의 학생들과 같은 급으로 취급을 받는 건 말이 안 되죠!"라고 말했고, 이 말에 모두 다 동의했다나.[36]

그런데 학생들과의 심층면담과 그들이 제출한 에세이를 통해 접한 104건의 케이스에서 "자신의 대학보다 서열이 낮은 대학에 대한 실제 학문적 역량차를 개인적으로 직접 경험해보았는가?"라는 질문에 92퍼센트가 그런 적이 없다고 대답했다.[37]

그럼에도 심지어 사람을 딱 보면 대학 서열을 알 수 있다고 주장하는 학생들도 있다. "아니, 자꾸 선생님이 우리 보고 '편견'이라고 그

러시는데, 정말 그렇지 않아요? 수준 떨어지는 대학을 다니는 애들은
딱 보면 알지 않나요? 선생님은 여러 대학 출강하시는데 그런 것 못
느끼세요? 제가 지금 오버하는 거예요?"[38] 물론 오버지만, 대학생들이
그렇게 생각하게끔 키워져온 걸 어이하랴.

'수능시험의 종교화' 현상

이 학생만 오버하는 게 아니다. 서열이 한두 개 차이나는 대학을
'비슷한 대학'으로 엮기라도 할라치면 그 순간 서열이 앞선다는 대학
의 학생들은 "무슨 말도 안 되는 소리를 하냐"며 흥분한다. 오찬호는
이들의 의식과 행태는 아파트값 하락을 염려해 주변에 복지시설이 들
어오면 결사반대하는 건 물론 범죄사건이 일어나도 쉬쉬하는 사람들
의 그것과 비슷하다고 말한다.

"이십대 학생들에게 '수능점수'는 이런 부동산 가격과 흡사하다.
그것을 바탕으로 객관적이고 합리적인 서열의 기준이 마련된다. 이들
은 자신의 위치를 수능배치표에서 정확히 확인하고 이에 근거하여 행
동을 한다. 그리고 이 서열에 미세한 균열이 일어날라치면, 대학생들
은 자기 '위치 값'을 지키기 위해 발버둥친다. 집값 하락을 어떻게든
막겠다는 주민들처럼 말이다."[39]

그들은 왜 그러는 걸까? 오찬호는 "수능점수에 대해 이십대들이
이렇게 대단한 신뢰를 보내는 것은, 이들이 수능점수를 '시간을 어떻

게 보냈느냐에 따른 공정한 결과'로 이해하기 때문이다"고 말한다. 수능점수에 근거해서 사람의 능력을 판단하는 게 의아하다는 반문에는 이런 대답이 돌아온다. 한 학생의 말이다.

"수능점수 올리는 것은 힘들잖아요. 수능은 사람을 평가하는 데 있어서 뭔가 객관적이고 공신력 있는 시험이죠. 12년간 교육이 집대성된 결과 아닌가요? 그 점수의 차이가 나의 노력에 대한 보상이죠. 나는 수능을 잘 본 건 아니지만, 어쨌든 그 점수라도 얻기 위해 그 시간 동안 다른 사람들이 누렸던 것들을 포기한 건 분명하죠. 그래도 서울에 있는 대학에 오기 위해 하루 자습시간이 평균 10시간이 넘도록 독서실에 박혀 공부만 했다니까요. 다른 친구들은 이성친구와 사귀기도 했지만 난 고3 수능 치기 전까지 이성 친구를 사귀지도 않았어요. 공부에 방해될까봐 그랬죠. 하지만 스스로 노력하지 않고 이성친구들과 연애를 하던 친구들은 모두 지방대, 전문대에 갔어요. 서로 수능시험에 임하는 태도가 달랐다니까요."[40]

'수능시험의 종교화' 현상이라고나 할까? 이 학생은 예외적 사례를 들어 논점을 비켜가면서 자신의 신앙을 지키고자 한다. 수능을 '12년간 교육이 집대성된 결과'라고 볼 수 있나? 서강대 1학년 학생 정주은이 잘 지적했듯이, "고등학교란 수능 형식에 익숙한 학생을 찍어내는 공장"으로 전락하고 말았다. 예컨대, 각자의 해석이 중요한 문학 작품도 수능에선 문제를 푸는 방향이 이미 정해져 있다는 것이다.[41]

어디 그뿐인가. '쉬운 수능'에 어떤 장점이 있든, 그로 인한 변별력 확보의 어려움은 입시를 '표준범수'니 '백분위점수'니 하는 복잡

한 수리 게임으로 만들어버렸고, 연세대 입시에서는 소수점 이하 넷째 자리에서 당락이 결정되기도 한다.[42] 결코 능력이라고 할 수 없는 너무도 사소한 차이에 의해 당락이 결정되는 경우가 많다는 것이다. 물론 이 또한 예외적 사례겠지만, 이 학생의 논리를 같은 수준에서 반박하자면 그렇다는 말이다.

"날로 정규직 되려고 하면 안 되잖아요!"

이 학생이 제시한 예외적 사례가 타당하다 하더라도 그것 역시 따져볼 문제다. 굳이 '다중 지능multiple intelligences'을 언급하지 않더라도 수능은 사람이 갖고 있는 여러 능력 중 일부만을 측정하는 것일 뿐이다. 그런 측정으로 평생 갈 수도 있는 사회적 서열을 만드는 게 온당한가? 따져볼 문제는 또 있다. 자신이 비교적 고생했기 때문에 그 고생에 대한 보상을 누리는 건 당연하다는 생각은 타당할망정, 그 보상의 규모와 범위가 어디까지 확장되어도 좋은 것인지에 대해선 이 학생은 아무런 생각이 없다. 아니 그런 생각을 아예 하지 못하게끔 12년간 집요한 세뇌교육을 받아온 탓일 게다.

아니 그건 트라우마 때문일 수도 있다. 갓 제대한 예비역들의 대부분은 군에 다시 입대하는 '악몽'을 꾼다. 수능에 대한 공포도 비슷한 수준이다. 『한겨레』에서 교육 분야를 맡고 있는 기자 김지훈의 다음과 같은 증언은 결코 예외적인 게 아니다. "많은 독자들이 그러시겠지만 저도 가끔 대학수학능력시험(수능)을 다시 보는 꿈을 꿉니다. 분명히 수능을 십 년도 전에 쳤는데도 꿈속에선 수능을 봐야 한다는 상황에 왜 그리 속절없이 말려들어가는지, 꿈에서 깨고 나면 안도감과 함께 허탈하게 웃음이 나옵니다."[43]

그런 트라우마는 "징역 1년에 벌금 2,000만 원"이라는 형벌을 받는다는 이유로 '죄수생'으로 불리는 재수생에게 더 많이 나타난다. 그런데 그런 죄수생 비율은 명문대일수록 높다. 2014학년도 전국의 4년제 189개 대학의 신입생 중에서 재수생은 19.3퍼센트에 달한 반면, 서울 지역 대학의 재수생 비율은 전국에서 가장 높은 31.8퍼센트를 기록했다.[44] 서울에서도 잘사는 지역일수록 재수생 비율이 높아 강남구는 74.3퍼센트에 달했다.[45] 서울대의 2014학년도 정시모집 선발에선 재수생 합격자 수(52.9퍼센트)가 사상 처음으로 재학생 합격자 수(46.1퍼센트)를 넘어섰다.[46] 따라서 죄수생 출신이 많은 명문대 학생일수록 자신이 받은 형벌에 대한 보상 심리로 수능점수에 대한 종교적 신념이 강하다고 볼 수 있겠다.

입시전쟁에서 승자가 되었건 패자가 되었건, '수능의, 수능에 의한, 수능을 위한 삶'을 사는 대학생들의 정신 상태에 대해 오찬호는 "지금 대학생들은 '수능점수'의 차이를 '모든 능력'의 차이로 확장하는 식의 사고를 갖고 있다"고 말한다. "십대 시절 단 하루 동안의 학습능력 평가 하나로 평생의 능력이 단정되는 어이없고 불합리한 시스템을 문제시 할 눈조차 없는 것이다. 아이러니한 점은 본인이 당한 인격적 수모를 보상받기 위해 본인 역시도 이런 방식을 사용한다는 점이다. 이들은 더 '높은' 곳에 있는 학생들이 자신을 멸시하는 것에 문제를 제기하기보다, 스스로 자신보다 더 '낮은' 곳에 있는 학생들을 멸시하는 편을 택한다. 그렇게 멸시는 합리화된다."[47]

그렇다. 정희진이 잘 지적했듯이, "대부분의 인간이 잉여이거나 잉여 직전인 사회에서, 우리는 잉여의 공포에 떨면서도 먼저 잉여가 된 이들에게 안도감과 경멸을 느낀다".[48] 같은 맥락에서 문성훈은 "한쪽에서 무시당한 사람들은 다른 쪽을 무시하면서 무시당한 설움을 풀고 훼손된 자존감을 회복하기 마련이다. 따라서 무시당한 사람들은 또 남을 무시하기 위해 새로운 기준을 만들어내며, 이것이 무한분열하면서 한 사회 전체가 무시의 그물망에 사로잡히게 된다"고 말한다.[49]

대학생들이 비정규직의 정규직 전환에 대해 반대하는 것도 같은 맥락에서 이해할 수 있지 않을까? 오찬호의 관련 질문에 한 대학생은 "날로 정규직 되려고 하면 안 되잖아요!"라고 답했다. 이 학생은 다른 학생들의 우호적 반응에 힘입어 다음과 같이 주장했다.

"처우 개선과 정규직 전환의 문제는 전혀 별개의 것이라고 생각합니다. 지금 대학생들이 왜 이렇게 고생을 합니까? 정규직이 되기 위한 것 아니겠습니까? 그런데 입사할 때는 비정규직으로 채용되었으면서 갑자기 정규직 하겠다고 떼쓰는 것은 정당하지 못한 행위인 것 같습니다." 오찬호가 이 주장에 동의하면 손을 들어보라 했더니 수강생 3분의 2 이상이 적극 지지를 표명했다고 한다.[50]

대학생들의 그런 정신 상태는 우리 사회에서 갑을관계와 비정규직 차별이 사라지기는커녕 앞으로 더욱 기승을 부릴 가능성이 높다는 것을 말해준다. 오찬호의 말마따나, 오늘날 이십대는 "부당한 사회구조의 '피해자'지만, 동시에 '가해자'로서 그런 사회구조를 유지하는 데 일조하는 존재"가 되고 말았다.[51] 이 모든 게 전적으로 기성세대의 책임이라는 점에서 비교적 편한 시절을 살았던 기성세대의 한 사람으로서 그들에게 죄스러울 따름이다.

"억울하면 출세하라"는 능력주의

대학생들의 '대학 서열 중독증'은 '개천에서 용 나는' 모델의 막장을 보여주고 있다고 해도 과언이 아니다. 그 모델을 신봉하게끔 키워져온 학생들은 왜 대학 서열을 따지는 게 문제라는 건지 전혀 이해하지 못한다. 개천 출신이건 어디 출신이건 자신이 용의 반열에 들었을 때 가정과 학교는 물론 자신의 주변에서 쏟아진 환호는 대학 서열을 따지는 게 옳거니와 바람직하다는 걸 말해주는 게 아니었던 말인가?

그들의 그런 신앙을 선의로 해석하자면 이른바 '능력주의 meritocracy'이데올로기다. 능력주의의 슬로건은 "억울하면 출세하라"다. 물론 능력주의 시스템에서 승리를 거둔 사람들이 내세운 슬로건이다. 이런 식이다. "우리가 이긴 것은 우리가 잘나서이고 너희가 패한 것은 너희가 무능해서일 뿐이다. 그러니 우리를 시기하거나 질투하지 말고 너희의 그 불행한 처지에 만족하면서 살아라. 그리고 그게 억울하면 너희도 출세하라."[52]

그러나 능력주의는 허구이거나 사기에 지나지 않는다. 능력은 주로 학력과 학벌에 의해 결정되는데, 고학력과 좋은 학벌은 주로 부모의 경제력에 의해 결정된다는 것이 분명해졌기 때문이다. 한국에선 서울대 합격률이 아파트 가격과 상관관계를 보인다는 것마저 입증된 바 있다. 학력과 학벌의 세습은 능력주의 사회가 사실상 이전의 '귀족주의aristocracy'와 다를 바 없다는 것을 웅변해준다.

물론 모든 능력을 다 세습의 산물로 볼 수는 없으며, 그런 시각은 위험하기까지 하다. 지금 우리가 비판하고자 하는 것은 그 정반대의 것, 즉 모든 능력을 세습되지 않은 재능과 노력의 산물로 보고 그로 인해 벌어지는 격차를 정당화하는 이데올로기, 즉 능력주의다. 누가 이기고 지느냐의 차이가 점차 우연과 예상하지 못한 선택에 좌우되고 있는 것이 분명함에도,[53] 그런 우연을 필연인 것처럼 가장하는 게 시대의 유행이 되고 있다.

크리스토퍼 래시Christopher Lasch, 1932~1994는 『엘리트의 반란과 민주주의의 배반』에서 물려받은 사회경제적 기득권이 성공을 결정짓는 중요한 요소 중 하나이지만, 새로운 엘리트들은 "오로지 자기 지적 능력의 힘으로 성공해왔다는 '소설'을 써왔다"고 지적한다. "그들은 자신이 받은 수혜에 대한 감사함이나 책임을 다해야 한다는 의무감 따위는 느끼지 않는다. 성공은 오직 자기 노력과 힘으로 달성한 것이라고 생각하기 때문이다."[54]

또 마이클 샌델Michael Sandel, 1953~은 『공동체주의와 공공성』에서

"우리 재능의 우연성을 절감하는 것, 즉 우리들 중 어느 누구도 자신의 성공에 전적으로 책임이 있지 않다는 의식은 능력중심사회meritocratic society가 부자는 그들이 가난한 자들보다 더 대접받을 만하기 때문에 부자라는 독선적인 생각에 빠져드는 것을 막을 수 있다"고 말한다.[55]

그러나 아쉽게도 래시와 샌델의 주장은 미국 사회에서 주류 의견은 아니다. 오늘날 미국의 극심한 빈부격차를 정당화하는 최대 이데올로기가 바로 "능력에 따른 차별은 정당할 뿐만 아니라 바람직하다"고 하는 능력주의라고 하는 사실이 그걸 잘 말해준다. 한국의 20대들이 수능점수를 능력의 중요한 지표로 간주해 그에 따른 차별은 정당하다고 주장하는 것도 바로 그런 미국식 능력주의를 한국적 상황에 맞게 부풀려 받아들인 것이라고 볼 수 있다. 이는 능력이 부모의 경제력에 의해 결정되는 '세습 자본주의'라고 할 수 있는데, 이를 둘러싼 논란이 이제 더욱 뜨겁게 벌어질 것이다.

'인맥 만드는 공장'으로 전락한 대학

그런 한국형 '세습 자본주의'를 바꾸는 것이 제1의 개혁의제가 되어야 하겠지만, 우리 모두 어느 정도는 갖고 있는 '사소한 차이에 대한 집착'도 성찰의 대상으로 삼을 필요가 있다. 수능점수 몇 점이나 정규직 · 비정규직의 능력 차이는 사소한 것임에도 우리는 그런 차이에 엄청난 의미를 부여하면서 그에 따른 차별에 찬성하는 것을 정당한 능력주의라고 믿는 경향이 있기 때문이다.

그런 믿음은 '인맥'마저 능력으로 보는 심성을 키운다. 좋은 대학에 가려는 우선적인 이유는 좋은 인맥을 만들기 위한 것이다. 지난 수십 년간 미국에서 대학진학률이 급증한 것도 바로 그런 이유 때문이다. 미국 경제학자 로버트 라이시Robert Reich, 1946~는 "진실을 말하자면, 직장을 구하는 데에 있어 대학 교육이 갖는 진정한 가치는 대학에서 배운 것보다는 대학에서 만난 사람과 더 큰 관계가 있다"며 다음과 같이 말한다.

"재학 중에 여름방학 아르바이트를 구할 때나 첫 직장을 얻을 때, 그리고 나중에 사업상 고객을 만들 때 친구의 부모는 그 부모의 친구들이 필요한 사람을 소개해줄 것이다. 동창회가 잘 조직된 학교를 다니면 더 앞서나갈 수 있다. 명문대학이라면 인맥의 가치는 더 높을 것이다. 아이비리그 대학의 교육이 다른 곳보다 뛰어난 점이 있다면, 웅장한 도서관이나 교수들의 능력보다는 대학에서 얻게 되는 인맥 쪽일 것이다."[56]

연고주의의 천국인 한국에선 그 정도가 더욱 심해져 대학은 '인맥 만드는 공장'이라고 해도 과언이 아니다. 대학서열제를 능력주의로 보는 사람들이 인맥도 능력주의로 보는 건 당연한 일인지 모른다. 2004년 11월 취업정보포털 인크루트가 직장인 1,514명을 대상으로 실시한 설문조사 결과에 따르면, 대상자의 83.8퍼센트가 "인맥은 능력"으로 여기고 있으며, 인맥을 통해 취업에 성공한 적이 있다는 답은

36.9퍼센트인 것으로 나타났다.

조사대상의 절반 이상(51.4퍼센트)은 인맥을 통해 평균 2.2번 취업 부탁을 한 적이 있었고, 인맥을 통해 취업제의를 받아본 이들도 65.8퍼센트에 이르렀다. 이 조사에 따르면, 인맥을 통해 입사하더라도 주변의 시선은 따갑지 않았다. "편견 없이 대해준다"는 답변이 75.8퍼센트로 가장 높았고, "능력을 인정하지 않고 폄하"하는 경우는 10.0퍼센트에 그쳤다. 오히려 "연줄을 같이 타자며 친근하게 대하는 경우"(4.1퍼센트)도 있었다.[57]

한국은 평등주의가 강한 사회라지만, 평등주의는 위를 향해서만 발휘될 뿐이다. 밑을 향해선 차별주의를 외치는 이중적 평등주의를 진정한 평등주의라고 할 수는 없다. 이런 이중적 평등주의는 우리 모두를 피해자로 만든다. 그럼에도 우리 모두의 '사소한 차이에 대한 집착'으로 인해 그 체제는 지속될 수밖에 없다. 우리가 사소한 차이에만 집착하고 그 차이의 정의가 실현되지 않는 것에 분개하는 동안 세상은 점점 더 돌이킬 수 없는 거대한 구조적 불평등과 차별의 나락으로 빠져드는 건 아닐까?

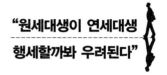

"연고전 때 원세대생이 가면 욕먹냐?"

"연세대학교 입시 결과별 골품 비교한다. 성골 = 정세(정시합격생) · 수세(수시합격생) · 정재세(재수 정시합격생), 진골 = 정삼세(삼수정시합격생) · 정장세(장수 정시합격생) · 수재세(재수 수시합격생), 6두품 = 교세(교환학생으로 온 외국인 학생) · 송세(연세대 국제캠퍼스생) · 특세(특별전형), 5두품 = 편세(편입생), 군세(군인전형), 농세(농어촌전형), 민세(민주화 유공자 자녀 특별전형)······."

몇 년 전 이른바 '연세대 카스트제' 논란을 불러일으킨, 연세대 커뮤니티 '세연넷'의 익명게시판에 올라온 게시글이다. 세연넷에선 입학 형태에 따라 학생들을 계급화한 표현이 '버전'을 달리하며 꾸준히 업데이트되는데, 이런 글(2014년 6월 15일)도 있었다. "원세대 다니는 친구놈이 나한테 '동문 동문' 거리는데 원세대 놈들 중에 이렇게 신촌을 자기네하고 동급 취급하는 애들 있을까봐 심히 우려된다."[58]

네티즌들은 연세대학교 원주캠퍼스를 원세대, 고려대학교 조치원 캠퍼스를 조려대, 세종캠퍼스를 세려대라고 부르며 신촌과 안암에 있는 본교와 구분을 하고 있다. 한 원세대 학생은 『오마이뉴스』에 기고한 글에서 상위 1퍼센트에게만 입학이 허락되는 본교에 비해, 2~4등급 정도의 학생들이 다니는 분교 학생들은 "실력은 안 되는데 '수도권 대학의 타이틀'을 사칭하고 싶은 속물들이나 가는 학교로 오해" 받기 십상이라고 했다.[59]

이와 관련, '오스카'는 "'현대판 서자'인 이들은 자신의 의지와는 상관없이 서자의 피를 가지고 태어난 조선시대 서자와는 달리 스스로 선택해 입학했다는 점에서 캠퍼스가 아닌 같은 등급의 학교에 다니는 학생들과는 다른 고민을 안고 살아가게 됩니다"라면서 다음과 같이 말한다.

"얼마 전 가수 윤종신 씨의 '열등감' 발언이 화제가 된 바 있습니다. 명문대 학생들로 구성된 그룹 '015B' 출신인 그는 서울대 학생이었던 멤버들에게 열등감과 음악적 박탈감까지 가지게 되어 콤플렉스를 극복하는 데 15년이 걸렸다고 고백했는데요. 평소 '연세대학교' 출신으로 알려진 그의 이러한 발언에 어리둥절해했던 네티즌들이 그의 학력이 '연세대학교 원주캠퍼스'라는 걸 알고 비로소 이해하는 촌극이 벌어졌죠. '명문대생 밴드'로 이슈가 되었던 그룹의 멤버였다는 점이 더해져 그의 콤플렉스의 큰 원인이 된 것으로 보입니다. 그는 '……캠퍼스인데요'를 차마 말할 수 없었던, 거짓말 아닌 거짓말을 하며 살아온 거예요."[60]

포털사이트에서 '원세대'를 검색했더니 '웹문서'란에 "연고전 때 원세대생이 가면 욕먹냐?"는 질문이 등장한다. 궁금해서 눌러 보았더니, 일베사이트다. 이런 답들이 올라 있다. "응원석도 아예 따로 지정해서 줌. 본캠 원주캠 무시 진심 개 쩐다고 함. 웬만하면 안 가는 게 정신건강에 좋을 거라고 우리 누나가 말해줌. 우리 누나는 연대 10학번 본캠……원세대 의대 아닌 이상 가는 거 존나 의미 없다 개무시 차별 쩔고 니들이 한번 사고 치면 ㅉㅉ 분캠 새끼들 이러고 존나 욕함. 고대도 마찬가지인데 세려대는 의대도 없어서 세려대는 아예 안 오는 걸 추천……내 친구 세려대 08학번의 증언 ㅋㅋㅋ……누가 세려대라고 하냐 ㅋㅋ 조려대 아님 썩창이라 하지……그러하당 그냥 분교는 끼리끼리 논다."

지방의 서울 식민지화를 가속시킨 분교정책

이런 기가 막힌 사태를 내다 본 갈등은 1980년대 말로 거슬러 올라간다. 1989년 6월 8일 고려대 서창캠퍼스 학생 1,200여 명은 본교와의 유사·동일학과 통폐합 등 불평등한 분교정책의 철폐를 요구하며 서울캠퍼스에 상경, 총장실과 재단이사장실 등 본관 건물을 점거

하고 설립자인 인촌 동상에 올가미를 거는 등 2주 동안 격렬한 농성을 벌였다.

이 대학은 1981년에도 분교정책의 철폐를 요구하며 학생증을 소각하는 등 농성을 벌이다 학생들이 무더기로 제적되었고, 1986년에도 4명이 제적되는 등 해마다 빠짐없이 분규로 진통을 겪었다. 서창캠퍼스 설립 이후 10년간 정상적인 수업 기간보다 분규 기간이 길었을 정도였다. 정도의 차이일 뿐 거의 모든 제2캠퍼스가 그런 분규를 겪었다. 제2캠퍼스의 원래 취지는 수도권 인구 분산이었지만, 이는 전혀 엉뚱한 결과를 초래했다.

1989년 9월 13일 건국대 충주캠퍼스에서는 전국 10개 대학의 제2캠퍼스 학생들이 모인 가운데 '제2캠퍼스 총학생회 연합 건설준비위원회' 발대식이 열렸는데, 이 발대식이야말로 분교 카스트제도의 심각성을 웅변해주는 것이었다. 1990년대엔 취업시즌이 되면 대기업을 비롯한 대부분의 회사에서는 입사원서에 출신학교 소재지를 기입하게 하고 있어 취업을 앞둔 4학년 학생들은 카드작성 때마다 비굴함마저 느낀다고 하소연했다. '취업차별'에 '대학원 진학차별'까지 벌어졌다. 일반 대학원은 모두 서울에 소재하고 있는데 학생들은 학교 쪽이 노골적으로 제2캠퍼스 학생들의 선발을 기피하고 있다고 불만을 터뜨렸다.[61]

국민대 법대 교수 김동훈은 1999년 "지방분교 캠퍼스는 결과적으로 지방의 서울 식민지화를 더욱 가속화했을 뿐이다. 학생들도 대개 수도권 출신이고 하여 주말이나 방학만 되면 지방대 캠퍼스는 휴교 상태에 들어가고 만다. 지방문화의 중심지로서의 대학의 모습은 어디에도 없고 지방정착에도 실패하고 말았다"며 다음과 같이 말했다.

"이들은 서울의 본교 캠퍼스 학생들로부터는 혹시나 섞이지 않도록 학번 표시 등을 확실히 구분하여 달라고 배척받고, 정작 소재한 그 지역으로부터는 뜨내기손님으로밖에 인식되지 않고 있다. 어디에도 뿌리를 못 내린 분교학생들은 오늘도 황량한 들판의 분교 캠퍼스, 자조하여 '조려대(고려대 조치원분교)', '원세대(연세대 원주분교)', '천국대(단국대 천안분교)'로 가는 버스에 몸을 싣는다."[62]

그런 차별은 2000년대 들어서 더욱 악화되었다. 2006년엔 한 인터넷사이트에 소개된 연세대생이 원주캠퍼스 학생임을 밝히지 않았다는 이유로 신촌캠퍼스 학생 등 네티즌들에게 사이버 테러를 당하는 사건이 벌어졌다. 이 학생을 공격한 네티즌들은 "왜 원세대생이 연세대생인 척하냐"며 원색적인 비난을 퍼부었다.[63] 엄기호가 2010년에 출간한 『이것은 왜 청춘이 아니란 말인가』엔 원세대생들의 가슴 아픈 이야기가 등장한다.

"작년 여름 일일 알바로 호텔에서 서빙을 한 적이 있다. 지배인은 날 가혹하게 부려먹다 쉬는 시간에 학교가 어디냐고 물었다. 그래서 연세대학교라고 대답했는데, 갑작스레 태도가 달라지며 자기 자식을 어떻게 공부시켜야 하느냐고 친절하게 묻는 것이었다. 그 사람은 신촌 연대로 알아들은 것이기에, 그를 실망시키기가 두려워 원주캠퍼스라고 뒤늦게 말할 수 없었다.……이는 내가 연고전에 가고 싶지 않았던 이유이기도 하다. 신촌 도서관에 들어서면 느낄 수 있는 감정과 비슷한

데, 파란 티를 입고 운동장에 들어서는 것 자체가 나에게는 큰 고문이다. 나는 죄짓는 느낌이 들면서도 뻔뻔해지자고 스스로 세뇌시킨다."⁶⁴

서울대의 '지균충'과 '기균충'

이런 '카스트제도'는 비단 연세대에만 있는 게 아니다. 속칭 명문대일수록 이런 구별짓기가 발달되어 있다. 「"친구가 아니라 벌레?": 한심한 서울대생들의 왕따 문화」라는 『국민일보』(2013년 10월 15일) 기사를 보자. 이 기사에 따르면, 2011년 서울대의 한 교양수업 쉬는 시간에 오간 이야기를 친구에게서 전해들은 당시 신입생 A 씨(22·여)는 귀를 의심했다. 지역균형선발 전형으로 입학한 그를 두고 학생들이 이런 험담을 늘어놓았다. "나도 시골에서 학교 다녔으면 쉽게 서울대 왔을 텐데", "누구는 특목고에서 힘들게 공부하고, 누군 지방에서 놀다 들어오고" 등의 비아냥이 한동안 이어졌다. A 씨는 "모르는 사람도 아닌 같은 과 동료들이 공공연하게 그랬다는 사실에 큰 충격을 받았다"며 "입학 후 성실히 공부해왔는데도 색안경을 쓰고 바라봐 자존심이 무척 상했다"고 말했다.

그래도 그건 점잖은 편이다. 서울대의 학생 인터넷 커뮤니티 '스누라이프'엔 심지어 '지균충'이란 말까지 등장했다. 지역균형선발의 약자 '지균'에 '벌레 충蟲' 자를 합쳐 폄하하는 말이다. 저소득층·농어촌학생·장애인·북한이탈주민 등을 대상으로 한 기회균등선발

특별전형 출신 학생은 '기균충'이라고 불린다. 한 재학생은 게시판에 글을 올려 "이번 입시에 '지균'으로 합격한 학생 중 수리 5등급이 있다는 말이 있다"며 "수능 5등급 실력으로 내신 1등급을 받았으니 출신학교 수준이 뻔하다"고 비아냥댔다.

지역균형선발로 입학해 최근 졸업한 06학번 B 씨(26)는 "2006년에는 지금보다 수시 비중이 작아 어떤 전형을 통해 들어왔는지 손쉽게 파악됐다"며 "입학 초부터 지역균형선발 학생들은 사적 모임이나 과제 등에서 알게 모르게 무시를 받아왔다"고 설명했다. 일반전형 출신인 11학번 C 씨(23·여)도 "이른바 '강남 8학군' 출신에 비해 다른 지역 학생들이 내신 성적에서 이득을 보는 건 사실"이라며 "이 때문에 일부에서 사회적 배려자 전형 출신 학생들을 '거저먹었다'며 폄하한다"고 말했다.[65]

다른 대학들에도 있는 '지균충'과 '기균충'은 '개천에서 용 나는' 모델의 이면을 드라마틱하게 보여주고 있다. '지균충'과 '기균충'은 개천에서 더는 용이 나지 않는 건 물론이고 서울대를 비롯한 명문대학들이 점점 부잣집 자식들의 대학으로 변질되어 가는 추세에 '두려움'을 느낀 기존 체제 수호파들이 만든 것이기 때문이다. 즉, '지균충'과 '기균충'은 명문대학들이 부잣집 자식들만의 대학이 아니라는 것을 보여주기 위한 면피용 상징으로 고안한 것으로, '개천에서 용 나는' 모델의 허울을 유지하기 위한 몸부림인 셈이다. 물론 개인들의 선의에서 비롯된 것일망정 거시적인 분석을 해보자면 그렇다는 것이다.

그런 거창한 체제 유지의 필요성에까지 생각이 미치지 못하는 학생들은 '지균충'과 '기균충'을 자신들이 신봉하는 능력주의에 반하는 존재로 여겨 모멸하는 것인데, 기존 체제를 깨기 위해선 오히려 이들의 솔직함이 더 바람직한 것인지도 모르겠다. 명문대학들이 부잣집 자식들만의 대학이라는 것을 확실하게 보여줌으로써 기존 판을 뒤엎을 수 있는 동력을 얻을 수 있지 않겠느냐는 것이다.

일부 서울대 학생들은 그런 래디컬한 정의감에 불타오른 것일까? 급기야 2014년 2월 '스누라이프'에선 "타대他大 출신은 다 나가라. 서울대 학부 출신에게만 회원 자격을 주자"는 주장까지 나왔으니 말이다. "네오나치' 같은 발상이다. 당신들만의 '수구꼴통 유토피아'를 따로 만들어 떠나라"는 반론도 있었는데, 이 논쟁의 핵심은 타대 출신 대학원생이나 대학원 졸업생을 '서울대생' 또는 '서울대 동문'으로 인정할 수 있느냐는 것이었다.

한 학부생은 "(타대 출신 대학원생들이) 어쨌든 서울대에 다니고, 학번도 받고, 서울대 메일을 쓴다고 '서울대생'에 포함될 수 있느냐"며 "'서울대생'이라는 말이 갖는 사회적 의미를 알면서도 모르는 척 숨긴다는 게 문제다"라고 주장했다. 다른 학생은 "타대를 졸업한 뒤 출신 학부는 숨기고 '서울대 나왔다'고 말하는 이들은 분명 부끄러움을 느낄 것"이라며 "우리(서울대 학부 출신자)들의 내밀한 고민이 바깥으로 흘러나가 '서울대생들의 성생활이 이렇네', '서울대생들은 이기적이다' 등의 선입견이 커지는 게 싫다"고 썼다.[66]

그게 전부가 아니다. 오찬호가 말했듯이, "고작 스무 살에 불과한 친구들이 입학과 동시에 서로를 외고 출신인지 아닌지, 외국에서 살아본 적 있는지 없는지, 그리고 강남 3구에 사는지 안 사는지에 따라 서로를 '당당하게' 구분 짓는다.……어떻게든 '나'의 가치는 드러내야 하고 남의 가치는 밟아야 한다." [67]

'대학생의 야구잠바는 신분증'

참으로 개탄을 금치 못할 일이지만, 왜 그런 일이 벌어지는지 냉정한 사회과학적인 분석에 임해보자. 마이클 스펜스Michael Spence, 1943~ 가 1973년 『경제학저널Quarterly Journal of Economics』에 발표한 「노동 시장의 시그널링Job Market Signaling」이란 논문이 그런 분석에 도움이 될 것 같다. 스펜스는 이 논문에서 '신호' 개념을 경제학에 도입해 정보 격차의 해소 방안으로 이른바 '시장 신호 이론market signaling'을 제기했다. 줄여서 '신호 이론'이라고 하거나, '시그널링 이론'이라고도 한다. 그는 정보량이 풍부한 쪽에서 정보량이 부족한 쪽에 자신의 능력 또는 자신의 상품가치나 품질을 확신시킬 수 있는 수단이 필요하고 이를 이용함으로써 정보의 격차로 야기되는 시장 왜곡 현상, 즉 '역선택adverse selection'을 피할 수 있게 된다고 주장했다.

스펜스는 자신의 이론을 설명하기 위해 교육이 생산적인 면에서 쓸모가 없는 세상을 상정하면서, 대학들이 존재하는 까닭은 오직 고용주들이 어떤 사람을 채용할지 파악하기 위해서라고 가정했다. 이런 가정을 입증하듯, 어떤 기업의 CEO는 특정 직책에 대졸자를 채용하는 이유에 대해 이렇게 설명했다. "대학 졸업자가 더 똑똑하다는 뜻은 아닙니다. 하지만 그건 그가 4년 동안 많은 어려움을 견뎌내고 어떻게든 학업을 마무리할 수 있었다는 뜻입니다."

고용주는 구직 당사자에 비해 구직자에 관한 정보가 절대적으로 부족하다. 따라서 일자리를 놓치고 싶지 않은 사람은 어떤 수단을 써서라도 자신의 능력 곧 생산성의 상대 우위를 입증하는 '신호'를 고용주에게 전달해야 채용 가능성이 높아진다. 이를테면, 직장에 다니는 고졸 학력자가 야간·방송통신·사이버 대학 과정에 다니는 까닭도 바로 이러한 학력의 신호 효과를 노리는 것으로 풀이할 수 있다. 한국의 뜨거운 '스펙 열풍'도 바로 그런 신호 효과를 겨냥한 몸부림인 셈이다.[68]

기필코 명문대를 들어가겠다는 집념도 자신의 신호 효과를 높이겠다는 열망과 다름없다. 이 신호 효과는 취업에도 결정적인 영향을 미치지만 대학생활 4년간에도 긍지와 보람의 원천이 된다. 한국에서 2000년대 중반부터 대학생들이 단체로 맞추는 것이 유행이 된 '과잠' 또는 '야구잠바'를 보자. 과거 서울대에선 이런 '과잠'을 입고 다니는 학생은 위계질서와 단체 소속감을 강조하려는 체육교육과 학생뿐이었지만, 이젠 'SEOUL NAT' L UNIVERSITY(국립서울대)'라는 문구가 적힌 '과잠'을 서울 시내 곳곳에서 볼 수 있게 되었다.[69]

오찬호는 "이십대 대학생들은 야구잠바를 '패션의 영역'에서가 아니라, 어떤 신분증의 개념으로 이해한다. 내가 연구대상으로 만난 대학생의 65퍼센트가 학교가 아닌 곳에서 학교 야구잠바를 볼 때 '일부러' 학교 이름을 확인한다고 답했다"며 다음과 같이 말한다.

"학교 야구잠바가 신분 과시용 소품이라는 방증이다. 실제로 야구잠바를 입는 비율도 이에 따라 차이가 나서, 이름이 알려진 대학일수록 착용 비율이 높았다. 낮은 서열의 대학 학생들이 학교 야구잠바를 입고 다니면 비웃음을 사기 십상이라 신촌으로 놀러오는 그쪽 대학생들은 자신의 야구잠바를 벗어서 가방에 넣기 바쁘단다. 심지어 편입생의 경우엔 '지가 저거 입고 다닌다고 여기 수능으로 들어온 줄 아나?'라는 비아냥을 듣기도 한다. 이처럼 학교 야구잠바는 대학서열에 따라 누구는 입고, 누구는 안 입으며, 누구는 못 입는다."[70]

신호를 구두口頭로 대신하는 학생들도 있다. 수능점수가 높은 학과의 학생들은 교수가 수업시간에 "몇 학번이지?"라고 물어도 반드시 학과 이름을 밝히면서 학번을 대는 학생이 많다. 이런 학생들은 자신의 대학보다 서열이 높은 대학을 향해 그 대학의 점수 낮은 학과는 들어가고도 남을 실력이었다는 것을 강조하는 것이다.[71]

명문대는 '신호를 팔아먹는 기업'

사정이 이와 같은바, 명문대 학생들은 자신을 내세울 수 있는 신호 효과에 교란攪亂이 발생하는 것에 대해 분노한다. 수능에서 자신보다 훨씬 낮은 점수를 얻은 학생이 대외적으로 자신과 같은 신호를 사용할 수 있다는 것을 용납하기 어려운 것이다.

신호 교란에 대한 반발은 오랜 역사를 자랑한다. 고대 로마에 있었던 사치금지법이 수백 년 동안 거의 모든 유럽 국가로 확산되어 시행된 것이 그걸 잘 말해준다. 사치금지법은 무슨 '근검절약 캠페인'이 아니라 기존 신분제도를 유지하기 위한 방책이었다. 사치는 옷으로 자신의 신분이나 계급을 알리는 신호 체계를 교란하는 것이었기에 낮은 신분의 사람이 사치를 통해 자신의 신분을 한 단계 끌어올리려는 시도를 용납하지 않으려 했던 특권층의 몸부림이었다. 사치금지법이 놀랄 만큼 세부적인 내용까지 까다롭게 정한 것도 바로 그런 이유 때문이었다.[72]

명문대는 사실상 '신호를 팔아먹는 기업'이라고 해도 과언이 아니다. 미국 하버드 경영대학원을 다니려면 수업료와 기타 비용으로 매년 12만 달러가 든다. 일부 사람들은 이 경영대학원의 학위가 아무 의미 없는 '12만 달러짜리 신호'에 불과하다고 폄하하지만, 계속 입학 경쟁률이 치열한 걸 보면 취업시장에선 그 비싼 신호 효과가 만만치 않은 것 같다.

한국 최고의 신호 판매 기업은 단연 서울대다. 학생뿐만 아니라 교수들도 그 신호 효과를 누린다. 서울대 교수 다섯 중 한 명은 영리·비영리 법인의 대표·감사·이사직 등을 맡고 있으며, 이 가운데 92명은 거액 연봉을 받는 대기업 등의 사외이사를 겸직하고 있다. 이사회에서 사실상 '거수기' 노릇만 하면서도 92명의 사외이사 연봉은 평균 4,234만 원이다.[73] 이들 중엔 사회를 향해 늘 정의와 공정을 부르짖는 교수들도 적잖이 있는데, 그들이 말하는 정의와 공정의 정체가 과연 무엇인지 아리송하다.

서울대의 신호 효과가 워낙 높다보니 서울대 경영대학 최고경영 자과정AMP, Advanced Management Program은 1976년 개설된 이래 정·재·관계 인사 5,000여 명이 이 과정을 밟았을 정도로 인기가 높다. 지원 자격은 공·사기업체의 회장, 사장과 고위임원, 정부 각 기관의 2급 이상 공무원, 각 군의 장성급 장교, 기타 주요 기관의 기관장급 등인데, 자격이 안 되는 사람이 들어가기 위해 무리를 저지르는 일이 발생할 정도다.[74]

입시전쟁은 신호전쟁이다. "원세대(원주캠퍼스) 다니는 친구놈이 나한테 '동문 동문' 거리는데 원세대 놈들 중에 이렇게 신촌을 자기네 하고 동급 취급하는 애들 있을까봐 심히 우려된다"는 말도 자신이 세상에 보낼 수 있는 값비싼 신호에 교란이 일어나는 걸 우려하는 마음에서 나온 것임은 두말할 나위가 없다.

인도의 카스트제도가 어떻다곤 하지만, 한국의 학벌 카스트제도는 인도의 그것보다 악성인 면이 있다. 인도에선 선거가 카스트에 따라 이루어지기 때문에 최하층계급은 선거를 통해 자신들의 경제적 지위를 높여나간다. 그래서 카스트의 완고성은 음식과 결혼의 영역에서만 지켜지고 있을 뿐, 사회에서 서열은 카스트가 아니라 돈과 힘이라는 새로운 물질적 척도에 의해 결정되는 경우가 훨씬 많다.[75] 반면 한국의 학벌 카스트는 상징자본은 물론 돈과 힘까지 독식할 수 있는 근거가 되니, 한국은 어떤 면에선 인도보다 뒤떨어진 카스트제도를 갖고 있는 셈이다.

"지잡대와 SKY는 하늘과 땅 차이지"

'SKY는 내부 식민지의 총독부'

" '솔까말'이라는 은어가 있다. '솔직히 까놓고 말해서'의 준말이다. 용례는 다음과 같다. '솔까말, 원하는 건 사랑이 아니라 섹스 아니니?', '솔까말, 지잡대(지방에 있는 대학교를 비하하는 속어)와 SKY(서울-고려-연세대)는 하늘과 땅 차이지.' 이때 한껏 냉소적인 표정을 짓는 게 포인트다."[76]

『88만원 세대』의 공동 저자인 박권일의 개탄이다. 지잡대는 원래 '지거국(지방거점국립대)'을 제외한 '지방잡대'를 가리키는 말이었지만, 학부모와 학생들의 '인 서울' 강박이 심해지면서 지방의 모든 대학을 가리키는 말로 쓰이고 있다. 이 지잡대에 대한 모멸을 알아야 한국 사회의 이상 현상들에 대한 의문도 풀린다.

예컨대, 공무원 시험 열풍은 꼭 안정 추구 심리 때문만에 일어나는 게 아니다. 대학 간판 차별에 지친 사람들이 살 길은 그것 하나뿐이라고 보기 때문에 미어터지는 것이다. 한 지방대생은 이렇게 말한다. "지방대학생들이 공무원 시험에 매달리는 이유는 간명해요. 지방대라는 홀대가 없잖아요. 학력 제한도 없죠, 출신도 안 가리죠. 그들에게 공무원은 절체절명의 과업이죠."[77]

박권일이 말한 '솔까말'의 원리대로, "지잡대와 SKY는 하늘과 땅 차이"라면, SKY는 이른바 '내부 식민지internal colony'의 토대, 아니 총독부라고 할 수 있겠다. 지방에서 서울로 과외를 다니거나 가족과 헤어져 사는 주말 부부 등의 풍경을 보라. 그 풍경의 이면에 무엇이 있는가? 바로 SKY가 있다.

지방민들은 교육 관련 정보에 굶주려 있다. 고교생들은 물론 대학생들까지 방학만 되면 학원에 다니기 위해 서울로 간다. 2015년 2월 현재 서울 노량진과 신림동 등 고시촌은 취업 준비를 위해 상경한 지방대 학생들로 북적이고 있다. 취업 준비를 위해 대전에서 올라온 한 모(24) 씨는 "같은 학교 학생끼리 단체로 원룸을 잡고 고시원 식당의 식권을 구매하는 계까지 만들었다"고 말했다.[78] 이런 식으로 지방에서 서울로 뿌려지는 돈도 막대하지만, 삶의 황폐함은 어찌할 것인가?

2006년 『한겨레』는 "방학을 맞은 지방대생들이 영어학원이 밀집한 서울 종로와 강남 일대에 모여들고 있다. 방학 내내 영어 공부에 '올인'하기 위해 팔자에도 없는 유학을 떠나오게 된 것. 2~3년 전 형성된 이런 분위기는 어떤 사회적 주목도 받지 못한 채 해를 거듭할수록 점입가경이다"며 다음과 같이 말했다.

"영어가 취업문의 너비를 결정하는 시대인 만큼 대학생들이 토익, 토플시험을 피해 갈 수는 없다. 하지만 취업을 위해서 대학뿐 아니라, 학원도 '인in 서울' 해야만 살아남는다는 사실이 아무래도 섬뜩하다.······ '하루에 토익 공부를 17시간씩 한다'는 '서울영어공화국'의 전설을 먼 곳에서 전해 듣는 지방대 학생들은 어떤 기분일까. 어쨌건 올라온 학생도, 남아 있는 학생도 맘 편히 잠만 못 잔다. 일그러진 공화국에서 태어난 죄 하나로, 전혀 팔자에도 없이 말이다."[79]

학생들만 서울로 가는 게 아니다. 부모까지 따라간다. 방학 기간 중 자녀를 서울 강남 지역 학원에 보내기 위해 남편은 집에 남겨둔 채 자녀를 데리고 단기간 상경上京해 생활하는, 이른바 '서울 기러기 엄마'가 생겨난 것이다. 이들의 수는 학원가 주변 부동산 시장에도 영향을 끼칠 만큼 많다. 원래 오피스텔이나 원룸은 최소 3개월 이상 단위로 계약하는 것이 관례지만, 이들 때문에 돈을 더 내고 1~2개월로 방을 짧게 임대하는 방식도 일반화되었다.[80]

지역 엘리트의 이기주의인가, 지역 이익인가?

2003년 11월 25일 MBC-TV의 〈심야스페셜〉을 시청하다가 깜짝 놀란 시청자가 많았으리라. 지방대 문제를 다룬 그 프로그램은 광주의 한 편입학 학원이 문전성시를 이루고 있는 모습을 보여주었다. 지방에서 서울 소재대학으로 편입하려는 지원자가 5만 명에 이를 것이라고 했다. 그것도 놀라운 사실이긴 하지만 정작 놀라운 건 "지방대 출신 며느리보다는 서울에서 고등학교를 나온 며느리가 더 낫다. 지방에서 무얼 배웠겠는가?"라는 어느 서울 아줌마의 말을 전하는 한 여학생의 증언이었다. 그 말의 내용도 놀라웠지만 저런 말이 그대로 방송되어도 되나 하는 의아심 때문에 더욱 놀라웠으리라.

2014년 8월 16일 밤 10시 50분 MBC 드라마 〈마마〉를 보다가 아버지가 어린 아들에게 하는 말이 귀에 번쩍 들어왔다. "지방잡대 나와서 성공하려면 간 쓸개 다 빼줘야 한다." 아무리 드라마라지만, 저런 말을 방송에 내보내도 되나? 그래도 성공의 가능성을 열어둔 게 반갑긴 하지만, 어느 대학을 나왔든 성공하려면 간 쓸개 다 빼줘야 한다고 말하는 게 더 맞지 않나?

"지방에서 무얼 배웠겠는가?" 혀를 끌끌 차지 않을 수 없는, 최악의 속물근성이다. 그런데 지방 스스로 그런 몹쓸 생각을 유포·강화하는 데에 일조하고 있다면, 어디에서 그런 잘못된 세상을 바꿀 수 있는 탈출구를 찾을 수 있단 말인가? 거의 모든 지방이 지역의 우수인재를 서울로 보내는 걸 '지역발전전략'이라고 우기고 있으니 말이다.

앞서 지적했지만, 대학입시가 끝나면 전국의 많은 지방 고등학교 정문엔 서울 소재 대학들에 합격한 학생 수를 알리는 플래카드가 요란스럽게 나붙는다. 물론 자랑하려고 내건 플래카드다. 일부 지방정부와 교육청은 서울 명문대에 학생을 많이 보낸 고교에 각종 재정 지원을 함으로써 그런 행위를 사실상 찬양·고무한다.

일부 지역에서는 그런 찬양·고무가 인구 유출을 막기 위한 것이라고 하니, 웃어야 할지 울어야 할지 모르겠다. 예컨대, 2005년 전남 여수시는 시내 고등학교 3학년 학생 가운데 2006학년도 입시에서 서울대에 진학하는 학생에게 1,500만 원씩, 고교에는 서울대 합격자 1인당 800만 원씩의 장려금을 지급하기로 했다. 또 연세대·고려대·포항공대·과학기술대 진학생에게는 장학금 900만 원씩, 고교에는 이들 대학 합격자 1인당 500만 원씩을 지원하기로 했다.

여수시 측은 "성적이 우수한 중학생의 역외 유출과 이에 따른 인구 유출을 막기 위해 우수 고교생과 고교에 장학금과 장려금을 지원하는 것"이라고 밝혔다. 여수시에서 해마다 성적이 우수한 중학교 졸업자 300여 명이 명문대학 진학률이 높은 다른 지역의 자립형 사립고나 특수목적 고교, 농어촌 고교로 빠져 나가고 있어, 이들을 지역 내 고교에 붙잡아두기 위해 과감하게 인센티브를 제공한다는 것이다.[81]

그게 말이 되나? 앞뒤가 맞나? 여수시의 주장을 액면 그대로 받아들인다 해도 인구 유출 억제 효과는 겨우 3년뿐인데, 그 이후엔 어떻게 하겠다는 것인가? 여수시뿐만 아니라 다른 지역들도 비슷한 지원 정책을 써왔는데, 이 모든 게 정녕 인구 유출 억제 효과를 위해서란 말인가? 자녀를 서울 명문대에 보내고 싶어 하는 지역 엘리트층의 이기주의를 지역 이익으로 포장하려는 건 아닌가?

왜 '지방대 죽이기'를 '지방 살리기'라고 하는가?

전국의 여러 지역이 도道·시市·군郡 단위로 서울에 학숙을 지어 유학 간 자기 지역의 우수 학생들을 돌보고 있는 것도 마찬가지다. 지역에 따라선 범도민 운동 차원에서 모금을 해 수백억 원의 돈을 들인 곳들도 있다. 학숙 하나로도 모자라 '제2의 학숙'을 짓자고 열을 올리는 지역도 있다. 예컨대, 『한겨레』(2015년 1월 23일)에 실린 「서울 유학생 위한 '효자 기숙사' 인기」라는 기사를 보자.

"지방 학생들을 위해 자치단체가 서울에 마련한 '효자 기숙사'가 인기다. 지난해 3월 서울 내발산동에 문을 연 대학생 공공기숙사 '희망둥지'는 올해 두 번째로 새 식구를 모집하고 있다. 지하 1층 지상 7층 규모로, 193실에서 382명이 생활할 수 있다. 서울시가 터 2,190㎡를 제공하고 전남 순천·광양·나주시와 고흥군, 충남 태안군, 경북 김천·경산시와 예천군 등 8개 자치단체가 건축비를 보태 지난해 3월 완공됐다. 각 자치단체들은 현재 거주지 학생들을 대상으로 희망둥지 입주 신청자를 모집하고 있다.……이른바 '효자 기숙사'의 원조는 서울 대방동에 있는 '남도학숙'이다.……광주시와 전남도는 2017년 9월 제2남도학숙(250실 500명 수용 규모) 개관을 목표로 공동 사업을 추진하고 있다."[82]

지방에선 그렇게 하는 걸 '인재육성정책'이자 '지역발전전략'이라고 부른다. 물론 전적으로 '개천에서 용 나는' 모델에 따른 것이다. 개천을 지키는 미꾸라지들을 모멸하는 것임에도 자기 집안에 용이 나오길 기대하는 지방민들의 열화와 같은 지지로 지방선거 때는 서울에 학숙을 짓겠다는 공약이 전국 방방곡곡에 난무한다.

지방의 어느 인권단체는 그 지역의 서울 학숙이 2년제 대학의 신입생과 재학생에 대해 학숙 입사자격을 부여하지 않아 국가인권위에 진정을 냈는데, 왜 인권단체마저 그런 학숙 자체가 문제가 된다는 생각은 하지 못하는 걸까? '인 서울'이라고 해도 동등한 대우를 받는 것도 아니다. 입사 경쟁률이 높다 보니 중하위권 대학에 다니는 학생들은 지방학사에 들어가기 쉽지 않다. 누가 더 '용'이 될 가능성이 높으냐는 기준에 따라 뽑기 때문에 SKY 학생이 많이 입주하고 있다.[83]

지방의 '인재육성정책'이자 '지역발전전략'은 믿기지 않을 정도로 장기 지향적이다. 자기 지역 출신 학생이 서울 명문대에 진학해 서울에서 출세하면, 즉 권력을 행사할 수 있는 요직을 차지하면, 그 권력으로 자기 지역에 좀더 많은 예산을 준다든가 기업을 유치하는 데에 도움을 줄 거라고 본다. 서울 중앙부처나 대기업에 자주 로비를 하러 가는 각 분야의 지방 엘리트들은 자기 고향 출신을 만났을 때 말이 통하고 도움을 받은 경험을 갖고 있기에, 이와 같은 '지역발전전략'은 움직일 수 없는 법칙으로 승격된다. 조금만 깊이 생각해보면 그건 지역발전전략이 아니라 '지역황폐화전략'인데도 거기까진 생각이 미치지 못한다. 아니 지역보다는 가족의 이익을 앞세우기 때문에 그런 생각을 일부러 안 하는 것일 수도 있다.

모든 이가 지역발전을 위해선 지역대학을 키우는 게 필요하다고 말한다. 이젠 기업이 대학을 따라간다며 산학협동의 중요성을 강조한다. 차라리 이런 주장에 대한 반론이 나오면 모르겠는데, 그런 반론을 하는 사람은 아무도 없다. 그러면서도 사실상의 '지방대 죽이기'를 하는 이유는 도대체 무엇이란 말인가? 생각해보자. 지난 수십 년간 결과적으로 '지방 죽이기'를 한 주역들이 누구인가? 다 서울에 사는 지방 출신들이다.

지방 출신으로 서울에 가면 서울 사람이 된다. 고향 생각? 설과 추석 때 고향을 찾긴 한다. 서울에서 성공한 다음 국회의원이나 자치단체장을 하고 싶으면 귀향하는 경우도 있기는 하다. 그것 말고 서울로 간 지방 출신이 자기 고향을 위해 할 수 있는 일이란 거의 없다. 공직자가 자신의 재량권 내에서 작은 도움을 줄 순 있겠지만, 지방이 뭐 거지인가.

"죽었다 깨나도 지방에선 안 돼?"

지방의 가장 큰 문제는 무엇인가? 인재 부족이다. 기업인들이 한결같이 하는 말을 들어보면, 기업은 '사람 장사'다. 지역발전도 다를 게 없다. 우수한 인재들을 지역차원에서 서울로 가라고 내몰면서 그걸 지역발전전략이라고 우기니, 이게 말이 되는가? 돈을 반대로 써야 하는 게 아닌가?

이게 '내부 식민지'가 아니면 무엇이 내부 식민지란 말인가? 일부 지방은 정치·경제뿐만 아니라 문화·의식적으로도 중앙에 예속된 식민지와 다를 바 없다. 중앙 정부 탓만 할 일이 아니다. 지방에서 진지하고 심각한 고민이 없는데 중앙에서 그런 고민을 왜 하겠는가?

학생들의 서울 유학을 부추기기 위해 쓰는 돈을 지역에 남아 공부하는 학생들의 장학금으로 돌린다고 가정해보자. 서울 유학을 가려고 했던 학생은 한 번쯤 고민해볼 것이다. 이런 식으로 여건 조성을 해야 하는 게 아닌가? 왜 사실상의 '지방대 죽이기'를 '지방 살리기'라고 하는가? 이 짓을 그만두지 않는 한 지방발전은 요원하다. 유능한 인재일수록 각종 혜택 부여로 지역에 붙잡아 두는 걸 지역발전전략의 제1원칙으로 삼지 않는 한 중앙의 오만한 지방 폄하는 계속될 것이며, 지역균형발전이나 지역분권화는 신기루가 될 수밖에 없다.

고향 떠난 젊은이들이 고향에 돌아오지 않아도 좋다. 제발 고향 떠나는 것이 지역발전의 길이라고 부추기는 일만큼은 하지 않으면 좋겠다. 나라 걱정한다는 사람들도 나라 걱정 그만하고, 자신이 살고 있는 작은 지역 걱정부터 하면 좋겠다. 우리는 늘 '큰일' 걱정만 하다가 '작은 일'을 소홀히 함으로써 종국엔 '큰일'을 망치는 게임을 하고 있는 건 아닐까? 입만 열면 '위에서 아래로'의 방식을 비판하는 사람들이 왜 세상을 바꾸는 일마저 '위에서 아래로'의 방식에 의존하는지 모르겠다.

서울에 학숙을 지어 지역의 우수 인재들이 서울에서 공부를 잘할 수 있게끔 하려고 애쓰는 사람들은 다시 생각해볼 일이다. 그것도 좋은 일이긴 하지만, 더욱 좋은 일은 지역에 남아 공부하려는 학생들이 서울과 경쟁할 수 있게끔 배려해주는 일이다. "죽었다 깨나도 지방에선 안 돼!"라는 신념은 '내부 식민지' 근성과 다름없다. 지방이 서울의 식민지가 되느냐 마느냐 하는 결정권은 지방민들에게 있는 것이다. 사적 차원에선 자녀를 서울로 보내기 위해 애를 쓰되, 공적 차원에서 지역을 생각하는 건 얼마든지 타협할 수 있는 일이 아닌가.

그러나 이런 수준의 주장도 지방에선 환영받지 못한다. 아니 환영받지 못하는 정도가 아니라 큰 욕을 먹기 십상이다. 우선 당장 발등에 떨어진 불만 보자면 그 심정은 충분히 이해할 만하다. 서울 유학을 간 지방 학생들이 가장 고통스러워하는 것이 바로 주거 문제이기 때문이다. "그렇게 고통 받는 학생들을 돕겠다는 데 비판을 하다니 '나쁜 인간'이다"라고까지 열을 올리는 사람도 있지만, 누가 더 그 학생들을 생각하는 건지는 따져볼 일이다.

"모든 돈이 서울로 몰리고 지방엔 빚만 남고 있다"

이젠 '인 서울'에 성공한 지방 학생들의 삶의 질과 더불어 그들의 미래를 진지하게 따져볼 때가 되었다. "큰물에서 놀다 보면 큰 인물이 되겠지"라는 식의 대응은 곤란하다. 서울 시내 54개 대학의 지방 출신 학생 비율은 아주 적게 잡아도 30퍼센트(14만 명)에 달한다.[84]

한 조사를 보면 지방 출신 대학생의 35.4퍼센트가 월세에 살고, 13제곱미터(4평) 이상 33제곱미터(10평) 미만의 집에서 사는 경우가 38.9퍼센트에 달한다. 임대 주택, 특히 좁은 원룸 등에서 월세로 산다

는 것은 빈곤층을 가르는 기준이기도 한데 지방 출신의 상당수는 주거 문제에서부터 빈곤을 겪고 있다.[85]

2015년 2월 『중앙일보』의 조사 결과 인문·사회계열 출신의 1년간 평균 '취준비(취업준비 비용)'가 2,479만 원에 이르는 것으로 나타났다. 취준비 가운데 방값·식대·교통비 등 생활비(925만 원)가 가장 높은 비율을 차지했다.[86] 지방 출신들 중엔 원룸은 꿈도 꿀 수 없는 이도 많다. 이들은 '3.3제곱미터 빈곤의 섬'으로 불리는 고시원으로 향한다. 대전에서 올라와 수년째 고시원 생활을 하고 있는 민철식(28)은 결혼은 물론 연애조차 포기했다. "원룸에만 살아도 어디 산다고 말하고 여자 친구를 데려올 수도 있겠지만, 고시원에 살면서 그게 되겠습니까."[87]

어디 그뿐인가. 감당할 수 없는 빚까지 진다. 2015년 1월 취업 포털사이트 '사람인'이 신입 구직자 891명을 대상으로 조사한 결과 46.8퍼센트(417명)가 빚이 있으며 1인당 평균 부채는 2,769만 원으로 집계되었다. '정상적인 경제생활이 어렵다'는 구직자도 29퍼센트였다. 이들은 현재 지고 있는 빚을 전부 상환하기까지 평균 5년 6개월이 걸릴 것으로 예상하고 있었다. 물론 이들 중 상당수는 지방 출신 학생들이다.[88]

수명이 늘어난 반면 노후 자금이 부족해 퇴직 후에도 은퇴하지 못하는 '반퇴半退시대'에 부모들은 또 무슨 죈가. 부산에 사는 정 모 씨(50·여)는 "지방에서 서울로 대학을 보내면 '반퇴 푸어'가 아니라 '당장 푸어'가 된다. 원룸은 월세 50만 원이 기본이라 학비 빼고도 매달

130만 원을 지원해줘도 아르바이트를 해야 한다더라"고 말했다. 그는 "서울 유학간 자녀의 월세는 부모가 집이 있으면 연말정산에도 포함되지 않아 이중고를 겪는다"며 "모든 돈이 서울로 몰리고 지방엔 빚만 남고 있다"고 개탄했다.[89] 이와 관련 김성탁은 다음과 같이 말한다.

"그렇다고 서울로 대학 간 학생들의 미래가 밝은 것도 아니다. 웬만한 가정에선 자녀의 서울살이 생활비밖에 감당할 수 없어 대학 등록금은 학자금 대출로 해결한다. 사회에 첫발을 딛기 전부터 빚을 지는 것이다. 다행히 수도권에서 취업에 성공하더라도 월급 받아 원룸비·교통비 등 생활비에 학자금 대출까지 갚고 나면 남는 게 없다. 집 장만은 고사하고 수천만 원씩 뛰는 전세자금 마련도 먼 나라 얘기이니 부모의 지원 없인 결혼이 쉽지 않다. 지방의 부모와 서울의 자녀 모두 빈곤의 악순환에 빠질 위험이 상존한다. 고구마 줄기처럼 연결된 '지방의 비애' 뒤엔 '인in 서울' 대학 쏠림현상이 자리 잡고 있다."[90]

학생과 학부모들만 그런 전쟁에 참전하는 건 아니다. 교수들도 마찬가지다. 매년 수백 명의 지방대 교수들이 서울 소재 대학으로 옮겨가는 바람에 지방대는 서울 소재 대학의 교수 양성소로 전락하고 말았다. 한림대 교수 성경융은 "현재 지방대학에 있는 사회과학자들은 서울 등 외지에서 간 사람들이거나 현지 출신이라도 어릴 때 고향을 떠났다가 다시 돌아간 사람이 대부분"이라며 "이들은 현지에 소속감을 느끼지 못하고 평생을 서울만 바라보며 사는 사람들이 많다"고 말했다.[91]

지방대에 몸담을 경우 불이익이 정말 크고 많기 때문에 처음부터 지방대로 가는 걸 고려하지 않는 연구자도 많다. 문인들의 사정도 크게 다르지 않다. 소설가 김원일은 "지방 출신 소설가인 나로서는 문화적 활동이 용이한 수도 서울에 정착하는 게 꿈이었고, 그 뒤 서울에서 밀려나서는 안 된다는 긴장 아래 여태껏 살아온 것도 사실이다. 그러나 나 역시 사회적 활동을 접을 나이에 이르면 수도 서울을 떠날 예정이다"고 말했다.[92]

최장집이 잘 지적했다시피, 지금과 같은 서울 집중화는 그 자체가 기득권을 갖기 때문에, 분권화는 저절로 주어지지 않으며, 지방에서 적극적인 투쟁이 필요하다.[93] 통일시대를 앞두고 북한의 내부 식민지화를 염려하는 차원에서 보자면, 내부 식민지의 개혁을 위한 노력은 통일운동이기도 하다.

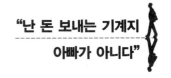

왜 '가난한 지자체'가
'신의 직장' 직원들에게 돈을 퍼주는가?

일제강점기 시절 일본은 일본인들의 조선 이주를 적극 장려했다. 동양척식주식회사는 1910년부터 일본 농민 이민 사업을 전개해, 매년 1,000호의 일본 농민이 각종 특혜를 받으면서 한국에 건너왔다.[94] 1920년대엔 그런 특혜를 받으면서 매년 수만 명의 일본인이 이주했다.[95] 일본인의 조선 이주를 장려하기 위해 조선인 기생을 내세우는 홍보 포스터까지 뿌려댔다.[96] 일제의 그런 이주 정책에 따라, 개항 당시 54명에 지나지 않았던 조선 내 일본인은 1905년 8만 3,315명, 1919년 34만 6,619명, 1930년 53만 명, 1942년 75만 명으로 급증했다. 일본인들에겐 한국이 지상천국이었다.

예컨대, 1927년 미나마타에서 일당 1원 60전을 받던 일본인 쓰게 단조는 조선질소 홍남공장으로 파견된 뒤 '조선 수당'을 가산해 2원 60전을 받았다. 게다가 조선은 물가가 싸서 한 달에 20원 정도만으로도 귀족 같은 생활을 누릴 수 있었다. 일본인들은 조선인 하녀까지 둘 수 있었다. 한 연구에 따르면, 조선인 하녀를 데리고 있던 일본인은 전체의 74.2퍼센트였다.[97]

오늘날 내용은 좀 다르지만, 지방이 일제강점기 시절의 조선으로 전락한 사태가 벌어지고 있다. 전국 10곳 혁신도시 이전 공기업에 대한 지자체의 현금 지원이 바로 그것이다. 2015년 1월 『경향신문』의 「'신의 직장' 지방 이전 공공기관 직원에 현금 퍼주는 '가난한 지자체'」라는 기사를 보면 전남 나주 혁신도시로 본사를 옮긴 한국전력 직원들은 5년간 최대 1,000만 원의 지원금을 받는다. 전남 나주시가 직원들의 이주 지원을 위해 파격적인 당근책을 내걸었기 때문이다. 그런데 흥미롭다 못해 비극적인 건 한국전력은 직원 평균 연봉이 7,500만 원에 육박하는 반면, 전남도(나주시 포함)의 1인당 평균 소득액은 1,312만 원(2012년 기준)에 불과한 데다 나주시의 재정 자립도 역시 19.08퍼센트로 전국 최하위권이라는 사실이다.

'부자 공기업'에 대한 '가난한 지자체'의 무차별적인 현금 지원은 비단 나주시만의 문제가 아니다. 대구와 전북·경남은 혁신도시 이전 공공기관 직원들이 주소를 옮기기만 하면 100만 원을 현금으로 준다. 충북도는 공기업 직원들이 1인 이상 가족과 함께 6개월 이상 주소지를 두면 정착지원금 100만 원을 지급한다. 제주도 역시 비슷한 지원을 하고 있다. 가족들을 대상으로 한 지원도 적지 않다. 제주도는 고교에 자녀가 전학 또는 입학해 1년 이상 다니면 최대 100만 원의 장려금을 주고, 배우자 취업을 위해 과목당 10만 원씩 학원 수강료를 지원한다. 주민의 두 배에 해당하는 출산축하금도 받는다. 대구와 울산시도 고교생에게 100만 원을 지원하며 충북도는 50만 원을 준다. 강원 원주시는 장학금으로 40만 원을 지급한다. 해당 지자체들은 "공기업 직원들을 이주시키기 위한 차원이지만 일부 공공기관 노조에서는 지원금을 달라며 항의하기도 했다"고 말했다.[98]

지역민과의 역차별은 어찌할 것인가? 제주도는 공공기관 직원 출산지원금으로 첫째는 30만 원, 둘째 150만 원, 셋째는 300만 원을 지원하지만 제주도민에게는 첫째 10만 원, 둘째 20만 원, 셋째는 60만 원을 준다. 나주로 전학 온 이전 기관 자녀들은 지역 출신 대학생들을 위해 지자체가 서울에 마련한 기숙사인 '남도학숙'과 '나주학사'에도 특례 입사할 수 있다. 이 기숙사의 평균 경쟁률은 3대 1이 넘는다. 경북도와 김천시는 이주 직원들에게 1년간 월 2회 서울~김천 KTX 요금도 지원해주고 있다. 1년간 지원하는 KTX 요금은 1인당 168만 원에 달한다.[99]

혁신도시로 이전하는 공공기관 직원들은 아파트 특별 분양과 같은 파격적인 혜택 등 정부의 두둑한 지원을 받고 있지만, 이 과정에서 이를 되팔아 수천만 원의 시세차익을 챙긴 직원이 수백 명이다. 2014년 말 현재 특별 분양을 받은 이전 공공기관 직원은 모두 7,666명이었는데, 이들 가운데 863명이 전매제한기간(1년)이 끝난 뒤 바로 팔아 수천만 원의 이익을 챙긴 것이다.[100]

2015년 3월 현재 혁신도시 공공기관 임직원 2만여 명의 가족 동반 이주율은 전국 평균 23.1퍼센트에 불과하다.[101] 2016년까지 2만 7,000명이 지방으로 더 내려가겠지만, 이들의 가족 동반 이주율 역시 20퍼센트대에 그칠 가능성이 높다. 왜 그런가? 무엇보다도 자녀교육 문제가 걸려 있기 때문이다. '인 서울'이라는 속어의 유행이 잘 말해주듯이, 서울 소재 대학에 대한 집착이 병적 수준으로 대중화된 세상에서 자식을 지방으로 데리고 내려오는 건 결코 쉬운 일이 아니다.

그래서 많은 공공기관 직원들이 기러기 가족이 되는 길을 택한다. 공기업·공공기관을 아무리 지방으로 이전해도 임직원들이 자녀교육을 위해 서울에 거주하면서 지방에선 원룸 형태의 생활을 하는 일이 발생한다. 모두를 괴롭게 만드는 '혁신도시의 비극'이다. 이는 무엇을 말하는가? '교육 분산'을 전제로 하지 않는 혁신도시 사업은 성공할 수 없다는 것이다. 기러기 가족의 수만 늘려 그들의 삶을 피폐하게 만들 뿐이다.

"아무개 엄마는 교포랑 바람났고"

통계청 '2010년 인구주택총조사'를 보면 결혼을 했지만 배우자와 떨어져 사는 가구가 115만 가구로 전체 결혼 가구의 10퍼센트에 이른다. 2005년 『워싱턴포스트』는 한국의 기러기 가족을 다루면서 'kirogi family'라는 고유명사로 표기했는데, 이는 물론 외국인들이 보기에 기러기 가족이 진귀한 현상이기 때문이다. 『워싱턴포스트』가 신기하게 본 것은 국내 기러기 가족보다는 국내와 해외로 나뉘어 사는 기러기 가족이다. 이런 기러기는 전쟁 같은 삶을 상징적이자 압축적으로 잘 보여주고 있다.

2003년 국립국어원은 『2003년 신어』 자료집에 '기러기 가족'을 수록했다. 자녀를 외국에서 교육하기 위해 아내와 자녀 또는 남편과 자녀는 외국에서, 남편이나 아내는 국내에서 따로따로 생활하는 가족을 비유적으로 이르는 말이다. 기러기 가족은 그 전부터 있었지만, 무시할 수 없는 사회적 현상으로 부각되었다는 점에서 2003년을 '기러기 가족' 또는 '기러기 아빠'의 원년으로 보아도 무방할 것 같다.

2003년 9월 천광암은 "요즘 젊은 직장인들에게 가장 인기 없는 상사가 자녀 해외유학에 부인을 함께 보내고 혼자 사는 '기러기 아빠'다. 우선 기러기 아빠는 회식을 하고 나서 구두끈을 매는 시간이 길다. 매달 수백만 원에 이르는 생활비와 학비를 송금하고 나면 밥값을 낼 돈이 넉넉하지 않아서다. 또 기러기 아빠는 집에 반겨줄 가족이 없다 보니 퇴근이 늦거나 회사에서 밤을 세울 때가 많다. 부하직원은 덩달아 퇴근시간이 늦어지는 일이 생긴다"며 다음과 같이 말했다.

"한 30대 여성 회사원은 '아침에 기러기 아빠 상사의 책상에서 빈 빵 봉지를 발견하고 눈물이 날 뻔했다'고 한다. 텅 빈 사무실에 혼자 남아 빵 조각으로 저녁을 때우는 한국의 아버지상이 떠오르더라는 것이다. 어디 아버지뿐이겠는가. 남편과 생이별해 말도 잘 안 통하는 나라에서 외롭게 살아야 하는 아내인들 따뜻한 세끼 밥을 먹을 리 없다. 자녀를 위해 이처럼 헌신적으로 자기를 희생하는 부모가 세계 어느 나라에 또 있을까." [102]

2003년 추석 때 캐나다에 유학중인 가족을 만나고 돌아온 한 치과의사의 말을 들어보자.

"오랜만에 만난 아내가 근처에 사는 부인들을 소개하며 '아무개 엄마는 교포랑 바람났고 아무개 엄마는 현지인이랑 연애중이라 애들 밥도 제대로 안 해 먹인다' 등의 소문을 전해주는 겁니다. 물론 제 아내를 못 믿는 것은 아닌데 자꾸만 '혹시나' 하는 의심이 들고 또 1년 정도 지나서 이젠 그곳 생활에 잘 적응하는 가족들을 보니 저만 소외되는 것 같아 속이 쓰리더군요. 매달 송금을 할 때마다 '난 남의 충치를 치료하면서 땀 흘려 번 돈, 가족들은 너무 쉽게 쓴다. 내가 돈 버는 기계냐'란 피해망상까지 들어요. 그러다 보니 자꾸 우울해지고 하루에 국제전화를 10통씩 하니 일도 손에 안 잡히네요." [103]

뉴스 가치조차 없어진 기러기 아빠의 자살

기러기 아빠가 '돈 버는 기계'란 건 '피해망상' 이라기보다는 진실에 가까운 것이었다. 특히 대학교수들의 진실이었다. 영남대 교수 최재목은 2003년 "기러기 아빠란 교수사회에선 전혀 특별할 게 없는 보편적인 현상"이라고 지적했다. 한 학과에서 과반수 이상이 기러기 아빠인 경우도 접하기 어렵지 않다는 것이다. 기러기 교수들이 하나같이 털어놓는 건 '외로움'과 '그리움', 그리고 재정 압박이다. 어느 교수는 "연봉 6,000만 원 정도로는 세 가족 송금비로도 벅차며 마이너스 통장 없이는 살 수 없다"고 말했다.[104]

'기러기 아빠'였던 변호사 엄상익은 「기러기 아빠의 회초리」라는 칼럼에서 이렇게 털어놓았다. "모처럼 아들에게 가서 함께 밥을 먹을 때였다. 고양이가 상 위로 뛰어올랐다. 나는 무심코 고양이를 쫓았다. 그 순간 아들의 눈에 불이 튀었다. 외로운 아들과 함께한 고양이는 아버지보다 소중한 가족이었다. 내가 애완동물 다음 순서라는 서러움에 돌아오면서 울었다."[105]

그래도 엄상익은 나은 편이었다. '기러기 아빠' 중에서도 가장 비극적인 아빠는 이른바 '펭귄 아빠'다. 기러기 아빠는 자신이 원하면 언제든지 가족에게 날아갈 수 있지만, '펭귄 아빠'는 날 수가 없다. 가족의 유학비와 생활비를 대느라 경제적으로 워낙 쪼들린 탓이다. 그래서 공항에서 손만 흔드는 걸로 만족해야 하다. 펭귄은 날진 못해도 손은 잘 흔든다.[106]

한 해 5,000만 원 이상을 미국 버니지아주에 있는 아내와 아이에게 보내고 있는 김 모 씨(43)는 "힘들어 죽겠다며 왜 빨리 돈을 보내지 않느냐는 아내의 짜증 섞인 목소리를 듣다 보면 아내의 전화가 기다려지는 게 아니라 두려워질 때도 있다"고 말했다.

"기러기 생활 3년 만에 등산, 조깅, 서예 등 경험하지 않은 취미활동이 거의 없어요. 그래도 가족이 곁에 없다는 공허함을 메울 수가 없어요. 더욱이 이 생활의 끝이 안 보인다는 생각을 하면 앞이 캄캄해집니다. 아직 한창 나이에 참아야 하는 성적인 고통도 큽니다. 창피한 말이지만 스스로 발정 난 동물처럼 느껴질 때도 있습니다. 내가 택한 일이지만 도대체 왜 이렇게 살아야 하는지 모르겠어요. 해답이 없는 것 같아요.”[107]

‘기러기 아빠’는 MBAMarried But Available(결혼했지만 결혼제약을 안 받는 사람) 혹은 한총련(한시적 총각연합)이라는 별명까지 얻었는데, 이는 기러기 엄마도 마찬가지다. 그래서 가장 파탄이 일어나는 경우가 많았다. 또 어떤 기러기 아빠는 “컴컴한 집으로 퇴근하기가 싫다. 금요일은 청소와 빨래를 하는 날. 하숙집보다 못한 방. 대화할 사람이 없다. 혼자 과일을 꺼내 씹지만 맛을 모르겠다. 아이의 전화를 받고 평평 울었다”고 말했다.[108] 울다 지친 아빠들은 자살을 하기도 했는데, 자살자가 많아지면서 아예 일일이 보도할 뉴스 가치조차 없어지는 지경에까지 이르렀다.[109]

각개약진의 비장함과 처절성

연세대에서 「비동거가족 경험: 기러기 아빠를 중심으로」란 제목의 박사학위논문을 쓴 최양숙은 “전 세계에서 유일하게 한국에만 있는 현상인 기러기 아빠는 ‘어떤 대가를 치르더라도 내 자식 잘 키우기'로 요약된다"면서 "자식을 부모의 분신으로 바라보는 문화, 아버지가 돈 버는 기계로 전락해버린 현실이 기러기 아빠를 낳았다"고 말했다.[110]

2013년에 개봉한 영화 〈전설의 주먹〉에서 가족을 멀리 해외에 보낸 기러기 아빠 유준상은 전화를 통해 자식에게 이렇게 말한다. "넌 아무 생각 하지 말고 심플하게 공부만 하면 돼. 엄마한테 얘기해. 생활비 부족하면 언제든지 얘기하라고. 아빠가 다 보내줄 수 있어. 아빠 돈 잘 벌잖아. 아빠 회사에서 잘 나가잖아. 알지?"[111]

기러기 아빠인 개그맨 정명재는 2014년 6월 16일 방송된 KBS2 예능프로그램 〈여유만만〉에 출연해 "6년 만에 미국에 가게 됐다. 공항에서 딸이 보여 반가운 마음에 끌어안았는데 딸이 피하더라"라며 "나는 매월 돈을 빌려서 보내는데 딸이 피하는 걸 보니 난 돈 보내는 기계지 아빠가 아니다는 생각이 들더라. 공항에서 울었다"고 고백했다.[112]

같이 출연한 개그맨 이상운 역시 기러기 아빠로서 "나를 돈 버는 기계로 생각하는구나"라는 생각이 들기도 한다고 밝혔다. 앓는 병만 32가지라는 그는 대장암 전 단계인 선종이 여러 개 발견되어 수술을 받았다고 했다. 그는 "선종 제거 수술을 받은 후 누워 있었는데 주변에서 제 얘기가 들려왔다. 제가 마취에서 안 깨어난 줄 알고 한 얘기였다"고 말했다. 그는 "사람들이 '바보 같은 녀석이 무슨 부귀영화를 누리겠다고 아내와 아이들을 외국에 보냈나'라고 했다. 너무 가슴이 아팠다. 사람들이 날 그렇게 생각하고 있다는 사실에 눈물이 났다"고 밝

했다.[113]

  기러기 아빠들의 이런 고백만큼 전쟁 같은 삶을 실감나게 말해주
는 증언이 또 있을까. 도대체 누가 제도를 믿는단 말인가? 법도 못 믿
는데 제도를 믿을 수 있겠는가? 기러기 아빠 신드롬은 '개천에서 용
나는' 모델과 이에 따라 불신의 소용돌이가 지배하는 각개약진 사회
의 슬픈 자화상임이 틀림없다. 기러기 아빠 신드롬은 단지 드라마틱
하게 나타나고 있기 때문에 '신드롬' 운운하는 딱지까지 얻게 된 것일
뿐, 대다수 한국인들의 삶이 용이 되기 위한 각개약진의 비장함과 처
절성으로 점철된 것임을 어찌 부인할 수 있으랴.

제 3 장

지위 불안과

인정투쟁

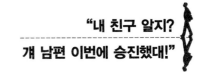

"내 친구 알지?
걔 남편 이번에 승진했대!"

왜 7억 원을 가진 사람이 아내와 두 딸을 살해했을까?

최근 10년간 고학력 전문·관리직 자살자 수는 6배, 이들이 전체 자살자에서 차지하는 비율은 5배 가까이 증가했다. 고위공무원과 기업체 간부·임원 등 관리직은 2004년 42명이 스스로 목숨을 끊었는데 2013년에는 그 10배인 414명이 자살을 했으며, 교수·의사·회계사 등 전문직의 자살은 2004년 137명(1.2퍼센트)에서 2013년 685명(4.7퍼센트)으로 늘었다.[1]

이런 추세를 잘 보여준 사건이 2015년 1월 6일 서울시 서초동의 한 고급 아파트에서 일어났다. 명문 사립대 경영학과를 나와 외국계 IT 기업 한국지사에서 회계 담당 상무까지 지낸 40대 가장 강 모 씨가 아내와 두 딸을 살해한 사건은 많은 사람에게 큰 충격을 안겨주었다. 그는 자살에 실패하고 경찰에 검거되었지만, 그가 미리 쓴 유서에는 "미안해 여보, 미안해 ○○(딸)아, 천국으로 잘 가렴. 아빠는 지옥에서 죄값을 치를게"라는 내용이 적혀 있었다.[2]

강 씨는 실직 후 서초동 아파트를 담보로 5억 원을 대출받았고 이 돈으로 아내에게 매월 400만 원씩 생활비를 주고 나머지는 주식투자를 했다. 사람들을 가장 놀라게 했던 건 강 씨가 실직 후 주식 투자로 2억 7,000만 원을 잃는 등 여러 고통을 겪긴 했지만, 남은 재산이 여전히 7억 원에 이른다는 사실이었다. 이에 대해 김형오는 다음과 같이 말한다.

"넥타이를 매고 출근하고 퇴근하는 모습을 3년 가까이 연출한 겁니다. 경제적으로 어려웠지만, 생활은 예전과 똑같았습니다. 딸들도 비싼 학원을 그대로 다녔습니다.……아내 통장에는 3억 원의 예금까지 있었습니다. 정상적인 시각에서 본다면 강 씨가 경제적 어려움으로 이런 극단적 선택을 했다는 것이 믿기지 않습니다. 결국, 강 씨가 이런 선택을 한 것은 상류층, 중산층으로 살아온 삶이 갑자기 하층으로 추락할지 모른다는 두려움 때문이 아니었을까 싶습니다."[3]

그렇다. 자신의 지위가 추락할지도 모른다는 불안감, 그게 바로 이 끔찍한 사건의 원인이었다. 이른바 '지위 불안status anxiety'이다. 이에 대해 김누리는 "이 사건이 드러내는 진실은 우리가 불안사회에 살고 있다는 것, 견고해 보이는 우리의 삶이 기실 너무도 허약한 기반 위에 세워져 있다는 사실이다"며 다음과 같이 말한다.

"서초동 사건은 시스템에 누구보다도 잘 적응해온 자의 비극을 보여준다는 점에서 교훈적이다. 이번 사건은 한국 사회가 근본적으로 비인간적인 시스템에 기초하고 있음을 새삼 일깨워준다. 이런 잘못된 시스템 때문에 오늘날 한국인들은 깊은 불안에 휩싸여 있다. 불안은 우리 사회의 기본 정조다. 어린아이도 불안하고, 청년도 불안하고, 대학생도 불안하고, 중장년도 불안하고, 노인도 불안하다. 실업자, 노동자, 농민, 회사원, 자영업자, 공무원, 전문직을 가릴 것 없이 이 땅의 모든 이들이 불안에 떨고 있다. 불안은 한국 사회를 움직이는 본원적인 힘이며, 사회를 통제하고 관리하는 숨은 지배자다."[4]

우리의 삶을 파괴하는 '지위 불안'

오늘날 한국 사회가 특히 심하긴 하지만, 지위 불안은 미국에서 1950년대부터 학계의 주목을 받았던 개념이다. 예컨대, 컬럼비아대학의 사회학자 C. 라이트 밀스C. Wright Mills, 1916~1962는 1951년 『화이트칼라White Collar: The American Middle Classes』, 1956년 『파워 엘리트The Power Elite』 등을 출간해 이른바 '지위 불안'을 넘어 '지위 공포status panic'에 시달리는 신흥 중산층을 풍요롭지만 목표가 없는 사람들, 장인 정신을 자랑으로 여기던 과거의 칼뱅주의자들에게서 단절된 계층으로 보았다.[5]

불안을 느끼건 공포를 느끼건 그 대상이 되는 지위는 절대적인 것이 아니라 자신의 주변 사람들과 비교하는 상대적인 것이다. 그런 상대적 비교 우위가 무너지는 건 물론 기존 지위의 추락을 감지했을 때 어떤 사람들은 삶의 의욕마저 잃게 된다. 스위스 출신으로 영국에서 활동하는 작가 알랭 드 보통Alain de Botton은 "지위 불안status anxiety은 매우 파멸적이라 우리 삶의 여기저기를 파괴할 수 있다"고 말한다.

"사회에서 제시한 성공의 이상에 부응하지 못할 위험에 처했으며, 그 결과 존엄을 잃고 존중을 받지 못할지도 모른다는 걱정. 현재 사회의 사다리에서 너무 낮은 단을 차지하고 있거나 현재보다 낮은 단으로 떨어질 것 같다는 걱정. 이런 걱정은 매우 독성이 강해 생활의 광범위한 영역의 기능이 마비될 수 있다."[6]

이어 알랭 드 보통은 "지위에 대한 불안은 성공적인 삶과 성공적이지 못한 삶 사이의 공적인 차이를 인정할 경우 치를 수밖에 없는 대가"라며 "지위에 대한 요구는 불변이라 해도, 어디에서 그 요구를 채울지는 여전히 선택할 수 있다"고 말한다.

"창피를 당할 걱정을 하게 되는 것은 어떤 집단의 판단 방식을 우리가 이해하고 존중하기 때문이다. 지위에 대한 불안은 결국 우리가 따르는 가치와 관련이 되는 경우에만 문제가 된다고 말할 수 있다. 우리가 어떤 가치를 따르는 것은 두려움을 느껴 나도 모르게 복종을 하기 때문이다. 마취를 당해 그 가치가 자연스럽다고, 어쩌면 신이 주신 것인지도 모른다고 믿기 때문이다. 우리 주위의 사람들이 거기에 노예처럼 얽매여 있기 때문이다. 우리의 상상력이 너무 조심스러워 대안을 생각하지 못하기 때문이다."[7]

지위와 행복을 결정하는 '비교의 독재'

지위의 본질은 무엇인가? 바로 비교다. 지위는 물론 행복은 비교에서 나온다. 그간 수많은 사상가가 이 '비교의 사회학'에 대해 한마디씩 했다. 데이비드 흄David Hume, 1711~1776은 시기심의 가장 핵심적인 요소는 사회적인 비교이되, '비교 가능한 대상'끼리의 비교를 강조했다. 그는 "철학자를 시기하는 작가는 거의 없으며, 다른 종류의 글을 쓰는 작가나 다른 국가의 작가, 아니면 다른 시대에 속한 작가를 시기하지는 않는다"고 말했다. 흄과 동시대인인 버나드 맨더빌Bernard Mandeville, 1670~1733도 "만일 걸어가야 하는 사람이 여섯 마리의 말이 끄는 마차를 타고 가는 사람을 부러워할 경우, 4두마차를 탄 사람이 6두마차를 타고 가는 사람에게 느끼는 시기심보다는 강도가 약하다"고 말했다.[8]

카를 마르크스Karl Marx, 1818~1883는 "집은 클 수도 작을 수도 있다. 주변의 집들이 똑같이 작다면 그것은 거주에 대한 모든 사회적 수요를 충족시킨다. 만약 작은 집 옆에 궁전이 솟아오르면 그 작은 집은 오두막으로 위축된다"고 했다. "부자란 그의 동서(아내의 여동생의 남편)보다 더 많이 버는 사람을 가리킨다"는 헨리 루이 멩켄Henry Louis Mencken, 1880~1956의 말이 더 가슴이 와 닿는다. 실제로 미국에서 이루어진 조사에 따르면 여동생의 남편이 자기 남편보다 소득이 많은 여성은 그렇지 않은 경우에 비해 취업할 확률이 20퍼센트 더 높은 것으로 나타났다.[9]

이게 바로 '이웃 효과neighbor effect'다. 그 어떤 절대적 기준이 아니라 이웃과의 비교를 통해 자신을 평가함으로써 발생하는 효과다. 한국인들의 자부심이 낮은 주요 이유다. 공부를 잘하는 학생인데도 옆집에 공부를 더 잘하는 아이가 있으면 주눅 들고 집에서 구박받기 쉬운 이유도 바로 여기에 있다. 이른바 '엄친아(엄마 친구 아들)' 현상인 셈이다. 어머니가 자식에게 "넌 왜 ○○처럼 못하니! ○○의 반만 따라 해봐라"라고 말할 때에 ○○은 주로 '엄마 친구 아들'이기 일쑤다. 이런 '엄친아 현상'은 입시전쟁의 진짜 주인공이 과연 어머니인지 자식인지 헷갈리게 만들 정도지만, 그 기본 원리는 삶의 전반에 걸쳐 작동한다.

'○○은 공부도 잘하고 운동도 잘하고 그림도 잘 그리는데 넌 잘하는 게 뭐니?' '옆집의 ○○은 이번에 전교 1등 했다더라.' '내 친구 딸 ○○ 알지? 이번에 대기업 들어갔다더라. 걘 참 복도 많지.' '나 아는 ○○은 호텔에서 결혼식 하는데 왜 난 못 해?' '똑바로 일 좀 못 하나? 동기 ○○이랑 차이가 나도 너무 나네.' '내 친구 알지? 걔 남편 이번에 승진했대.' '너네 아파트 몇 평이니? ○○은 이번에 강남 평수 넓은 데로 옮겨간다네.'

우리가 흔히 듣는 말들이다. '비교의 독재'라고나 할까. '비교의 독재' 체제하에선 자신이 노는 물이 비교의 주요 근거지로서 중요한 의미를 갖게 된다. "사람은 큰물에서 놀아야 한다"는 속설을 믿는 이들이 많지만, 그게 혹 미신은 아닌지 다시 생각해볼 필요가 있다.

미국 코넬대학 경제학자 로버트 프랭크Robert Frank는 『옳은 연못 고

르기: 인간행동과 지위추구Choosing the Right Pond: Human Behavior and the Quest for Status』라는 책에서 "자신이 사는 집을 마땅치 않게 여기는 것에 지친 사람은 덜 부유한 그룹의 친구들과 어울림으로써 자신의 집에 대해 좋게 생각할 수 있다"고 했는데, 이는 행복 역시 자신의 '연못'을 선택함으로써 얼마든지 달라질 수 있다는 뜻이다.[10]

이와 관련, 미국 스워스모대학의 심리학자 배리 슈워츠Barry Schwartz는 『선택의 역설The Paradox of Choice: Why More Is Less』에서 이렇게 말한다. "경제학자 로버트 프랭크는 그의 저서 『옳은 연못 고르기』에서 사회생활이 우리가 사는 연못에서 큰 고기가 되고 싶어 하는 우리의 열망에 의해 얼마나 크게 결정되는지를 보여준다. 지위 경쟁에서 성공해 행복해지는 법은 옳은 연못을 골라 그곳에 머무르는 것이다."[11]

하긴 그렇다. 멀쩡하게 잘 지내다가도 부자 친구와 전화통화를 하고 나면 "나는 왜 사나?"라는 생각을 하면서 자책自責하는 사람이 의외로 많다. 그런데 늘상 같이 어울려 지내는 사람들이 그런 부자급이라면, 그런 사람은 스스로 불행해지기 위해 애쓰는 것과 다를 바 없는 셈이다. 재미있지 않은가. 행복이 어떤 연못을 고르느냐에 따라 달라질 수 있다는 것이 말이다. 늘 '최고'나 '최상'만을 추구하는 사람은 무조건 가장 큰 연못을 택할 것이다. 다른 큰 고기들과 경쟁하며 몸집을 키워나가려고 애쓰는 것도 좋은 일이겠지만, 행복에서는 멀어질 가능성이 높다고 보아야 하지 않을까?

"떨어지는 애들은 이유가 있다?"

'비교의 독재' 체제하에서 발생하는 비극이 바로 '비교의 폭력'인데, 아이들만 그런 폭력에 당하는 게 아니다. 은퇴한 남편들도 아이들과 똑같은 처지가 된다. 수십 년 사회생활에서 한 발 물러나 의기소침해진 남편은 아내의 '부친남(부인 친구 남편)' 비교에 큰 상처를 받는다. 이런 '비교의 폭력'에 대해 한양대 구리병원 정신건강의학과 교수 장은영은 다음과 같이 말한다.

"이 말을 하는 사람은 상대방이 좀더 잘했으면 하는 바람에 답답함을 느낄 수도 있겠지만 듣는 사람 입장에서는 어떨까? 열 받거나 짜증나고 속상하다. 자신이 한심하고 못난 존재로 느껴진다. 그나마 긍정적인 결과는 자신을 채찍질하며 그 사람처럼 되겠다고 노력하는 정도가 아닐까. 우리가 '약이 바짝 올라' 무언가에 몰두할 때처럼 말이다."[12]

그렇다. 그렇게 약이 바짝 올라 자신을 채찍질하는 게 바로 '전쟁 같은 삶'의 동인이 된다. 그러나 그마저 무슨 출구가 보여야만 가능한 일이다. 출구가 전혀 없는 상황에선 선량한 보통 사람들, 그것도 친척이나 친한 사람들 사이에서 갑질의 폭력이 빚어진다. '개천에서 용 나는' 모델의 논리를 내면화한 나머지 미꾸라지들끼리 누가 더 개천을 많이 벗어났나 하는 경쟁을 하고 그걸 모멸의 근거로 삼는 것이다. "그것도 대학이냐"라는 말을 듣는 대학에 진학한 정상근은 『나는 이 세상에 없는 청춘이다』라는 책에서 그 갑질의 메커니즘에 대해 다음과 같이 말한다.

"아직 스무 살에 불과한 제가 '실패자' 대접을 받아야 했습니다. 그리고 제가 간 곳보다 높은 점수를 얻어야 갈 수 있는 대학에 자식을 보낸 어른들은 저와 제 부모 앞에서 언제나 '승리자' 행세를 했습니다. 그러나 이 부당한 대우 앞에, 저도 제 부모님도 딱히 어떤 반박도 하지 못했지요." [13]

정상근은 공무원 시험을 준비하는 이들은 '공시족'이란 이름으로 패배자의 삶을 강요받고 있다고 말한다. "패배를 해도 툭툭 털고 다시 일어설 수 있는 다른 나라들과는 달리 '패배는 곧 죽음'이라는 무시무시한 국훈國訓을 가진 이 나라에서, 어쩌면 이들은 매일매일 생사를 넘나드는 심정으로 살아가고 있는지 모른다. 전쟁과 같은 이 경쟁에서 이기지 못하면 도태된다는 위기감이 그들을 궁지로 몰아넣고 있기 때문이다. 그들은 겁을 먹고 있다." [14]

더욱 비극적인 건 그렇게 겁먹은 사람들 사이에서도 갑질의 폭력이 벌어지고 있다는 사실이다. "공무원 시험 몇 번 떨어졌다고 인생이 비참해지는 것은 아니다. 그런데 합격한 애들은 '땀은 배반하지 않는다'며, '떨어지는 애들은 이유가 있다'며 그들의 우월감을 한껏 과시하고, 시험에서 떨어진 친구들은 졸지에 능력도 없고, 노력도 안 하는 막장인생이 되어버렸다. 아직 20대인데, 살아온 날보다 살아갈 날들이 더 많은 이들에게 누가 손가락질하고 '패배자'로 규정하는가?" [15]

이들은 '불안'의 수준을 넘어선 '공포'의 벼랑에 몰려 있다.

"다들 어디선가 일하면서 먹고살고는 있다. 그렇지만 공포가 흐르고 있다. 자신들이 선 연봉 1,500만 원이라는 출발점. 그걸로는 집 하나 살 수도, 여행 한 번 마음 편히 할 수도 없다는 걸 잘 알고 있다. 내 자식 학원 하나 보내기도 어려울 것이고, 지하 단칸방에서 아등바 등 살아갈 것이다. 스펙 없는 우리는 이 세상을 살아갈 '자격'을 상실 했다. 그래서 무섭다. 누가 이 공포에서 우리를 해방해줄 것인가?"[16]

명절은 '비교를 위한 원형경기장'

평생 복지정책을 연구한 예일대학 정치학자 로버트 레인Robert Lane 은 행복엔 사람들 간의 동지애와 친근함이 계층과 신분이라는 외부적 요소보다 훨씬 중요하다는 결론을 내렸다. 가족과 소규모 사회의 결 속을 안정과 소속감, 만족감의 원천으로 본 그는 구성원들끼리 서로 보듬고 감싸주는 결속된 사회가 필요하다고 역설한다. 이를 잘 보여 주는 나라가 바로 방글라데시다.

선진국과 후진국을 행복도 기준으로만 평가한다면, 국민 1인당 GDP가 700달러에도 못 미치는 세계 최빈국인 방글라데시는 선진국 이다. 이 나라의 행복도는 세계 1위이거나 늘 상위권을 차지하고 있기 때문이다. 그 비결은 무엇일까? 그건 바로 비교를 하지 않는 문화 때문 이다. 대가족제도를 유지하는 방글라데시에선 비교에서 행복을 찾지 않는다. 그렇다고 빈곤과 부정부패에 찌든 방글라데시를 부러워할 필 요는 전혀 없지만 주관적인 행복감만 놓고 보자면 그렇다는 것이다.[17]

반면 한국은 비교를 위한, 분리된 대가족제도라 정반대로 비교가 왕성하다. 늘 뿔뿔이 흩어져 살다가 1년에 두 번 대가족으로 합류하는 명절은 오랫동안 보지 못한 가족과 친척을 만날 수 있는 기쁨과 즐거움의 축제라지만 동시에 '비교를 위한 원형경기장'으로 비교에서 밀리는 사람들에게 엄청난 스트레스를 안겨준다. 이른바 '명절증후군'이라는 병까지 생겨날 정도다.

'명절증후군'은 어지럼증·두통·복통·심장 두근거림·피로감 등과 함께 정신적으로 우울해지고, 이유 없이 불안하거나 초조해지며, 무기력감이나 조절할 수 없는 분노감이 들기도 하는 증상이다.[18] 보기에 따라서 명절은 '잔혹한 날'이다. 양선희의 말마따나, "평소에 잊고 지냈던 조상 숭배와 효도·우애의 코스프레가 강요되고, 가부장적 복고주의가 고개를 들며 가족 간 긴장감을 높이니" 말이다.[19] 그런 '잔혹한 날'에 발생하는 명절증후군은 무심코 던진 말 몇 마디에서 비롯되는 경우가 많다. 몇 가지 사례를 보자.

대전에 거주하는 김 모(54) 씨의 막내아들은 올해 대학에 진학한다. 김 씨는 며칠 전 여동생에게서 전화로 '오빠 아들은 공부 좀 잘한다더니 대학을 거기밖에 못 갔느냐'는 말을 듣고 화가 났다. 서울에 있는 전문대에 입학하는 김 모(19) 씨는 지난해 추석 식구들이 모여 밥을 먹으며 "너는 어떤 대학 가니?"란 질문을 듣고 숨이 턱 막혔다.

고향이 전남 구례인 정 모(30) 씨는 이번 설에는 서울에 머물기로 했다. "결혼은 언제 할 거냐", "만나는 사람 있느냐"는 질문에 시달릴 것이 빤하기 때문이다. 취업준비생이었던 조 모(24) 씨는 설에 고향

부산을 찾았다. 졸업을 미루며 취업을 준비하던 조 씨는 큰아버지에게서 "졸업은 언제 하느냐"란 말을 듣고 취업에 대한 압박감이 더 심해졌다. 조 씨는 "일 년에 몇 번 안 보는 친척들이 그런 질문을 대뜸 하는 것을 이해하기 어렵다"고 말했다.

한 취업 포털사이트가 1,546명을 대상으로 조사한 결과를 보니, '설 연휴를 앞두고 가장 걱정되는 것'으로 '잔소리 등 정신적 스트레스'(26.7퍼센트)를 꼽은 사람이 가장 많았다. 취업 포털사이트의 조사인 만큼 "너 뭐 먹고 살래?" "올해 네가 몇 살이지?" "결혼은 할 수 있겠니?" 등이 가장 듣기 싫은 잔소리로 꼽혔다. 응답자의 37.8퍼센트는 이런 스트레스 때문에 아예 고향에 가지 않을 계획이라고 했다.

취업을 해도 불편한 질문은 어김없이 날아든다. 조그마한 안경점에서 일하는 조 모(29) 씨는 지난 설에 작은아버지가 "그 일을 하면 수입이 괜찮으냐"라고 물었던 것을 당황스러운 기억으로 꼽았다. 평소 잘 대화를 하지도 않는 작은아버지가 수입을 물어 곤란했던 것이다.[20]

왜 우리는 비참해지기 위해 발버둥치는가?

미국 경제 칼럼니스트 윌리엄 번스타인William Bernstein은 인터넷을 비롯한 현대적인 원격 통신이 '이웃 효과'의 국지적 본성을 소멸시키고 있다는 점에 주목했지만,[21] 이는 한가하기 짝이 없는 미국 이야기다. 한국은 인터넷 이전부터 늘 이웃과 부대끼지 않고선 살아갈 수 없는 나라였기 때문이다. 게다가 그런 고밀도 덕분에 세계적인 인터넷 강국으로 등극했으니 '이웃 효과'는 한국적 삶의 알파요 오메가라 해도 과언이 아니다.

2006년 한국종합사회조사에서 나타난 계층별 체감 소득은 우리 사회의 이웃 효과를 극명하게 드러내보였다. 월 소득이 500만 원대인 사람 중 26.6퍼센트가 자신을 하위계층이라고 답한 반면, 400만 원대인 소득계층에선 그 비율이 5.1퍼센트에 불과했기 때문이다. 100만 원 미만 소득계층에선 61퍼센트가 스스로 중산층이라고 평가했고, 36.5퍼센트만이 하위계층이라고 인식하는 것으로 나타났다. 즉, 비교 대상을 누구로 삼느냐에 따라 자신에 대한 평가도 크게 달라지는 것이다.[22]

이웃은 물리적 이웃만을 가리키는 게 아니다. 친척과 친구 등 늘 이웃처럼 소통하는 사람들도 포함한다. 그래서 이웃이 성공하면 "나는 뭔가?" 하는 자괴감에 빠져들기 십상이다. 부자들은 약속이나 한 듯이 똑같은 특성을 갖고 있는데, 그건 못 사는 친구를 위해 밥과 술은 살망정 돈을 거저 주진 않는다는 점이다. 그러니 부자 친구 두었다고 크게 덕 볼 일도 없다. 오히려 자신이 불행하다는 생각을 갖기 십상이다.

한국인은 무엇이든 남들처럼 살고 싶어 하지만, 하향 비교는 없고 오직 상향 비교만 하면서 산다. 위만 바라보는 것이다. 한국의 학부모들이 오직 자식 사랑 때문에 자식에게 좋은 간판을 요구하는 건 아니다. 이웃에게 기죽지 않으려는 심리도 적잖이 작용한다 요란한 간판과 플래카드를 내거는 심리도 '기 싸움'과 밀접한 관련이 있다.

한국 정치가 '기의, 기에 의한, 기를 위한' 싸움을 하는 '기 민주주의'라는 것도 우연이 아니다. 한국인들의 지극한 명품 사랑도 일종의 기싸움이다.

세계적인 명품업체들이 첫 출시를 한국에서 하는 이유에 대해 국내 한 명품 정보 사이트의 전문가는 이런 분석을 내놓았다. "똑똑한 소비자와는 거리가 멀죠. 아무리 명품이라도 품질 등 조건을 따지는 유럽 소비자와 달리 브랜드 프리미엄만으로 너도 나도 구매를 하니, 한국만큼 안전하고 매력적인 시장이 어디 있겠습니까. 당연히 몰려올 수밖에 없죠."[23]

아니다. 똑똑한 소비자다. 명품 사랑의 이유가 '주목'이며, 유럽인들에게 주목 받으려는 게 아니라 같은 한국인들에게 주목 받으려는 게 아닌가. 한국인은 이웃을 너무도 사랑하는 나머지 이웃의 일거수일투족에 주목하기 때문에 세계에서 가장 이웃 효과에 민감한 국민이라고 해도 과언이 아니다.

물론 그런 이웃 효과는 학생들 사이에서도 큰 힘을 발휘한다. 2011년 서울북공업고등학교의 국어시간에 학생들이 제출한 작품들 가운데, 류연우가 쓴 「노스 패딩」이란 시를 감상해보자. "겨울이 오면 모든 학생들이/노스 패딩을 입는다/왜 노스만 입을까/다른 패딩들도 많은데/노스는 비싼데, 담배빵 당하면 터지는데/노스는 간지템, 비싼 노스 안에 내 몸을 숨기고/무엇이라도 된 듯하게 당당하게 거리를 걷는다/한겨울엔 노스만 입어도 무서울 게 없다."[24]

한겨울엔 노스만 입어도 무서울 게 없는 고교생의 자신감엔 웃을 수도 있지만, 전 국민이 '남들처럼'이나 '남들보다 더'를 외치며 살아가는 모습엔 결코 웃을 수 없다. 새로운 경쟁자는 끊임없이 나타날 테니, 그 경쟁을 감당하느라 애쓰는 건 보기엔 안쓰럽다. 스스로 비참해지기 위해 발버둥치는 셈이라고나 할까? 이젠 자신을 그만 다그칠 때도 되지 않았는가. 이제 언론도 큰물에서 놀다가 성공한 사례만 보도하지 말고 그것보다 훨씬 많은, 익사했거나 익사의 위기에 처했던 사람들의 이야기를 공평하게 알릴 때가 되었다.

**"우리가 한우냐?
등급을 매기게"**

'대학등급제'에서 '결혼등급제'로

"가난이 낮은 지위에 대한 전래의 물질적 형벌이라면, 무시와 외면은 속물적인 세상이 중요한 상징을 갖추지 못한 사람들에게 내리는 감정적 형벌이다."[25] 알랭 드 보통의 말이다. 사람들은 실제적 지위야 어찌되었든 소비를 통해 그런 '중요한 상징'을 획득하겠다는 쪽으로 방향을 바꾸었는데, 그런 상징성이 있는 상품들을 가리켜 '신분재status goods' 또는 '지위재positional goods'라고 한다.

날로 생존경쟁이 치열해지는 사회에서 대표적인 지위재는 학위와 학벌이다. '개천에서 용 나는' 모델의 관문이다. 한국에서 학위와 학벌의 지위재 위상은 타의 추종을 불허하지만, 지위재 수준을 넘어

지위 불안과 인정투쟁 ———— **202**

서 신분증명서 역할까지 한다. 국민대 법대 교수 김동훈은 "크게는 대학졸업장 소지 여부로 양반과 상놈의 구분을 대신하고, 양반 내에서는 다시 크게 구분하여 서울대, 연고대, 기타대로 단순 서열화하여 이에 기초한 신분사회의 구조가 그대로 유지되어 가고 있다"며 다음과 같이 말한다.

"최근의 한 보도를 보니 유명한 중매소의 명부 중 여성들이 남성에 대해 요구하는 조건 중 첫 번째가 학력, 정확히는 학벌이었다. 학벌의 표시는 매우 단순해서 신청서류에는 전공 등의 명기도 필요 없이 서울대, 연고대, 기타대의 3항목 중에 하나를 고르는 것이었다. 얼마 전에 한 선배 교수는 동문 교수들끼리 가진 회식자리에서 장성한 딸이 있으니 사윗감을 추천하여 달라며 공개적으로 요청했다. 그런데 조심스럽게 덧붙이는 조건이, 자신이 기타대 출신으로 당해온 설움을 생각할 때, 사윗감은 최소한 연고대 신분 이상이었으면 좋겠다는 것이었다. 그러한 말을 듣고 있는 동문 출신들의 심경은 참으로 묘한 것이었다."[26]

결혼정보회사들은 그런 신분 질서를 존중한다. 한 결혼정보회사의 회원 분류 기준으로 알려진 '직업별 회원등급'을 보면, 남성 회원 1등급은 '서울대 법대 출신 판사', 2등급은 '서울대 법대 출신 검사'이고, 3등급은 '서울대 의대 출신 의사'와 '비서울대 출신 판검사'라고 한다. 명문대 출신의 대기업 입사자도 이 등급표에선 겨우 9등급에 불과했다. 평범한 20~30대 남성 대부분에 해당하는 일반 기업 입사자와 중소기업 입사자는 각각 14, 15등급으로 분류되었다.[27] 또 다른 결혼정보회사 등급제의 재산 항목에선 (부모 재산 포함) 100억 원 이상이 100점으로 1등급이고, 3억 원 이하는 55점으로 10등급이다. 학벌 부문에선 서울대, 카이스트, 미국 명문대 80점으로 1등급이고 2년제 대학은 53점으로 10등급이다.[28]

이런 결혼등급제에 대해 일부 누리꾼들은 "우리가 한우냐? 등급을 매기게"라고 볼멘소리를 냈지만, 비정규직처럼 최하 등급인 15등급에도 들지 못하는 등급 외 인간도 많다. 이들은 대학도 상품, 결혼도 상품인 세상에서 설 곳이 없다.

'결혼도 일종의 투자'

도대체 얼마나 많은 사람이 그런 등급제 과정을 거치면서 결혼을 하는 걸까? 결혼정보회사를 거치지 않고 결혼을 하는 사람들 중에서도 각자 나름으로 세운 금력·권력 위주의 등급 기준에 따라 배우자를 선택하는 사람은 얼마나 될까?

2006년 9월 제일기획이 25~34세인 '2534세대'의 결혼관을 조사해 내놓은 '디지털 시대의 웨딩 트렌드' 보고서에 따르면, 설문 응답자의 62.1퍼센트가 "결혼도 일종의 투자"라고 답했다. "누구를 소개받으면 나도 모르게 조건을 살피게 된다"는 대답이 70.6퍼센트나 되었고 "능력이 있으면 나이 차도 문제되지 않는다"(55.8퍼센트)는 응답도 많았다. 또 응답자의 46.6퍼센트가 "조건 좋은 사람들이 모이는

장소나 모임을 자주 찾는 편"이라고 답했다.[29]

당당하게 신부에게 지참금을 요구하는 신랑 가족이 적잖은 것도 바로 "결혼도 일종의 투자"라는 생각의 토양에서 비롯된 건 아닐까? 2013년 6월 임신한 채로 한의사 아들을 둔 예비 시어머니에게서 수억 원대의 지참금과 호텔 결혼식 요구를 받고 갈등을 빚다 끝내 미혼모가 되었다는 어느 여성의 비극을 보도한 기사가 화제가 되었다. 이에 대해 양선희는 까나리 액젓을 삼킨 것 같은 불쾌감이 확 몰려왔다며 다음과 같이 말한다.

"결혼이라는, 가뜩이나 토대가 허약한 제도를 둘러싼 인간 군상의 작태가 너무 어지러워서다. 그런데 이건 약과란다. 과거 '사'자 붙은 신랑과 결혼하려면 열쇠 3개라는 혼수의 공식이, 요즘은 억대 지참금이라는 '현금 거래' 방식으로 '진화'했단다. 한 언론사 기사에 따르면, 의사만 가입하는 비공개 커뮤니티엔 '연봉 1억 원당 지참금 15억 원'이 적당하다는 셈법도 올라와 있단다. 사족蛇足으로 그 돈이 있는 여성에게 충고하자면, 차라리 아파트를 사서 월세를 놓는 게 낫다. 손 많이 가고 시끄러운 남자를 사서 평생 시달리느니 말이다. 참고로 '사'자 붙은 남자들 중 까나리 액젓, 수두룩하다."[30]

집안의 사회경제적 존재 증명과 과시에 치중하는 한국 특유의 결혼식 문화도 결혼등급제의 현실을 시사해준다. 선량한 보통 사람들에게도 최소한의 타산은 있다. 결혼식은 개인 행사가 아니라 가족과 가문의 행사이기 때문에 남들에게 보여주어야만 할 그 무엇이 있는 것이다. 또 받아야 할 것도 있다. 그래서 늘 '호화 결혼식'과 '축의금' 문제가 일상 화두로 등장하는 것이다.

일본 『마이니치신문』 서울 특파원 오누키 도모코(39)는 한국 결혼식에 갔다가, 식장 입구에 '○○○의 아들·딸'이라고 써붙여 놓은 걸 보고 깜짝 놀랐다. "신랑·신부 이름보다 부모님 이름이 더 크게 써 있었어요. 한국 부모들은 자녀의 성공을 가족의 성공이라고 느끼는 것 같아요. 그러니 상대방 집안을 따지고, 결국 결혼도 '거래'처럼 변하는 것 아닐까요?"[31]

최준식은 "지금 한국인들이 하는 결혼식을 단도직입적으로 표현한다면 혼(알맹이)이 빠져 있어 그것을 가리려고 외양만 화려해진 전형적인 저질의 졸부 스타일의 의례가 되고 말았다"고 했는데,[32] 이를 반박하기 어려운 증거가 정말 많다.

'남들처럼'이라는 '치킨 게임'

2005년 12월 국회법사위원장인 한나라당 의원 안상수는 '특급 호텔 결혼식'을 금지하는 관련 법률 개정안을 내겠다고 해 화제가 되었다. 안상수는 '특급호텔 결혼식' 세태로 여러 번 충격을 받았다고 했다. 친구인 치과의사가 딸의 '특급호텔 결혼식' 비용을 대기 위해 개인병원을 팔고 큰 병원에 월급쟁이로 취직하는 걸 보면서 문제의식을 갖게 되었다는 것이다. 안상수에 따르면, 7만 원 하던 특급호텔 점심이 10만 원, 15만 원으로 뛰더니 최근엔 '수백 명 한정'으로 20만 원짜리까지 등장했으며 어느 특급호텔 결혼식은 꽃값만 1,900만 원이었다. 호텔협회는 안상수를 찾아가 "법으로 할 일이 아니지 않은가. 우리가 자율로 조절하겠다"고 했지만, 안상수는 입법을 강행하겠다고 했다.[33]

그러나 결국 호텔협회가 승리했다. 그래서 오늘날 어떤 일이 벌어지고 있는가? 호텔 결혼식 밥값 최고가는 1인당 21만 7,800원을 기록했고,[34] 특급호텔의 가장 싼 상품이 1억 950만 원에 이르렀다.[35] 결혼식은 '기죽지 않기' 전쟁이라고 해도 과언이 아니다. 『조선일보』와 여성가족부가 전국 신랑·신부와 혼주 1,200명을 조사한 결과를 한마디로 압축하면 '남들처럼'이었다. 신혼집이건, 예물·예단이건, 결혼식이건 "관행대로 하는 게 좋다"는 심리가 뚜렷했다.

그에 따라 결혼 과정을 힘들게 만드는 '고정관념 3종 세트'가 나타났다. 응답자 10명 중 6명이 "신혼집은 남자가 해와야 한다"(62.8퍼센트)고 했다. 이어 응답자 10명 중 4명이 "예단은 남들만큼 주고받아야 한다"(44.6퍼센트)고 했다. "결혼식에 친척과 친구만 오면 초라해 보인다"(50.9퍼센트)는 사람이 과반수였다.[36]

누구든 처음엔 '간소한 결혼식'을 외치지만, 늘 남과 비교하는 바람에 '남들처럼'이라는 수렁으로 빠지고 만다. 『조선일보』 취재팀이 101쌍을 만나보니, 상당수 신랑·신부가 "고모, 이모, 엄마 친구가 제일 무섭다"고 했다. 이런 식이다. 어느 신랑은 예단을 생략하려고 했고, 어머니도 처음엔 "그러자"고 찬성했다. 고모 셋이 다녀간 뒤 어머니 의견이 변했다. "아예 안 받는 건 좀 그렇지 않니?"[37]

모두들 어머니의 극성과 과욕을 지적하지만, 결혼시장 전문가들은 '다른 소비는 몰라도, 결혼식장만큼은 아버지들 허영심이 가장 강하다'고 말한다. 실제로 전국 신랑·신부·혼주 1,200명을 조사해보니, 작은 결혼식에 가장 거부감이 큰 집단이 양가 아버지였다. 신랑 아버지건 신부 아버지건 아버지들은 10명 중 6명꼴로 "결혼식에 친척·친구만 오면 초라하다"고 했다(58.5퍼센트). 양가 어머니(48.0퍼센트)는 그런 고정관념이 덜한 대신 "남만큼 주고받아야 한다"는 생각이 강했다. 한국가정경영연구소장 강학중은 "여성들은 눈에 보이는 물건으로 과시하려는 경우가 많은 반면, 오랫동안 직장 생활을 해온 중·장년 남성들은 '하객 숫자=사회적 지위'라고 생각하는 경우가 많다"고 분석했다.[38]

'남들처럼'이라는 생활 이데올로기에 따라 진행되는 이런 결혼식 '치킨 게임'을 어떻게 해야 멈추게 할 수 있을까? 이 질문을 던진 이현숙은 "결혼시장의 치킨 게임은 신랑·신부, 양가 부모가 함께 변해야 멈출 수 있다"는 결론을 내렸지만,[39] 다시금 '남들처럼'이라는 굴레가 버티고 있으니 이래저래 쉽지 않은 일이다.

결혼식 '치킨 게임'을 그럭저럭 성공적으로 끝냈다 하더라도 고부갈등을 포함해 수많은 난관이 버티고 있다. "내가 너를 어떻게 키웠는데!"라는 말로 대변되는 부모들의 끊임없는 간섭은 또 하나의 전쟁 요인이 된다. 그래도 결혼을 하는 사람들은 승자들이다. 이른바 '3포 세대(연애·결혼·출산을 포기한 세대)'는 어느덧 '5포세대(연애·결혼·출산·주택·취업을 포기한 세대)'로 '진화'하고 있기 때문이다.

결혼을 포기한 이들이 이구동성으로 하는 말이 있다. "아기한테 미안해서 결혼 못하겠어요." 김현진은 「무슨 배짱으로 아이를 낳으란 말인가」라는 글에서 이렇게 말한다. "지금 한국은, 없이 사는 사람들이 돈 없이 애를 낳는다는 것 그 자체만으로 아이에게 못할 짓을 하는 것처럼 죄스럽게 느껴지는 나라다. 적어도 MB처럼 자식에게 '아버지 빌딩이나 관리해' 하고 턱하니 말할 수 있거나 한화 김승연 회장처럼 내 자식 때린 놈들을 반쯤 죽여 놓을 수 있는 능력이 없는 한, 차마 미안해서 애 같은 거 못 낳겠다."[40]

"절대 도망가지 않습니다"

한국의 결혼등급제는 국제결혼에서 그 극단을 보여주고 있다. 주로 한국 남성과 외국 여성 사이에서 이루어지는 국제결혼의 일부는 과거의 불행한 역사를 반복하는 모습을 보인다. 1980년 일본 신문들엔 일본 남성과 한국 여성의 국제중매 광고가 많이 실렸는데, 당시 광고 문구는 "명치明治 시대 일본 여성의 기분이 드는", "순종 잘하는", "재혼, 연령, 학력, 직업 등을 구애치 않는 여성" 등의 표현을 썼다.[41]

2000년대 들어 한국에서도 곳곳에 내걸린 현수막은 "베트남 처녀와 결혼하세요, 재혼·장애인 환영", "100퍼센트 후불제 환불 가능", "A/S(애프터서비스) 있습니다", "절대 도망가지 않습니다"라고 주장했다. 일간지에 실린 어느 광고는 "준비된 베트남 신부, 마음만 먹으면 가능"이라는 제목 아래 "혈통이 우리와 비슷하다, 일부종사를 철칙으로 알고 남편에게 헌신적이다, 중국·필리핀 여성과 다르게 체취가 아주 좋다, 도망가지 않고 정조 관념이 투철하다, 몸매 세계 최고, 어른 공경하고 4대까지 제사 지낸다"고 주장했다.[42]

이에 대해 여성학자 정희진은 "이건 중매를 하겠다는 것이 아니라, '가사-성 노예 상품'을 파는 듯한 광고"로 "성차별에 인종주의가 더해진 모욕이며 인권 침해"라고 비판했다. 그는 "광고의 성차별도 큰 문제지만, 국제결혼 11.8퍼센트 시대에, 베트남 여성이 한국 사람과 얼마나 같은지를 강조하는 한국 남성들의 동일성에 대한 편집증적 욕망에 두려움을 느낀다"며 "현재 한국 사회의 인종주의는 흑인 여성을 사냥하고 전시했던 과거 서구의 만행을 상기시킨다"고 했다.[43]

"베트남 여자 절대 도망가지 않습니다"라는 현수막이 미 국무부 인신매매 보고서에 인권침해 사례로 보도되면서 정부는 2007년 6월 이를 단속하겠다고 나섰지만,[44] 그런다고 한국의 결혼등급제가 달라질 일은 아니었다. 국제결혼을 할 때 우즈베키스탄은 2,300만 원, 중국은 1,350만 원 하는 식으로 나라마다 정해진 권장가격은 여전히 결혼등급제의 실상을 잘 보여주었다.

한국다문화결혼협회는 2009년 초부터 이런 국가별 국제결혼 권장가격표를 홈페이지에 게시하거나 회원사인 국제결혼중개업체에 배포했는데, 그 이유는 일부 국제결혼중개업체들이 싼 가격을 제시해 고객들을 유인, 사기행각을 벌이고 있어 시장 건전화 차원에서 필요하다는 것이었다. '시장 건전화'라는 표현도 그렇지만, 공정거래위원회가 내린 시정조치의 이유도 기가 막히다. "자율적으로 결정해야 할 국제결혼 중개가격을 협회가 권장 상한 가격이라는 명목으로 설정하는 것으로 국제결혼중개 시장에서의 경쟁을 제한하는 행위에 해당됩니다."[45]

'전쟁 같은 사랑'을 낳는 사랑 · 결혼의 분리

왜 한국에서 결혼은 허례허식虛禮虛飾의 대명사가 되었나? 사실 우문愚問이다. 그 어떤 호화판 결혼식도 허례허식일 수는 없다. 사회적 차원에서 허례허식일 수는 있어도 당사자들은 결코 그렇게 생각하지 않는다. 그것도 투자다. 한동안 '된장녀' 논란이 일었지만, '된장녀'가 실속 없는 허영심에 들뜬 건 아니라는 것도 밝혀졌다. '좋은 물'에서 '좋은 사람'을 만나기 위한 투자였으며, 성공 사례가 적잖이 소개되었다.

한국인은 남의 시선을 위해 사는 사람들이다. 좁은 땅에서 동질적인 사람들이 몰려 살다보니 갖게 된 인정욕구 때문이다. 징그러울 정도로 끈끈하고 촘촘하게 연결되어 있어 그 체제에서 탈출이 어렵고, 따라서 홀로서기가 안 된다.

결혼에 등급이 있고 결혼이 투자가 된 세상이기에 사랑 노래는 더욱 절절해지는 걸까? 청춘남녀들이 사랑과 결혼을 분리해서 한다면, 그만큼 쓰라린 이별이 많을 수밖에 없을 것 아닌가 말이다. 예컨대, 가수 임재범은 거친 생각과 불안한 눈빛으로 애태우는 '전쟁 같은 사랑'을 절규하고, 백지영은 이별 통보가 '총 맞은 것처럼' 가슴을 너무 아프게 한다고 흐느낀다. 이 노래들의 작사가가 정확히 무슨 뜻으로 그리 말했는지는 몰라도, 적어도 한국 텔레비전 드라마에서 줄기차게 묘사되는 '사랑과 결혼'의 갈등을 놓고 보자면 십중팔구 결혼등급제 때문일 게다.

사랑과 결혼의 분리는 좀더 잘 살아보자고 하는 일일 게다. 그렇듯 모두가 결혼을 합리적·계산적으로 한다면, 삶은 그만큼 안정되고 안락해질 가능성이 높은 게 아닐까? 그게 꼭 그렇진 않다는 데에 세상의 묘미가 있다. 이른바 '구성의 오류fallacy of composition' 때문이다.

구성의 오류는 각 개인의 합리적 행동의 총합이 전체적으로는 부정적인 결과를 초래하는 것을 말한다. 예컨대, 불황에 저축을 늘리면 개인은 안전감을 느끼겠지만 모두가 다 그렇게 하면 소비가 줄어 경기를 더 악화시키는 결과를 초래한다. 또 농사를 잘 지어 생산량을 늘리는 것은 농민의 보람이지만, 모든 농민이 다 농사를 잘 짓는다면, 농산물 가격이 폭락해 모든 농민에게 재앙이 될 수 있다. 마찬가지로 모두가 합리적·계산적으로 인생을 살아나가면, 사회는 과잉 경쟁의 늪에 빠져 들어 필요 이상으로 각박하고 살벌해질 수 있다. 우리의 대학 입시 전쟁이 그 생생한 증거다.[46]

물질적 서열의 굴레에서 벗어나 각자 다양한 가치관과 인생관에 따라 살아간다면 우리는 자기만의 세계에 만족하면서 평화로운 삶을 영위할 수 있으리라. 그러나 우리는 한사코 모든 사람을 일렬종대로 세워 서열을 매겨야만 직성이 풀린다. 삶의 만족과 보람은 나의 내면에서 비롯되는 것이 아니라 남과의 사회경제적 비교에서만 나오기 때문이다. 주변에 나보다 잘 나가는 사람이 있으면 어떻게 해서든 따라잡거나 그 사람을 능가해야만 한다. 그 목표를 성취했다 하더라도 그걸로 끝이 아니다. 나보다 잘 나가는 사람은 끝없이 나타나기 때문이다. 따라서 계속 전시 상태로 살아가야만 한다. 일종의 쳇바퀴를 타는 셈이다.

"럭셔리 블로거들을 보면
내 삶이 처량해진다"

한국의 타락한 '인정투쟁'

우리 인간은 사회적 동물이다. 따라서 남들이 나를 인정해주는 맛에 세상을 산다. 삶은 남들의 인정을 받기 위한 투쟁, 즉 '인정투쟁 struggle for recognition'의 연속이라고 해도 과언이 아니다. 미국 철학자이자 심리학자인 윌리엄 제임스William James, 1842~1910가 잘 지적했듯이, "인간의 행동을 지배하는 가장 기본적인 원리는, 다른 사람의 인정에 대한 갈구"다.[47]

인정투쟁은 그 목표가 권력의 획득이 아니라 인정의 획득이라는 점에서 권력투쟁과는 다르다. 그렇지만 여기서 한 가지 의문이 생긴다. 우리의 삶이 권력투쟁과는 다른 인정투쟁이라면, 세상이 살벌한 약육강식弱肉强食의 전쟁터가 되어야 할 이유가 무엇이란 말인가? 인정을 해주고 인정을 받는 일에 꼭 돈이 들어가야 하는 일도 아닐 텐데, 왜 세상은 돈에 미쳐 돌아가는 걸까? 인정의 기준이 다양화되지 못한 가운데 돈 중심으로 획일화되었기 때문일까? 그렇다면, 그 근저엔 무엇이 있을까?

인간에겐 '대등 욕망'과 '우월 욕망'이 있는데,[48] 우월 욕망이 왜곡된 형태로 나타나 '지배 욕망'으로 변질될 경우, 상호 인정의 평화 공존이 깨지고 만다. 이와 관련, 미국 교육자 로버트 풀러Robert W. Fuller, 1936~는 다음과 같이 주장한다.

"사람들이 진정으로 원하고 또 필요로 하는 것은 남을 지배하는 것이 아니라 그들에게 인정을 받는 것이다. 인정은 유한한 자원이 아니라 무한정 만들어낼 수 있는 자원이다. '당신을 알아가는' 게임은 제로섬게임, 즉 내가 얻는 만큼 너는 잃고 그 반대도 마찬가지인 게임이 아니다. 오히려 수학에서 말하는 비非제로섬게임, 즉 양측 모두 처음보다 더 좋은 결말을 맞이할 수 있는 게임이다."[49]

세상이 그렇게만 된다면 더할 나위 없이 좋겠지만, 풀러의 꿈은 이루어지기 어려울 것이다. 이른바 '인정의 통속화'가 인정투쟁을 타락시키고 있기 때문이다. 노명우는 독일 철학자 악셀 호네트Axel Honneth, 1949~가 1992년에 출간한 『인정투쟁Kampf um anerkennung』의 부제가 '사회적 갈등의 도덕적 형식'이었음을 상기시키면서, 오늘날 인정투쟁의 타락상에 대해 다음과 같이 말한다.

"인정의 통속화가 극한까지 진행되면, 인정은 마음대로 권력을 휘두를 수 있는 자리를 차지했다는 것과 동의어가 된다. 인정받았음이 타인의 '눈에 들었다'와 동일하게 느껴지는 한, 사람은 눈도장을 찍을 수 있는 권력을 지닌 사람과 눈도장을 구걸하는 사람으로 양분되기 마련이다."[50]

왜 우리는 'SNS 자기과시'에 중독되는가?

권력을 지닌 사람은 소수의 권력자에 국한되지 않는다. 권력의 주체는 나의 주변 사람들이거나 이름 없는 대중일 수도 있다. 그렇게 통속적으로 변질된 '인정' 개념이 적나라하게 펼쳐지는 공간이 바로 SNS다. 과거엔 자기과시를 위해선 사람들을 직접 만나야 했고, 또 적절한 타이밍을 잡는 노력이 필요했지만, SNS는 그런 번거로움을 일시에 해소시켜준 '혁명'이나 다를 바 없다. '인정욕구'에 굶주린 사람들이 SNS에 중독되지 않고 어찌 견뎌낼 수 있으랴.

SNS가 '온라인 인정투쟁'의 장으로 활용되는 건 전 세계적인 현상이지만, 그 격렬함은 한국을 따라올 나라가 있을 것 같지 않다. 한국에서 페이스북이 '인맥 과시용 친구 숫자 늘리기'로 이용되고 있는 것도 결코 우연이 아니다. 허울뿐인 '먼 친구'가 유행하는 이유는 페이스북 이용자들 사이에서 자기과시를 위한 친구 추가 경쟁이 붙었기 때문이다.[51]

어디 인맥 과시뿐이랴. 자신의 페이스북에 꾸준히 맛집 관련 사진을 남기는 조 모(35) 씨는 페이스북 친구들이 조 씨가 알지 못하는 맛집이나 고급 레스토랑에 갔다 온 사진을 올리면 괜한 질투심을 느낀다. 그는 "친구의 페이스북에 여기가 어디냐고 댓글을 남겼더니 웬만한 사람은 다 가본 곳인데 왜 모르느냐고 은근히 핀잔을 주더라"며 "유행에 뒤처진 사람처럼 보일까봐 지금은 억지로라도 사진을 올리려 애쓰고 있다"고 말했다.[52]

최근 인기를 끈 'SNS 백태'라는 게시물은 이렇게 말한다. "미니홈피-내가 이렇게 감수성이 많다. 페이스북-내가 이렇게 잘 살고 있다. 블로그-내가 이렇게 전문적이다. 인스타그램(사진공유SNS)-내가 이렇게 잘 먹고 다닌다. 카카오스토리-내자랑+애자랑+개자랑. 텀블러-내가 이렇게 덕후(오타쿠)다" 등.

영화평론가 최광희는 SNS에 이런 글을 올렸다. "우리는 모두 자기 인생의 주인공이고 싶다. 그러려면 청중이, 관객이 필요하다. SNS는 많은 사람들에게 서로가 인생의 주인공임을 말하고, 서로의 청중이 되어주는 곳이기도 하다. 그러나 누구도 진짜 주인공이 아니고, 누구도 진짜 청중이 아닌 곳이기도 하다. 그래서 가끔 이 공간이 서글프다."[53]

자신을 비참하게 만드는 '카페인 우울증'

자기 자랑과 자기과시에서 늘 이길 수만은 없다. 5년차 직장인 홍모(29 · 여) 씨는 최근 페이스북 활동을 줄이겠다고 결심했다. 재미로 시작한 SNS가 요즘은 하면 할수록 우울하다고 느껴져서다. "철마다 해외여행을 가고 결혼 5주년 기념으로 가족이 모두 몰디브를 다녀왔다고 페이스북에 근황을 올리는 친구를 보다 보니 벽을 만난 기분이 들었다." 그는 심리상담센터를 찾아 "친구들이 페이스북에 올린 호텔 식당, 핸드백, 남편에게 받은 선물 중 어느 것 하나 내가 가거나 갖고 있는 게 없었다"며 "누구보다 열심히 살아왔다고 믿었는데 내 삶이 한없이 초라하게 느껴졌다"고 말했다.[54]

이처럼 카카오스토리 · 페이스북 · 인스타그램 등 SNS로 인한 상대적 박탈감과 그에 따른 마음의 병을 이른바 '카페인 우울증'이라고 한다. '김현철 공감과성장 정신건강의학과의원'에 따르면 병원을 찾는 10~20대 환자 10명 중 5명 이상은 'SNS로 인한 우울감'을 호소한다. 김현철은 "불면증이나 폭식증에 시달린다거나 감정 기복이 심해졌다며 병원을 찾아온 사람들과 상담해 보니 이들의 SNS 사용이 최근 부쩍 늘었음을 알 수 있었다"고 말했다.

'카페인 우울증'의 증상은 다양하다. "행복한 순간만을 기록하는 왜곡된 현실이라는 걸 알면서도 동경하게 되고 부러우니 자꾸 들여다보게 된다." "취업 준비 중인데 친구들이 회식이나 출장 사진을 올리면 나만 낙오자가 된 것 같아 무기력해진다." "직장 동료가 값비싼 기념일 선물을 받아 SNS에 자랑하면 비교가 돼 연애도 하기 싫어진다." "럭셔리 블로거들을 보면 내 삶이 처량해진다."[55]

심지어 이런 일까지 벌어졌다. 2015년 2월 인천 서부경찰서는

2015학년도 서울 소재 사립대학교 수시전형에서 유 모(19세) 양의 개
인정보를 인터넷상에서 알아내 입학을 취소시킨 혐의로 재수생 김 모
(19) 양을 검거했다. 경찰 조사 결과 서로 만나지는 않았지만 3년 정도
인터넷에서 유 양과 SNS 친구로 지내온 김 양은 자신이 떨어진 대학
에 유 양이 합격하자 질투심을 못 이겨 범행을 저지른 것으로 밝혀졌
다. 김 양은 유 양이 SNS에 올려놓은 수험번호와 계좌번호 등을 모은
뒤, 입시 대행 사이트에 전화를 걸어 자신이 유 양인 것처럼 속였다.
그렇게 해서 유 양의 보안번호를 얻어낸 김 양은 이 번호로 학교 홈페
이지에 들어간 뒤 입학 포기를 의미하는 등록예치금 환불을 신청한
것이다.[56]

그래서 이런 모든 문제 때문에 SNS를 포기해야 할까? 그렇진 않
다. 나도 남들의 부러움을 자극할 만한 것들을 올리면 된다. 물론 그
렇게 하기 위해선 SNS에 더욱 중독되어야만 하다. 인정투쟁은 인류
역사의 원동력이라는 데 무얼 망설이랴! 그러나 남을 위해 사는 게 아
니라면 '비교'에 대해 다시 생각해보는 게 좋다.

우리에게도 '미움 받을 용기'가 필요한가?

댄 그린버그Dan Greenberg는 『자신을 비참하게 만드는 법How to Make
Yourself Miserable』(1987)에서 비참한 삶의 원인은 '비교'에 있다고 말한
다. 미국 신화학자 조지프 캠벨Joseph Campbell, 1904~1987은 "우리가 더 없

는 행복을 느끼기 위해서는 다른 사람이 나를 어떻게 생각할까 하는 생각을 내려놓아야 한다"고 말한다.[57]

일본 철학자 기시미 이치로岸見一郎와 작가 고가 후미타케古賀史健가 오스트리아 심리학자 알프레트 아들러Alfred Adler, 1870~1937의 심리학을 대화 형식으로 풀어낸 책 『미움받을 용기』에 한국 사회가 뜨겁게 반응하고 있는 것도 바로 그런 이유 때문이 아닐까? 아들러는 독자들에게 "사람의 모든 고민이 인간관계에서 비롯된다"라는 간단한 명제를 던지면서 우리가 행복해질 수 없는 이유는 '모두에게 인정받으려는 욕구' 때문이라고 설명한다. 그 욕구를 부정하면서 버리라는 게 그의 주문이다. 단적으로 말해 "행복해지려면 미움 받을 용기도 있어야 한다"는 것이다. 홍상지는 "언뜻 궤변처럼 들리지만 이 말에 넘어간 국내 독자가 벌써 10만 명이다"고 썼다.[58]

아들러의 주장은 궤변일까? 물론 궤변 같은 말이 전혀 없진 않다. 예컨대, 칭찬을 '인간관계를 수직관계로 바라보는 증거'로 간주해 칭찬에 반대한다는 데에 이르러선 근본주의 냄새가 물씬 풍기지만,[59] 그가 어렸을 때 극단적인 열등감의 화신이었다는 점을 감안해 문학적 수사법 정도로 이해하면 무방하겠다. 적어도 한국의 보통 사람들에겐 말이다.

'미움 받을 용기'는 일본에선 꼭 필요한 조언일 것 같다. 일본은 '메이와쿠迷惑'의 나라이기 때문이다. 일본인이 초등학교에 들어가면 가장 먼저 배우는 게 "폐迷惑(메이와쿠) 끼치지 마라"다. 그래서 남에게 결사적으로 친절하다. 남에는 정부와 공적 영역도 포함된다. 2004년

고베 대지진 때 손자가 바위에 깔려 있는 상황에서도 할머니는 "폐 끼쳐 죄송하다"고 했다. 최근 이슬람 무장 단체 IS에 인질로 잡혀 처형된 일본인 유카와의 아버지는 "국민에게 폐 끼쳐 죄송하다"고 했고, '정부 노고에 감사한다'는 말도 잊지 않았다.[60]

반면 한국인들 중엔 정부는 물론 모르는 사람에게 폐 끼치는 걸 권리로 생각하는 사람이 많다. 이미 충분히 '미움 받을 용기'를 갖고 있는 것이다. 그럼에도 그들은 행복을 느끼지 못한다. 한국인들이 중요하게 생각하는 사람은 아는 사람들이다. 친척이거나 친구거나 이웃이다. 따라서 한국인들에게 필요한 건 '미움 받을 용기' 그 자체는 아니다. 누구에 대해 '미움 받을 용기'를 가져야 하는지를 따져볼 필요가 있겠다. 한국인에게 가장 필요한 건 '비교하지 않는 용기'다.

아들러의 주장을 다음과 같은 명언들을 생활신조로 삼는 선에서 수용하면 어떨까? '타인의 평가에만 신경을 기울이면, 끝내는 타인의 인생을 살게 된다."[61] "바꾸지 못할 것들은 받아들이고, 바꿀 수 있는 것에 주목하라. 중요한 것은 바꿀 수 있는 용기다."[62] 이 두 번째 말은 미국의 신학자이자 정치학자인 라인홀드 니부어Reinhold Niebuhr, 1892~1971의 '평온을 위한 기도문'을 연상케 한다. "신이시여, 제가 바꿀 수 없는 것을 받아들일 수 있는 차분함을, 제가 바꿀 수 있는 것들을 바꾸는 용기를, 그리고 그 둘의 차이를 알 수 있는 지혜를 제게 주시옵소서."

그러나 그런 일을 혼자 하긴 어렵다. 사회적 차원에서 인정의 기준을 다양화하려는 노력이 필요하다. 인정의 기준이 권력과 금력 중심으로 미쳐 돌아가는 사회에선 정치마저 그런 문법에 따라 움직이기 마련이고, 그래서 정치는 이전투구泥田鬪狗의 장場으로 전락할 수밖에 없다. 인정투쟁의 문법을 교정하는 일이 정치적 의제로 다루어지지 않는 현실에 대해 "왜?"라는 의문을 왕성하게 제기해야 하지 않을까?

우리는 지위 불안에서 벗어나려고 몸부림치지만, '개천에서 용 나는' 모델이 지배하는 체제하에선 그 불안은 결코 해소될 수 없다. 진정한 대안은 그 모델을 모멸하면서 그 모델을 신봉하는 남의 시선에서 독립하는 것이다. 남들이 자신을 어떻게 볼까 하는 두려움에서 벗어나 자기만의 삶을 추구할 수 있는 상상력과 용기, 이게 바로 우리가 지위 불안에서 탈출할 수 있는 유일한 해법이다. '비교하지 않는 삶'은 정녕 불가능한가?

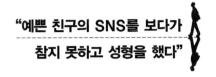

'외모에 대한 조롱'으로 먹고사는 한국TV

"예쁜 친구의 인스타그램을 보다가 참지 못하고 성형을 했다."
앞서 거론한 카페인 우울증의 한 사례로 일어난 일이다. 전문가들은
상대적으로 자아가 강하지 않고 우울감을 잘 느끼는 사람들이 SNS에
의존할 확률이 크다고 진단한다. 이런 성향의 사람들이 게임이나 술
을 찾듯이 SNS를 찾는다는 이야기다. 건국대 신경정신과 교수 하지
현은 "삶을 과시하거나 인정받기 위해 SNS를 시작했다가 오히려 다
른 사람의 화려한 삶을 보며 우울감이 더 커지는 경우가 많다"며 "특
히 젊은 층으로 갈수록 이런 현상은 심해진다"고 말했다.[63]

그러나 성형에 관한 한, 아무래도 성격과 나이를 초월하는 것 같

다. 얼굴과 몸매는 가장 가시적인 인정투쟁의 장場이기 때문이다. 한 국처럼 외모 차별이 심한 나라가 또 있을까? 중앙대 교수 김누리는 "TV 개그 프로그램을 보라"며 다음과 같이 말한다.

"소재의 절반 이상이 외모에 대한 조롱이다. 개그의 본령인 정치 풍자는 찾아볼 수 없고, 그 자리를 신체적 약자에 대한 허접한 조롱으 로 메우는 방송의 행태는 우리 사회가 얼마나 야비하고 품격 없는 공 동체로 전락했는지를 여실히 보여준다. '인간에 대한 예의'는 우리 사 회가 가장 결여하고 있는 품성인 것 같다. 인간을 존중하고 타인을 배 려하는 태도가 너무도 모자란다. 특히 사회적 약자는 온전한 인격체 로 살아가기가 쉽지 않다."[64]

'긴 코 오징어녀 리셋, 프리티걸로 재탄생', '굴곡진 얼굴 노안 꽃 거지녀, 동안미녀로 변신', '밥주걱턱 가제트녀, 러블리걸로 대변신', '팔각형 얼굴 외계인녀, V라인 큐트걸로 변신'. 일반인을 출연시켜 성 형수술·체중감량 등 외모 변신 과정을 다루는 한 미용·성형·다이 어트 방송 프로그램 제목들이다. 〈렛 미인Let 美人〉, 〈미녀의 탄생 : 리셋 Reset〉 등의 프로그램은 '개천에서 용 나는' 모델의 정신에 충실하기 위해 출연자를 환자로 부르는 등 외모 차별 언어 사용의 극단을 보여 주고 있다.[65]

외모 비하가 시청률 높은 방송 프로그램의 주식이라고 해도 과언 이 아닐 정도로 외모 차별이 자연스럽게 일상적으로 저질러지는 나라 가 '성형수술 세계 1위'의 기록은 갖게 된 건 너무도 당연한 일이 아닐 까? 아니 1위라는 기록만으론 실감이 나지 않는다. 시장 규모가 세계 전체의 4분의 1(45억 달러)인데다 비전문의의 수술 건까지 망라하면 실제 성형인구는 더 많다고 보아야 한다.[66] 이게 미디어 탓만은 아니겠지만, TV를 비롯한 우리 미디어들의 외모에 대한 조롱과 비하를 이대로 방치해도 좋은지, 이젠 정말 심각하게 생각해볼 때가 된 것 같다.

"억울하면 고쳐라"

이미 20년 전인 1994년 9월 서울 시내 어느 여상고등학교 2학년생이 외모를 비관해 스스로 목숨을 끊은 사건은 여성의 성형수술이 허영심 때문만이 아니라 매우 현실적인 필요 때문이기도 하다는 걸 말해주었다. 대부분의 기업이 여성에겐 '용모단정'이라는 조건을 내걸었는데, '단정'은 실은 '예뻐야 한다'는 걸 의미했다. 취업 시즌이 다가오면 졸업반 학생들은 공부보다도 병원으로 달려갔는데, 이런 학생이 한반에 5~6명이나 되었다. 여름방학 기간에 집중적으로 수술을 받으며 비용 마련을 위해 계를 만들거나 수업 후 아르바이트를 하는 학생도 많았다.[67]

여성은 취업, 남성은 승진을 위해 성형수술 전쟁에 참전했다. 1994년 서울 강남의 성형외과 전문의 나해철은 "지난해만 해도 거의 찾아볼 수 없던 중년 남성들의 성형수술이 올 들어 많이 눈에 띄는 것은 분명 새로운 현상"이라고 말했다. 물론 이는 "언제 어느 때 경쟁대열에서 탈락할지 모른다는 중년 직장인의 위기감을 단적으로 보여주

는 현상"이었다.[68]

　1999년 『경향신문』이 PC통신사 네티즌을 대상으로 실시한 설문 조사에선 "아름다워질 수 있다면 성형수술을 하는 것도 괜찮다"는 견해에 네티즌의 10명 중 7명이 동의했다. 여성은 77.1퍼센트, 남성은 61.3퍼센트가 찬성했다. 연령별로는 20대 초반이 74.7퍼센트로 가장 높고 그다음이 20대 후반(73.6퍼센트), 30대 초반(63.6퍼센트), 30대 후반(57.9퍼센트), 10대 후반(52.1퍼센트) 순으로 나타났다. 특히 25～29세 여성은 10명 중 8명이 "예뻐질 수만 있다면 성형수술을 하겠다"는 의사를 밝혀 외모에 가장 민감했다.[69]

　심지어 구청에서 실시하는 공공근로에서도 용모가 중시되었다. 한 여성 공공근로자는 서울 강남구청 인터넷 홈페이지에 "담당 공무원들이 예쁘고 늘씬한 여성들은 편한 일만 시키고, 못생긴 여성들은 힘들고 어려운 3D직종에 자리를 준다"는 글을 띄워 화제가 되기도 했다. 이에 대해 유인경은 " '억울하면 출세하라'란 말은 이제 '억울하면 고쳐라'로 바뀌었다"며 "여성들은 빚을 내서라도, 목숨을 걸고서라도 외모로 인한 불이익을 감수하지 않으려 한다"고 말했다.[70]

　2000년대 들어 TV는 '성형외과 영업사원'이냐는 말까지 들을 정도로 그런 '전략'의 상품화에 적극 나섰다. 2000년 5월 27일 MBC는 〈미스코리아선발대회 전야제〉 방송에서 61명의 후보자 가운데 40여 명이 성형수술 했다는 조사결과를 소개했으며, 31일 〈섹션TV 연예통신〉은 이문세의 인터뷰를 통해 '성형수술을 자신 있게 말하는 후보자들의 당당함' 등을 긍정했다.

이에 김희연은 "TV에서 '미인분석' 등의 제목을 달고 성형미인을 등장시키는 것은 이제 예삿일이다. 일부 연예인들이 성형수술한 사실을 숨기지 않았다고 해서 호들갑 떨며 '용기 있는 신세대'라고 부추기는 것이나 우리 모두가 성형수술로 '심은하의 눈, 전도연의 이마'를 가져야 할 것처럼 외쳐대는 꼴이 마치 강남 모 성형외과의 홍보물 같기만 하다"고 꼬집었다.[71]

'몸은 마지막 투자 대상이며, 이윤의 원천'

'외모에 의한 불이익' 우려는 막연한 기우가 아니라 충분한 근거가 있는 것이었다. 2004년 10월 온라인 취업정보사이트인 스카우트 www.scout.co.kr가 하반기 채용계획이 있는 기업의 인사 담당자 243명을 대상으로 설문조사를 한 결과 "채용 시 입사지원자의 외모가 당락에 영향을 준다"는 답변이 66.7퍼센트에 이른 것으로 나타났다. 이는 2년 전 228명에게 같은 질문을 했을 때보다 26.5퍼센트포인트나 높아진 것이었다.[72]

2006년엔 이른바 '맞춤성형'이 인기를 끌었다. 예컨대, 아나운서 지망생이 아나운서 분위기에 어울리는 식으로 성형을 하는 게 '맞춤성형'이었다. 박상훈 성형외과 원장은 "아나운서, 항공사 승무원, 호텔 직원, 연예인처럼 첫인상이 중요한 직종의 취업 희망자들이 맞춤형 성형수술을 많이 받는다"며 "희망하는 직업이 대체로 정해져 있기 때문에 많은 성형외과가 일종의 기본 공식을 토대로 시술한다"고 말했다. 성형업계에서는 단순히 예뻐지기 위해 성형외과를 찾던 기존의 '인조미인'과 차별화된다는 의미에서 이들을 '생계형 성형미인'으로 불렀다.[73]

실제로 이즈음 한국에서 성형수술을 가장 많이 하는 사람은 실업계 여고생이었다. 『시사저널』(2006년 6월 30일)에 따르면, 어느 실업계 고교의 한 반에서 34명 가운데 20명이 쌍꺼풀 수술을 했고, 담임교사는 "누가 가장 예쁘게 되었냐?"라는 우스갯소리까지 할 정도가 되었다. MBC의 2006년 12월 27일 보도에 따르면, 기업 인사 담당자 10명 가운데 8명은 여성을 뽑을 때 외모를 중시한다고 밝혔다.[74]

사정이 이와 같았으니, 2006년 12월 〈미녀는 괴로워〉라는 영화가 나온 건 필연이었는지도 모를 일이었다. 전신을 다 바꿔 달라는 여주인공의 말에 성형외과 의사는 죽을 수도 있다며 거부하지만, 여주인공의 의지는 단호하다. "성형외과 의사는 왜 인정 못 받느냐고 하셨죠? 생명을 다루지는 않으니까요. 전 허영 때문이 아니라, 살고 싶어서, 하루라도 사람답게 살고 싶어서……그래서 하는 거니까……선생님이 바라시는 명분도 찾으실 수 있잖아요. 네?……저를 살리시든 죽이시든 이제 의사 선생님한테 달렸어요."

엄기호는 이 영화 대사를 거론하면서 "이제 성형외과 의사가 드는 메스는 생명보다 더 고귀한 영혼을 살리는 숭고한 일을 한다"고 말한다. "'집도 못살고 공부도 못하는', 가진 것이 별로 없는 사람에게 몸은 마지막 투자 대상이며, 이윤의 원천이다. 혹 자신의 몸이 이 사회에서 팔릴 만한 정도로 늘씬하지 못하면 성형이라도 해서 팔아야 한다. 이제 성형은 살아남기 위한 마지막 선택이다."[75]

2012년 10월 KTV가 전국 10대 이상 남녀 700명을 대상으로 조사한 결과 응답자의 70퍼센트가 "외모가 사회생활에서 경쟁력으로 작용한다"고 답했다. 외모지상주의의 원인에 대해서는 '남의 눈을 의식하는 문화'(38퍼센트) 때문이란 대답이 가장 많았다.[76]

"인간에 대한 최소한의 예의마저 상실한 '무례사회'"

"공장에서 우리가 만드는 것은 화장품이지만 시장에서 우리가 만드는 것은 희망이다." 세계적인 화장품 브랜드 레블론Revlon의 창업자인 찰스 레브슨Charles Revson, 1906~1975의 말이다. 결국 세상은 그의 뜻대로 돌아갔고, 이제 한국에선 미용 성형이 자신을 적극적으로 발전시키려는 자기계발의 주요 수단으로 부상되는 경지에까지 이르렀다.[77]

그 덕분에 서울 지하철역은 거대한 '성형광고 터널', 아니 '희망의 터널'이 되었다. 2014년 3월 지하철 3호선 1호차 내부 벽면에 부착된 광고물 총 12개 중 7개는 성형외과를 홍보하는 광고였으며, "성형을 하고 그녀에게 고백했다", "새로운 꿈이 생겼다" 등 출구마다 붙은 광고 수는 40개가 훌쩍 넘었다. 압구정역의 6개 출구와 복도, 역내 기둥 등에 설치된 성형광고는 110여 개에 달했다. 지하철을 이용한 시민들은 개찰구를 통과하거나 복도를 따라 걸으면서, 혹은 에스컬레이터를 타고 지하철역을 나설 때까지 끊임없이 성형외과 병원의 광고에 노출될 수밖에 없었던바, 지하철역 안은 그 자체가 성형광고 터널이라고 해도 과언이 아니었다.[78]

"남자친구가 조용히, 무릎 꿇고 추천한 그곳, XXX 성형외과." 이젠 지하철에 이런 문구를 내세운 광고까지 등장했다. 주먹을 움켜쥔 채 무릎 꿇고 앉아 있는 한 남성의 하반신 사진이 광고판의 절반을 차지하고 있다. 이 광고에 대해 중앙대 교수 김누리는 "잠시 눈을 의심했다. 이렇게까지 막갈 수도 있구나. 성형외과 앞에서 간청하는 남자와 그 옆에서 고민하는 여자라니"라고 개탄했다.

강남의 한 성형외과에서는 직접 깎은 턱뼈들로 '턱뼈탑'을 만들어 병원 로비에 전시하기까지 했다. 이에 대해 김누리는 "이런 일들은 단순히 도를 넘어선 외모지상주의나 성형광풍만을 가리키는 것이 아니다. 그것은 우리 사회의 내밀한 본성을 들춰준다. 우리 사회가 인간에 대한 최소한의 예의마저 상실한 '무례사회'로 변해버렸음을 폭로한다"며 다음과 같이 말한다.

"무례사회는 돈만 벌 수 있다면 인격모독쯤은 아무렇지도 않은 사회, 인간을 경시하는 사회다. 성형광고의 주체인 '의사 선생님들'의 경우에서 보듯, 이 사회를 지배하는 기득권 집단의 인식은 지극히 천박하다. 이들은 대개 이 사회의 교육 과정을 가장 성공적으로 이수한 '우등생들'인 까닭에, 이들의 천민성은 그대로 사회의 성격을 대유한다. 인간에 대한 예의를 모르는 자를 '모범생'으로 길러내는 무례사회에 미래는 없다."[79]

한국이 세계에서 가장 앞서가는 '미용・성형 공화국'이 된 이유는 복합적이다. 치열한 생존경쟁, 서구 지향성, 영상・광고매체의 폭발, 중앙집권적・획일적 소통구조(소용돌이・쏠림 문화), 사회문화적 동질성, 공정성 의식 박약(차별・왕따 친화적 문화), 사회적 문제의 개인주의적 해결 풍토 등을 들 수 있겠다.

　1960년대에 "억울하면 출세하라"는 게 대중의 삶을 지배하는 금언이 되었듯이, 이젠 "억울하면 고쳐라"가 자기 운명을 진취적으로 개척하려는 모험주의적 한국인의 생활 상식이 된 건 아닐까? 한국, 참으로 다이내믹한 동시에 흥미로운 나라지만, 삶을 황폐화시키는 '전쟁 같은 삶'을 살고 있다는 점에서 결코 축하할 일은 아니다.

제4장

갑과 을,

두개의 나라

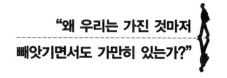

**"왜 우리는 가진 것마저
빼앗기면서도 가만히 있는가?"**

한국의 '경제적 종교'가 된 '낙수효과'

폴란드 출신 사회학자 지그문트 바우만Zygmunt Bauman, 1925~이 2013년
흥미로운 제목의 책을 출간했다. 『왜 우리는 불평등을 감수하는가: 가
진 것마저 빼앗기는 나에게 던지는 질문Does the Richness of the Few Benefit Us
All』이다. 이 제목은 원제인 "소수의 부가 우리 모두에게 이로운가"를
좀 과격하게 표현한 것이긴 하지만, 책의 내용을 보면 한국어판 제목
이 더 어울리는 것 같다. 이 책에서 바우만은 '낙수효과落水效果, trickle
down effect'가 극심한 빈부격차를 정당화하는 논리로 오·남용되고 있
다고 비판한다.[1]

낙수효과는 부유층의 투자·소비 증가가 저소득층의 소득 증대

로까지 영향을 미쳐 전체 국가적인 경기부양효과로 나타나는 현상을 가리키는 말이다. 그래서 '적하효과滴下效果' 또는 '선성장 후분배론先成長後分配論'이라고도 한다. 대기업과 부유층의 소득이 증대되면 더 많은 투자가 이루어져 경기가 부양되고, 전체 GDP가 증가하면 저소득층에게도 혜택이 돌아가 소득의 양극화가 해소된다는 논리다. 이 이론은 국부國富의 증대에 초점이 맞추어진 것으로 분배보다는 성장을, 형평성보다는 효율성에 우선을 둔 주장이다.[2]

'개천에서 용 나는' 모델의 경제적 버전이라 할 수 있는 낙수효과를 선전하기 위한 슬로건은 "아랫목에 군불을 때면 윗목도 따뜻해질 것"이라는 '떡고물 전략'에서부터 "파이부터 키우자"는 '파이 키우기론'에 이르기까지 다양하게 구사되었지만, 그 논리를 시각적으로 보자면 이런 것이다. 컵을 피라미드처럼 쌓아 놓고 위에서 물을 부으면 제일 위의 컵에 물이 다 찬 뒤에 그 아래에 있는 컵으로 물이 넘치게 된다. 이처럼, 대기업이나 수도권을 우선 지원해 경제가 성장하게 되면 그 혜택이 중소기업이나 소비자, 지방에 돌아간다는 것이다.[3]

한국에서 대기업 위주의 경제체제를 옹호하는 논리는 늘 낙수효과다. 대기업을 지원하면 혜택이 협력업체 등 여러 중소기업에 퍼지는 만큼 더 효율적이라는 것이다. 이는 "국가 기간산업에 지원을 집중해야 한다"는 논리와도 일맥상통한다.[4] 그러나 나타난 결과는 늘 전혀 딴판이었다. 이명박 정부의 친기업 정책도 '낙수효과'를 겨냥한 것이었지만, 대기업과 부자는 번 돈을 쌓아둔 채 눈치만 보았고, 소득은 제자리걸음인데 빚 부담만 커진 서민은 더 큰 고통에 빠져들었다.[5]

2013년 4월 5일 전국경제인연합회의 싱크탱크인 한국경제연구소는 '낙수효과'를 '소득창출효과'로 바꿔 부르자고 제안했지만, 그간 나타난 건 '소득감소효과'였다.[6] 날이 갈수록 소득 양극화는 심해지고 있는데다,[7] 세계은행마저 "불평등 성장은 부유층에만 이익"이라는 결론을 내렸음에도,[8] 아직도 낙수효과 타령을 하고 있으니 딱한 노릇이다.

2012년 국내 상위 10퍼센트의 소득 비중은 45.5퍼센트로 세계 최고 수준인 미국(52퍼센트)보단 낮지만 프랑스(32.7퍼센트)와 일본(40.5퍼센트)보다 높다. 상위 10퍼센트와 하위 10퍼센트 간의 소득격차는 1990년 8.5배에서 2014년 12배로 벌어졌다. 독일(6.7배)이나 프랑스(7.2배), 캐나다(8.9배)보다 높은 수준이다. 이 같은 양극화가 소비를 억제해 경기회복에 걸림돌이 되고 있음에도 한국에서 낙수효과에 대한 신앙은 여전히 강고하다.[9] 낙수효과는 한국의 '경제적 종교'라고 하는 게 어울릴지도 모르겠다.

대기업의 중소기업 착취

낙수효과가 허황된 것만은 아니다. 한국은 실제로 1960~1980년대에 그 효과를 보기도 했다. 그러나 이젠 모든 게 달라졌다. 무엇보다도 고용 창출 없는 IT 산업의 부상과 더불어 기업들의 글로벌 소싱(해외 조달)이 낙수효과를 약화시킨 정도를 넘어 사실상 죽이고 말았다.[10] 문제는 개발독재 시대가 끝났는데도 정부와 대기업이 여전히 낙수효과를 신앙으로 삼고 있다는 점일 것이다. 이에 대해 한성대 교수 김상조는 다음과 같이 말한다.

"1960~1980년대에 고도성장을 가져온 낙수효과 모델은 외환위기 이후 한국의 모든 산업 분야가 레드오션이 되며 그 효과가 실종됐다. 최근 삼성전자, 현대차가 글로벌 기업으로 계속 성장하고 있지만 성장의 효과가 다른 곳으로 가지 않는다. 또 정부가 대기업의 성장을 위해 그동안 다른 부문을 억제했다. 낙수효과 모델이 실종됐는데 정부가 재벌의 성장에만 의존해 기업들에 '투자하라', '고용하라' 구걸하는 정책기조를 그대로 가져왔기 때문에 양극화가 해소되지 않고 심화한 것이다."[11]

왜 낙수효과가 일어나지 않는 걸까? 유종일은 세 가지 이유를 든다. 첫째, 재벌기업들은 막대한 이익을 남기면서도 고용확대를 주저하고 오히려 사내하청을 통해 비정규직 남용을 주도하고 있다. 둘째, 하도급 기업에 대해 납품단가 후려치기, 기술 빼앗기 등 불공정 거래를 일삼으며, 이익의 공유를 거부하고 있다. 셋째, 중소기업 영역과 심지어는 골목상권까지도 마구 침투하는 재벌의 무한 영토 확장 정책으로 중소기업과 중소상인이 밀려나고 있다.[12]

천민자본주의 근성이라고나 해야 할까? 사실 대기업의 중소기업 착취는 악명이 높다. 이 점엔 진보는 물론 보수도 동의한다. 『조선일보』 산업2부장 조중식은 「사자도 배부르면 사냥을 멈춘다」는 칼럼에서 백화점에 입점해 있는 한 패션업체 대표의 말을 소개하면서 대기업의 각성을 촉구했다. "사자는 배가 부르면 더이상 사냥감을 탐하지 않지만 대기업은 끊임없이 먹으려고 한다. 약육강식의 정글보다 더 잔인한 환경에서 사업하는 기분이다." [13]

그럼에도 낙수효과 비판에 대한 대응은 졸렬하기 짝이 없다. 미국에선 낙수효과 비판을 '질투의 정치politics of envy'로 폄하하는 반면, 한국에선 이념 공세를 퍼붓는 일마저 벌어진다. 서울대 경제학부 교수 이준구는 "어떤 사람의 입에서 '공평한 분배'라는 말이 나오는 순간 그는 '좌빨'이 되어버리는 것이 우리 사회의 현실"이라며 "정책담당자든, 지식인이든 '무엇보다 우선 성장을 해서 파이를 키워야만 가난한 사람에게 가는 몫도 커진다'라는 케케묵은 말만 앵무새처럼 되뇌고 다녔다"고 개탄한다. [14]

재벌을 사랑하는 '스톡홀름 신드롬'

지금도 달라진 건 전혀 없다. 그럼에도 이에 대한 국민적 분노는 없거나 매우 약하다. '13월의 세금폭탄'과 '담뱃값 인상 꼼수 증세'처럼 당장 내 주머니에서 돈 나가게 생긴 일에 대해선 분노하기도 하지만, 자신과 직접적으로 무관한 일에 대해선 별 관심이 없다. 왜 그럴까?

한국은 기업이 사회를 식민화해 기업 논리로 인간을 재단하는 '기업사회'로 접어든 지 오래다. [15] 대중은 기업, 특히 재벌의 인질 또는 볼모로 잡혀 있다고 해도 과언이 아니다. 그렇지 않다면, 대기업에 대한 일방적인 무한특혜를 어찌 이해할 수 있겠는가.

　우리나라의 상속세율은 최고 50퍼센트고, 가산세를 합치면 최고 65퍼센트까지 올라가기 때문에 명목상 세율은 높아 보이지만, 온갖 공제제도와 더불어 변칙적인 상속 방법이 있어 일부 재벌들에게는 상속세가 사실상 무의미한 지경이 되었다. 2014년 삼성전자 부회장 이재용은 삼성SDS와 제일모직 상장으로 9조 원에 이르는 상장주식을 보유해 주식부자 2위에 올랐지만, 이재용이 납부한 증여세는 고작 16억 원에 불과했다.

　2015년 2월 『한겨레』가 재벌총수 자녀가 임원으로 있는 15개 그룹 34개 계열사를 대상으로 분석한 결과, 16명이 편법 논란 속에 19조 원의 재산을 불린 것으로 나타났다. 초기 투자금에 견줘 재산 가치가 평균 65배로 늘어난 것이다. 주식을 상장 전에 싼값에 취득한 뒤 상장 후 차익을 얻거나, 일감 몰아주기나 기업합병 등을 통해 재산을 불리는 방식이다.

　부의 변칙적인 세습과 더불어, 우리나라는 유류세와 담뱃세 같은 간접세가 전체 세수의 절반이나 되는 반면, 소득세 비중은 낮기 때문에 조세 정책으로 인한 빈부격차 완화 효과가 거의 없다. 2014년 국제구호단체인 옥스팜Oxfam이 경제협력개발기구OECD의 자료를 토대로 조세제도로 빈부격차가 개선되는 효과(지니계수 감소율)를 계산한 결과, 핀란드는 46퍼센트, OECD 평균은 35퍼센트, 미국은 25퍼센트가 개선된 것으로 나타났다. 그런데 우리나라는 이 효과가 고작 9퍼센트에 그쳐 OECD 회원국 중 최하위 수준이었다.[16]

왜 분노하지 않는 걸까? 대중이 재벌의 인질로 잡혀 있기 때문이다. 그런데 그 인질의 태도가 흥미롭다. 이른바 '스톡홀름 신드롬 Stockholm syndrome'의 냄새가 물씬 풍긴다. 1973년 8월 23일 스웨덴의 스톡홀름에서 발생한 은행 인질강도 사건에서 은행 직원 4명은 6일간 인질로 당한 폭력적인 상황을 잊어버리고 강자의 논리에 동화되어 인질범의 편을 들거나 심지어 사랑하는 행태를 보였다. 심리학자들은 이 놀라운 현상을 '스톡홀름 신드롬'이라고 불렀는데, 한국 대중의 재벌에 대한 태도가 바로 그걸 닮았다. 그렇지 않다면, 대중의 재벌기업, 특히 삼성에 대한 선망과 동경을 어찌 이해할 수 있으랴.

"삼성에서 임원 하면 2~3대가 먹고살 수 있다"

대학생이 가장 일하고 싶은 기업은 단연 삼성전자다. 2004년 이후 줄곧 1위를 지켜오고 있다. 2014년 조사에서 대한항공이 삼성전자를 눌렀으며, "대한항공이 최근 감성마케팅을 펼치며 20대 대학생 사이에서 선호도가 오른 것으로 풀이된다"는 분석까지 나왔지만,[17] 별 의미 없다. 대한항공의 인기는 '땅콩 회항' 사건 한 방으로 땅에 떨어졌지만, 삼성의 인기는 그 어떤 커다란 스캔들이 터져도 식을 줄을 모른다.

삼성전자만 인기를 누리는 것도 아니다. 18개 계열사에 입사할 4,000~5,000명의 신입 사원을 뽑는 삼성의 입사 시험은 매번 10만 명 이상이 응시할 정도로 폭발적인 인기를 누려 아예 '삼성 고시考試'라는 말까지 생겨났다. 상하반기 공채를 하니 연간 20만 명 이상이 삼성직무적성시험SSAT을 보는 셈이다. 교육부가 집계한 국내 4년제 대학 졸업자가 30만 명 정도임을 감안하면 대부분의 대졸자들이 한 번쯤은 삼성 입사를 꿈꾸며 이 시험을 본다고 해도 과언이 아니다. 취업 준비생들은 SSAT에 붙기 위해 재수, 삼수를 하고 사교육까지 받는다. SSAT 대비 학원이 성행하고, 관련 수험서가 300종 넘게 나와 있으며 이들 중 상당수는 베스트셀러 상위권에 포진해 있다. 10만 원대의 온라인 강의와 몇 만 원짜리 모의고사 문제집도 불티나게 팔린다.

응시자가 아주 많아 삼성은 서류 전형을 통과한 수험생에게만 SSAT 응시 자격을 주고, 일부에겐 서류 전형 없이도 SSAT 응시 자격을 주는 대학총장 추천 제도를 병행하겠다고 했다. 그러나 삼성이 200여 대학에 배정한 대학별 총장 추천 인원 내용이 알려지면서 "삼성이 대학들 서열을 매기는 거냐"는 울분 어린 비판이 쏟아졌고, 견디다 못한 삼성은 종래 방식대로 공채를 진행하겠다며 채용 개선안을 철회했다. '삼성 고시'라는 말까지 들을 정도로 삼성 입사경쟁이 과열인 상황에서 삼성의 '대학등급제'는 민란을 부를 수도 있는 조치였던 셈이다.[18]

"삼성에서 임원 하면 2~3대가 먹고살 수 있다"는 건 '코리언 드림'의 슬로건이 되었다.[19] 우리는 삼성을 바꾸고 개혁하기보다는 나와 내 가족의 각자도생各自圖生을 위해 삼성에 들어가는 길을 택했고, 그런 경쟁을 위해 '전쟁 같은 삶'을 기꺼이 감내해낸다. 즉, 우리는 '공평한 분배'보다는 오히려 자녀교육에 투자해 '가족의 영광'을 실현하겠다는 각개약진各個躍進 의식과 행태를 갖고 있으며, 이게 낙수효과의 든든한 터전이 되고 있는 것이다.

우리의 의식 저변에서 낙수효과라는 폐품을 계속 유통시키는 또 하나의 동력은 '성장'에 대한 집착이다. 물론 성장을 완전히 포기할 순 없는 노릇이다. 한국 진보 세력의 치명적인 약점 중의 하나가 이렇다 할 성장 담론이 없이 분배만 외쳐대는 것이라는 지적을 어찌 부인할 수 있겠는가.[20]

문제는 성장에 대해 '공포'라는 표현이 어울릴 정도로 과도하게 집착하는 것이다. 즉, 성장하지 못하면 죽는다는 공포 말이다. 성장하지 못하면 죽는다는 공포는 극심한 불평등을 견디게 만드는 마취제와 같다. 예일대학 경제학자 헨리 월리치Henry Wallich, 1914~1988는 "성장은 소득 평준화를 대체한다. 성장이 있는 한 희망이 있으며 성장은 큰 소득 격차를 견딜 만한 것으로 만든다"고 말한다.[21] 대중이 가진 것마저 빼앗기면서도 가만히 있는 이유는 그런 성장에 대한 기대 때문이겠지만, 이제 '성장의 시대'는 갔으니 낙수효과가 땅속에 묻히는 날도 멀지 않았다고 보아야 할까? 아니면 '그래도 성장'이라는 기대를 포기하지 않은 채 자신의 잔에도 물방울이 떨어지는 날을 학수고대鶴首苦待할 것인가?

"실업자로 사느니 교도소 가겠다"

'경쟁 과잉'과 '경쟁 과소'가 공존하는 '두 개의 나라'

"저희는 이 피를 나라에 바칩니다. 그러니 이 숭고한 피를 받으시고 피땀 흘려 일할 일터를 주십시오." 2007년 3월 20일 한남대 총학생회가 교내에서 전교생 1만 5,000여 명을 대상으로 대규모 헌혈 캠페인을 벌이면서 작성한 선언문에서 토로한 절규다.[22]

"우리에게 애국愛國은 없다. 우리에게 고통을 전가시키는 나라는 애국 받을 가치조차 없다." 2009년 5월 호황을 누리는 인턴 · 알바 소개 사이트에 등장한 절규다.[23]

"같이 살자!" 2010년 10월 29일 서울 노원구 상계동 지역 상인들이 홈플러스 익스프레스 입점 예정 점포 앞에서 개점 반대 시위를 하

면서 외친 구호다.[24]

이후 '전쟁 같은 삶'을 말해주는 수많은 구호가 나왔지만, '갑질 공화국'의 면모를 가장 상징적으로 드러내준 건 2009년 1월 8일 경남 진주의 이 아무개(24) 씨가 택시 강도짓을 벌이고 3시간 뒤 경찰에 자수한 뒤에 한 말이다. "실업자로 사느니 교도소 가겠다."[25]

왜 이 말이 그런 의미를 갖는가? 정반대로 "평범하게 사느니 교도소 가겠다"는 각오하에 법을 어기는 엘리트가 정말 많기 때문이다. 즉, 이들은 갑질을 할 수 있는 위치에 오르기 위해 교도소 담장 위를 걷는 일을 일상적으로 하고 있는 것이다.

최근 과도한 경쟁을 우려하는 목소리가 국내외에서 홍수처럼 터져나오고 있는 것은 반갑고 다행스러운 일이지만, 그렇다고 해서 무작정 반길 일만은 아니다. 이른바 '착시현상'을 불러와 역효과를 가져올 수 있기 때문이다. 왜 그런가? 한국은 '경쟁 과잉'과 '경쟁 과소'로 대변되는 '두 개의 나라'로 구성되어 있기 때문이다. 즉, 어떤 영역은 경쟁이 과잉이지만, 또 어떤 영역은 경쟁이 아주 없어 썩어 문드러져 가고 있다는 것이다.

사회경제적 약자들이 사는 나라(을)는 경쟁 과잉이지만, 강자들이 사는 나라(갑)는 경쟁 과소다. 각종 연고주의는 말할 것도 없고 '관피아'니 '전관예우'니 하는 말로 대변되는 '무경쟁 패거리주의'로 오염되어 있는 현실을 제대로 구분해보아야 한다. 정부의 기관장 공모제에서부터 기업들의 입찰에 이르기까지 진정한 경쟁은 드물거나 없으며, '사전 담합'이 판을 치고 있는 게 우리의 현실 아닌가.

더욱 큰 문제는 대기업과 중소기업의 관계처럼 강자와 약자 사이에서 벌어지는 불공정 경쟁의 양상이다. 이런 불공정 경쟁은 이른바 '풍선 효과balloon effect'를 유발해 약자들 사이의 경쟁을 더욱 치열하게 만든다. 이런 문제들을 방치한 채 무조건 경쟁을 비난하면, 기존 불공정 경쟁의 구조가 은폐될 수 있다는 걸 잊어서는 안 된다. 이와 관련, 고려대 교수 장하성은 다음과 같이 말한다.

"필자는 한국이 시장경제를 '제대로' 하고 있지 않다고 생각한다. 그 이유는 규제나 신자유주의가 넘쳐나서가 아니라 가장 기초적이고 기본적인 공정한 경쟁조차 구현되지 않고 있기 때문이다.……경쟁은 기득권 세력들의 지배 논리로 이용되고 있다. 출발선의 1등이 결승점에서의 1등이고, 한 번 1등이면 영원한 1등이 되는 것은 경쟁이 아니다."[26]

'인 서울' 대학들의 공룡화 전략

우리는 대학입시 경쟁이 살인적이라는 말을 자주 하지만, 한국에서 대학만큼 경쟁의 무풍지대에 살고 있는 분야도 없다는 건 좀처럼 생각하지 못한다. 앞서 지적한 '혁신도시의 비극'이 그걸 잘 보여주고 있다. 교육부는 '인 서울' 강화 정책을 씀으로써 오히려 혁신도시 사업의 취지에 역행하고 있는데, 이걸 경쟁이라고 생각하는 착각에 빠져 있으니 말이다.

교육부가 추진한 전국 4년제 대학 204곳의 2015학년도 정원 감축분 8,207명 중 7,844명(96퍼센트)이 지방에 몰려 있다. 서울·경기·인천 지역에 4년제 대학의 36퍼센트(73개 대학)가 모여 있지만 정원 감축은 전체의 4.4퍼센트(363명)에 불과했으며, 특히 40개 대학이 몰려 있는 서울에서 줄인 정원은 17명뿐이었다.[27]

　　재정 지원 분배도 철저히 서울 중심이다. 교육부(7조 4,082억 원)와 미래창조과학부(1조 5,195억 원) 등 정부 부처가 2013년 각 대학에 지원한 고등교육 재원은 모두 10조 5,074억 원인데, 학생 수가 1만 6,712명인 서울대 한 곳에 지원된 액수가 전체의 6.8퍼센트인 7,155억 원이다. 국공립대 중 학생 수가 2만 3,882명으로 가장 많은 경북대에 지원한 3,164억 원(3.01퍼센트)보다 2배 이상 많다. 학생 1인당 지원금으로 환산해보면 서울대는 4,281만 원, 경북대는 1,324만 원으로, 서울대가 거의 4배나 되는 특혜를 누리고 있는 셈이다.[28]

　　어디 그뿐인가. '인 서울' 대학들은 중앙정부와 지방정부의 지원 하에 서울을 벗어나 다른 지역에 새로운 캠퍼스를 짓는 등 '공룡화 전략'을 쓰고 있다. 서울대는 2009년 수원 영통에 융합과학기술대학원을 세우더니, 2014년 강원 평창의 그린바이오 첨단연구단지에 국제농업기술대학원 인가를 받았고, 이젠 '서울대 시흥 국제캠퍼스 및 글로벌 교육·의료 산학클러스터'라는 개발 사업을 추진하고 있다. 이에 대해 서울대 교수 김명환은 다음과 같이 말한다.

　　"새 캠퍼스는 총 42만 1,120㎡라고 하니 한국 최대 캠퍼스인 관악 교정(연면적 110만 6,968㎡)의 38퍼센트가 넘는 터무니없는 규모이다. 서울대의 이름을 팔아 신도시의 시세를 올리는 대가로 지자체는 토지를 무상제공하고 건설사는 개발이익의 일부로 학교 시설을 거저 지어준다는 사업 방식은 경기침체와 1,100조 원에 근접한 가계부채로 신음하는 우리 현실을 외면하고 한물간 부동산 '대박'의 환상에 휘말리는 짓이다."[29]

교육부가 지방을 죽이겠다는 의도를 갖고 '인 서울' 대학들에 각종 특혜를 베푸는 건 아니다. '대학평가'라고 하는 나름의 합리적 근거가 있다. 문제는 그 근거가 '동어반복同語反覆, tautology'이라는 데에 있다. 잘 생각해보자. 서울 소재 대학들은 한국의 권력과 부는 물론 문화 인프라와 일자리까지 집중되어 있는 서울에 소재한다는 이유만으로, 즉 입지 조건이라는 이점 하나만으로 우수 학생들을 독과점하고 있다. "개도 자기 동네에선 반은 거저먹고 들어간다"는 속설이 상식으로 통용되는 나라에서 어찌 서울의 유혹을 극복할 수 있으랴.

문제의 핵심은 일자리다. 일자리가 수도권에 몰려 있기 때문에 지방학생들도 기를 쓰고 '인 서울'에 가려는 것이다. 일자리가 있는 곳에서 살아야 취업에 유리한 지식·경험·인맥 등을 챙길 수 있다는 생각, 이게 '인 서울' 경쟁력의 비밀인 것이다.

물론 지방에 부실한 대학이 많고 서울에 우수한 대학이 많은 건 분명한 사실이지만, 그건 입지 조건의 유리함으로 인한 눈덩이 효과에 의해 그렇게 된 것일 뿐이다. 연고대가 라이벌 관계라는 말을 하지만, 두 대학 중 한 대학이 땅끝 해남으로 캠퍼스를 이전한다고 가정해보자. 그 어떤 국가적 지원이 뒤따른다 해도 해남으로 이전한 대학은

라이벌 관계에서 탈락할 수밖에 없다. 누구나 다 동의할 것이다. 그런데 교육부의 대학평가는 입지 조건의 결과로 나타난 것들을 정원 축소와 지원 규모의 근거로 삼고 있으니, 이게 동어반복이 아니고 무엇이란 말인가.

교육부가 그런 동어반복을 계속하는 한 혁신도시 사업은 필패하게 되어 있다. 서로 떨어져 사는 기러기 가족의 비극도 심각한 사회문제지만, 사람이 터를 잡지 않는 혁신도시가 제 기능을 할 리 만무하다. 지방이 원하는 건 특혜가 아니다. 공정한 경쟁이다. 지방에 공정한 경쟁을 해볼 수 있다는 희망을 주어야 한다. 그런 희망이 있을 때에 비로소 가족 동반 이주를 하는 공공기관 직원들도 늘어날 것이다. 이런 관점에서 보자면, 혁신도시 사업의 주체는 국토교통부와 더불어 교육부가 되어야 한다.

서울을 중심으로 한 '선택과 집중'이 야기하는 엄청난 부작용을 감수하겠다면 모르겠지만, 그래 놓고선 또 전 분야에 걸쳐 권력과 부의 서울 집중이 심각하다고 떠들어대니 도대체 이게 무슨 장난질인지 알 수가 없다. 장하성의 말마따나, 출발선의 1등이 결승점에서 1등이고, 한 번 1등이면 영원한 1등이 되는 것을 가리켜 어찌 경쟁이라고 할 수 있겠는가.

'개천에서 용 나는' 모델에 대한 집착

그럼에도 우리는 '개천에서 용 나는' 경쟁에 대해 아무런 의심을 품지 않는다. 아니 오히려 그걸 예찬한다. 나는 사회 전 분야에 걸쳐 SKY 출신이 요직 상층부의 50~90퍼센트를 점하고 있는 현실이 입시 전쟁, 사교육, 학벌주의 문제 등의 근본 원인이라는 전제하에 SKY 정원의 대폭 축소를 주장한 적이 있다.[30] 물론 지금은 이런 주장을 할 뜻도 없고 열정도 없다. 진보주의자들이 더 반대를 하고 나서는 걸 보고선 현 체제가 보수와 진보의 공모 또는 협력에 의한 결과라 변화가 사실상 불가능하다는 판단을 내렸기 때문이다. 그럼에도 여기서 그걸 다시 거론하는 건 '개천에서 용 나는' 모델에 대한 진보주의자들의 집착과 애정을 밝히고 싶어서일 뿐이다. 내 주장에 대한 반론을 3개만 감상해보자.

(1) "'서울대의 자기 축소'를 요구하는 강(준만) 교수의 주장은 더 피 말리는 입시경쟁을 불러올 것이라는 점에서 볼 때 타당성의 의문을 던져주고 있다."[31]

(2) "서울대학교 같은 일류 대학의 학부생 정원을 대폭 줄인다는 방안에 대해서 생각해보자. 대학입시 경쟁이 일류 대학의 학부 입학을 둘러싸고 벌어지는 것이라면 그 일류 대학의 학부생 정원을 가령 10분의 1로 대폭 감축했을 경우 우리가 분명하게 예언할 수 있는 것은 경쟁이 더욱 치열해질 것이라는 점밖에 없다."[32]

(3) "소수 정예로 운영돼 입학의 길이 더욱 좁아진 스카이 대학은

더욱 공고한 학벌 권력을 갖게 되고, 그 권력을 잡기 위해 더 많은 사람들이 눈에 불을 켜고 달려들 테니 좁아진 문은 오히려 사교육의 과열을 부추기는 윤활유가 될 테다. 마침내는 더 많은 사교육비를 투자한 사람이 더욱 공고한 권력을 갖게 되는 부와 권력의 대물림 현상이 굳어질 테고 사회는 지금보다 더 계층의 수직 이동이 어려운 사회로 변모해갈 것이다. 근본적인 문제를 인식하지 못한 강준만 교수의 대안은 정답일 수 없다. 아니 오히려 사태를 악화시킬 수 있는 위험한 발언이다."[33]

이들의 주장은 일면 타당하지만, 좀더 깊이 검증해볼 필요가 있다. SKY의 정원을 대폭 줄이면 경쟁이 더욱 치열해질 것이라는 주장은 맞다 하더라도 큰 문제는 아니다. 어차피 기존 체제하에서도 서울대에 갈 실력이 안 되는 학생들은 연고대를 가고 있으며, 연고대를 못 가는 학생들은 다음 순위의 대학을 가고 있다. 즉, 모두 다 오직 SKY에만 목을 걸고 있는 건 아니란 말이다. 진보주의자들이 진보적 가치를 표방하면서도 SKY에 들어가려는 상층부 학생들의 입장만을 대변한다는 게 흥미롭지 않은가?

반대로 물어보자. SKY의 정원을 대폭 늘리면 경쟁이 약화되는가? 그게 꼭 그렇지 않다는 데에 이 문제의 묘미가 있다. SKY의 정원이 줄면 정원 축소에 따른 경쟁률 상승과 더불어 "SKY의 특권적 지위가 강화되기 때문에 꼭 SKY에 들어가야 한다"는 이유로 경쟁이 더욱 치열해지라는 가설이 가능하다. 그렇지만 반대로 SKY의 정원이 늘면 "SKY에 저렇게 많이 들어가는데 SKY 못 나오면 더 죽는다"는 이유로 경쟁이 더욱 치열해지리라는 가설도 가능하다.

"죽어도 SKY 아니면 안 된다"는 사람은 어차피 극소수다. 그들의 자율 결정은 존중해주자. SKY에 들어가기 위해 재수, 3수, 아니 4수를 하더라도 장한 일이라고 격려해주어도 좋다. 물론 나는 절대 그렇게 하지 않겠지만 말이다. 중요한 건 절대 다수의 학생들이 취하는 태도 다. SKY의 독과점 파워가 약해지면서 대학 서열의 유동화가 일어나면 대학에 들어가서도 다시 한 번 경쟁해볼 수 있다는 가능성이 미칠 수 있는 영향에 주목해보는 게 옳지 않을까?

사회 각계 엘리트의 절대 다수가 3개 대학에서 나오는 것과 30개 대학에서 나오는 게 무슨 차이가 있는가? 엄청난 차이가 있다. 엘리트 충원 학교가 수적으로 대등한 수십 개 대학으로 늘어나면 서열 유동성이 생겨나게 되고, 대입전쟁의 열기를 대학에 들어간 이후로 분산시킬 수 있다.

어렵게 생각할 것 없이, 공정거래법의 원리로 이해해보자. 공정거래법상 1개 사업자의 시장점유율이 50퍼센트를 넘을 경우, 상위 3사의 점유율이 75퍼센트 이상일 경우 시장지배적 사업자(상위 3사에 포함되어도 점유율이 10퍼센트 미만인 사업자는 제외)로 지정된다. 그렇게 하는 이유가 무엇이겠는가?

공정거래법은 1류 기업의 세력 팽창과 그에 따른 취업 기회를 제약한다. 그러나 그 누구도 공정거래법 적용으로 1류 기업 입사 경쟁이 치열해진다고 불평하거나 걱정하지 않는다. 그런데 왜 SKY 소수정예화 방안에 대해선 위험하다고 벌벌 떠는 사람이 많은 걸까? '개천에서 용 나는' 모델에 대한 집착과 애정 외에 달리 설명할 길이 없다.

'나라 망가뜨리기로 작심한 사람들'

'개천에서 용 나는' 모델이 부추기는 경쟁은 진정한 경쟁이 아니다. 패자부활전이 없는 사회의 병리성만 말해줄 뿐이다. 그런데 우리 사회 상층부의 경쟁은 모두 다 그런 식이다. 『한겨레』가 광복 70년인 2015년 새해를 맞아 실시한 여론조사에서 "현재 우리 사회의 가장 큰 문제는 무엇이냐"는 물음에 응답자(복수 응답)의 39.1퍼센트가 '부정부패'라고 꼽았다. 특히 20대(43.9퍼센트)와 보수 성향(42.7퍼센트) 층에서 부정부패에 대한 문제의식이 많았다. 이어 '빈부격차 심화'(36퍼센트)와 '정치적 리더십 부재'(32퍼센트), '실업·고용불안정'(25.6퍼센트) 역시 한국 사회의 고질적인 문제로 지목되었다.[34]

『조선일보』동북아시아연구소장 지해범은 「나라 망가뜨리기로 작심한 사람들」이라는 칼럼에서 전직 해군참모총장 뇌물 수수 사건을 접하면서 드는 의문이 하나 있다고 했다. 해군으로서 최고 직위까지 오른 그가 왜 평생 일궈온 명예를 뇌물 7억 원과 맞바꿨을까 하는 점이 못내 궁금하다는 것이다. 아주 좋은 칼럼이다. 그의 해석을 자세히 경청해보자.

지해범은 "고구마 줄기처럼 줄줄이 엮여 나오는 방산 비리의 공통점은, 국가 안보야 어떻게 되든 '높은 자리' 있을 때 상관과 부하가 한통속이 되어 국민의 피 같은 세금을 최대한 빼돌리려 했다는 점이다"고 말한다. 군부만 그런가? 아니다. 우리 사회에서 돈 있고 권력 있고 많이 배운 사람이 모인 조직일수록 끼리끼리 뭉쳐 더 큰 이익을 챙기려는 풍조가 강해지고 있으며, 여의도 국회가 바로 그런 곳이라는 게 그의 진단이다. 그는 국회의원들에게 양심이나 도덕, 애국심, 청빈 같은 가치는 쓰레기통에 버려진 지 오래된 쉰 음식이나 다름 없으며, 남들이 뭐라고 하든, 나라야 망가지든 말든, 좋은 자리 있을 때 최대한 내 몫을 챙겨 떠나겠다는 '먹튀 바이러스'가 우리 사회에 퍼지고 있다고 개탄한다.

"청와대는 대통령 임기 동안 한몫 잡으려는 '정치 철새'들로 북적인다. 정부 부처와 산하기관, 각종 단체·협회는 업무의 기본도 모른 채 고액 연봉과 고급 승용차만 누리다 떠나는 '낙하산'들의 놀이터가 됐다. 제대로 검증받지 않고 감시받지 않는 '무책임한 책임자'들이 국가 핵심 조직에 넘친다. 이들은 '남들이 다 해먹는데 나만 못 해먹으면 바보', '나 하나쯤 농땡이 쳐도 나라는 굴러간다', '오로지 표票만이 최고 가치'라고 믿는다. 이들이 활개 치는 사회에서 청년 세대가 희망을 찾기는 어렵다. 국민 합의로 미래 비전을 만들어내는 일도 불가능하다. 나라 망가뜨리기로 작심한 이들을 언제까지 방치할 것인가."[35]

그렇다. 잘 보았다. '나라 망가뜨리기로 작심한 사람들'이 엘리트층에 정말 많다는 사실, 이게 한국 사회가 안고 있는 모든 문제의 핵심이다. 생각해보라. 모든 엘리트가 나라 잘되게 하려고 결심한 사람들이라고 해도 우리가 헤쳐나가야 할 문제들은 결코 간단치 않다. 땀과

피와 눈물을 바친다 해도 힘겨운 도전이 될 텐데, 고위 공직자들이 '남들이 다 해먹는데 나만 못 해먹으면 바보'라는 생각으로 뜯어먹기에 열중할 때 그 어떤 희망을 찾을 수 있겠는가 말이다.

부패 공직자들의 지극한 '가족 사랑'

2015년 2월 1일 서울중앙지검 금융조세조사1부는 한국전력과 한전KDN, 한국수력원자력 임직원들이 전기통신장비 납품회사인 ㄱ사에서 3억 5,690만 원의 금품을 받은 혐의와 관련해 10명을 구속 기소하고 5명을 불구속 기소했다고 밝혔다. 2006년 설립된 신생 회사인 ㄱ사는 이런 전 방위 로비 덕분에 2008년부터 최근까지 총 412억 원어치의 납품계약을 따냈다고 한다. 이 사건에서 눈에 띄는 건 이른바 '맞춤형 뇌물'이다. 고위 임원부터 팀장까지 뇌물을 받을 사람의 수요와 취향에 치밀하게 맞춰 뇌물 수수가 이루어졌다는 것이다.

아들이 프로골퍼 지망생인 한수원 김 모 본부장에게는 레슨비와 해외 전지훈련비 2,700만 원을 골프 코치 계좌로 입금하는 식이었다. 한전 전력IT추진처장이던 김 모 씨에게는 딸이 수입차를 필요로 한다는 것을 알고 여성이 좋아하는 폭스바겐 뉴비틀 승용차를 제공했다고 한다. 자전거 마니아인 한전KDN 고 모 팀장에게는 360만 원짜리 독일제 자전거를 사주고 카 오디오 마니아인 신 모 팀장에게는 990만 원짜리 차량용 오디오를 설치해주는 등 취미 정보까지 파악한 로비가 이루어졌다.

이에 대해 『경향신문』은 사설을 통해 "이들의 뇌물 수수 행태는 혀를 내두를 지경"으로 "입이 다물어지지 않는다"고 했다. 이 신문은 "더 기막힌 것은 비리를 감시하고 직무를 감찰하는 위치에 있는 인사까지 이런 뇌물 잔치에 가담했다는 점"이라며 다음과 같이 말한다.

"썩을 대로 썩은 냄새가 진동한다. 이번 맞춤형 뇌물 사건은 공공기관 납품비리의 심각성을 뼈저리게 보여준다. 3억 원대의 뇌물로 400억 원대의 납품계약을 따내고 이를 감시·감찰하는 내부 시스템까지 무용지물로 만들 수 있는 구조임이 드러난 것이다. 정부가 공공기관 전반에 대한 비리 감시 시스템을 강화하고 납품제도 개선 등 실질적인 조치를 강구해야 하는 이유를 잘 말해준다. 정부가 말로는 공공기관 개혁을 외치면서 사장·감사·사외이사 등에 이른바 '정피아'와 '관피아'를 낙하산으로 내려 보내 부패구조 조성에 일조하는 데 대한 경종이기도 할 것이다."[36]

모든 뇌물 사건이 다 그렇지만, 이 뇌물 사건에서도 눈여겨볼 점은 뇌물을 받은 이들의 지극한 자식 사랑이요 가족 사랑이다. 이런 문제와 관련, 고영복은 "우리나라 공무원들이 각종 교육은 많이 받았지만 국가에 대한 충성심과 가족에 대한 애착심을 비교해보면 놀라울 정도로 국가에 대한 충성심이 약한 것을 볼 수 있다"며 다음과 같이 말한다.

"그 가장 좋은 예가 부정부패 현상이다. 부정부패는 가족이 잘사는 것을 도모한다. 그러나 국가에 대한 범죄이다. 관직을 이용한 부정부패는 양심의 가책을 받아야 하는데도 가족을 먼저 생각하지, 국가를 우선시하지 않는다. 가족도 가장의 부정부패를 나무라지 않는다. 공무원의 마음속에는 가족을 초월하는 큰 사회가 보이지 않고 오로지 나와 나의 가족만이 보일 뿐이다."[37]

왜 그럴까? '전쟁 같은 삶'을 살고 있기 때문이다. 전쟁터에서 내 가족 챙기는 일을 하는 데엔 수단과 방법을 가릴 필요가 없다는 생각이 머리와 가슴을 꽉 채우고 있는 건지도 모른다. '정피아'와 '관피아' 현상도 불가피한 면이 전혀 없는 건 아니겠지만, 대부분 그런 관점에서 이해할 수 있다. 이와 관련, 전 한양대 석좌교수 이영작은 다음과 같이 말한다.

"대한민국은 민주주의 국가라지만 국가 권력이 국민에게 있는 것이 아니라 소수에게 집중되어 있는 엘리트주의 국가다. 왕조王朝 시대에는 과거科擧, 지금은 공무원 임용 고시에 합격한 사람들이 정부를 차지한다. 이 엘리트들은 정부를 떠나면 국회의원이 되고 장관이 되고 중요한 사회 분야의 지도자가 된다. 정부와 정치, 사회 지도층이 한통속이 되어 엘리트 '마피아'가 돼버린다. 4·19, 5·18, 6·29를 거치면서 독재자 대신에 국민이 직접 뽑는 대통령 제도를 확보하였을 뿐 그 외 어떤 것도 왕조와 다른 것이 없다. 반쪽짜리 민주주의다."[38]

"대한민국 1퍼센트만을 위한 '너희들의 천국'"

2014년 5월 22일 총리에 내정된 안대희는 검사 시절 불법 대선자금 수사를 맡아 여야 현역 의원들은 물론이고 당시 정권의 실세들까지 감옥에 보내는 강단을 보여 '법과 원칙'의 상징이 되었다. 또 검사와 대법관의 공직 기간에 재산 공개에서 항상 최하위권을 기록해 청렴하다는 평도 들었다. 그러나 그는 대법관 퇴임 1년 후인 2013년 7월 변호사 사무실을 열어 연말까지 5개월 동안에만 16억 원, 하루에 1,000만 원씩의 수입을 올렸음이 드러나면서 일주일 만에 사퇴하고 말았다.[39]

'법과 원칙'은 물론 '청렴결백'의 상징이던 인물까지 벗어나지 못할 정도로 전관예우의 수렁은 깊고 끈적끈적하기만 하다. 이와 관련, 언론광장 공동대표 김영호는 "대형 법무법인의 전관예우는 상상을 초월한다. 검사장-고등법원 부장판사 출신이라면 연봉이 6~12억 원이라는 게 법조계의 공공연한 비밀이다. 법원장 출신이라면 1~2년 만에 평생 먹고살고도 남을 만큼 번다고 한다. 급여 이외에 수임비용의 30~50퍼센트를 따로 받는다"며 다음과 같이 말한다.

"과거에는 법무법인이 주로 판-검사 출신을 영입했지만 이제는 그 대상을 경제 관련 규제-감독기관, 인-허가 부처에 이어 전 부처로 확대하고 있다. 영입 대상은 국세청과 경제경찰로 알려진 공정거래위원회가 단연 인기다. 법무법인의 홈페이지에 소개된 경력을 취합한 자료에 따르면 10대 법무법인에만 경제부처 출신 관료 177명이 포진해 있다.……영원한 집권세력인 관료집단이 이 나라를 지배하고 있다. 재직 시에는 공익과 사익을 분별하지 못하고 합법과 불법을 분간하지 못하는 인사들이 정부요직을 장악해 부정한 수단과 방법을 정당시하며 축재를 일삼는다. 공익보다 사익이 우선하는 도덕적 불감증이 공직사회에 만연하니 정부 조직이 정상적으로 작동한다고 보기 어렵다."[40]

인제대 교수 김창룡은 "전관예우의 폐해는 법치주의를 말살하고 국민 법익에 심각한 불이익을 가져온다는 것을 법조인들이 더 잘 알면서도 이를 고치지 않는다. 그 이유는 단 하나. 기득권의 품 안이 너무 따뜻하고 편하기 때문이다. 대법관, 검찰총장, 차장, 고검장, 부장판사 이런 이름으로 권력과 명예를 누린 후 자리에 물러날 무렵에는 월 1~2억뿐만 아니라 고급차와 비서, 고급 사무실까지 갖춰져 있는 자리가 보장돼 있는데 이를 물리칠 법조인이 몇이나 되겠는가"라면서 다음과 같이 말한다.

"이런 전관예우가 어찌 사법부뿐이겠는가.……대한민국 1퍼센트만을 위한 '너희들의 천국'을 만들면 정의도 법도 사라진다. 너희들은 쏟아지는 특혜와 돌아가며 이 자리, 저 자리 높은 자리를 탐닉하겠지만 대다수 국민은 비참해진다.……보랏빛 미래는 없다. 세상은 바뀌지 않는다. 정의를 부르짖던 인간도 자리가 바뀌면 태도가 달라지는 법이다. 핏대 너무 올리지 말고 하늘 한 번 쳐다보고 내 삶부터 잘 가꾸도록 노력해야 한다."[41]

혹자는 "핏대 너무 올리지 말고 하늘 한 번 쳐다보고 내 삶부터 잘 가꾸도록 노력해야 한다"는 말에 시비를 걸지도 모르겠다. 그렇게 말해서야 쓰겠느냐고 꾸짖을 수도 있겠다. 그러나 오늘날의 상황에서 지식인에게 정작 필요한 건 이런 솔직하고 정직한 태도 아닐까? 절망을 할 땐 처절하게 절망을 해야지, 실현될 가능성이 전혀 없는 대안을 습관적으로 제시하는 것이야말로 오히려 이런 상황을 보호해주는 이른바 '희망 고문'에 불과한 게 아닐까?

정치는 '합법적 도둑질'인가?

박근혜 정부는 '국가 개조'를 부르짖으며 '관피아 척결'을 외쳤지만, 오히려 개악改惡이라고 할 수 있는 '정피아'를 대량생산했다. 공기업을 정피아의 천국으로 만든 것이다. 『중앙일보』 논설위원 이정재는 "늑대를 피하려다 호랑이를 만난 격"이라며, 정피아는 관피아와 크게 세 가지가 다르다고 했다.

"우선 후안무치, 더 낯이 두껍다. 전문성이 없어도 전문직에 보란 듯이 들이댄다. 올해 낙하한 100여 명의 정피아 중 30여 명은 해당 분야 경력이 전혀 없다.……둘째, 탁월한 스텔스 기능을 자랑한다. 관피아는 비교적 예측 가능, 동선이 눈에 보였다. 기획재정부 차관으로 옷을 벗으면 은행 CEO로, 국장에서 옷 벗으면 저축은행 감사로 가는 식이다.……반면 정피아는 은밀하다. 누가 어느 줄을 타고 어떻게 움직이는지 도무지 종잡기 어렵다.……셋째, 마음은 늘 여의도에 있다. 호시탐탐 정계 복귀를 노리다 보니 업무는 딴전이다. 정치권 경조사 챙기고 외부 행사에 열심이다. 악수를 해도 상대방을 안 본다. 누구 인사할 사람 없나 주변을 둘러보느라 바빠서다. 본래 전문성이 부족한 데다 마음도 콩밭에 가 있으니 일이 될 리 없다."[42]

그래서 속된 말로 "쓰레기차 피하려다 똥차에 치인다"는 말까지 나왔다. 『조선일보』 경제부 차장 이진석은 「2,000억 써서 '정피아' 막기」라는 칼럼에서 한 정부 고위 관계자가 사석에서 한 말을 전한다. "연봉 2억 원에 사무실과 기사 딸린 차량이 제공되지만 아무 일도 하지 않는 자리를 500개 정도 만들면 좋겠다. 대선에서 이기고 나면 선거 때 고생했다며 한자리 기대하는 정치권 주변 인사가 500명 정도 된다. 그 사람들에게 줄 수 있는 게 공공기관이나 금융 공기업 임원 자리밖에 더 있겠느냐. 그래서 낙하산이 근절되지 않는 것이다."

그런 낙하산은 개혁은커녕 일을 더 망친다. 그래서 500명에게 연봉 2억 원씩 주고 사무실, 차량 운영비 등을 지원하면 2,000억 원 정도면 되는데 차라리 이 돈을 쓰고 '정피아'들이 공공기관에 발붙이지 못하도록 하면 좋겠다는 것이다. 그는 "공공기관 부채가 400조 원이 넘는데 정피아들 대신 제대로 능력 있는 기관장·감사·사외이사에게 부채 감축과 경영 혁신을 맡기는 대가로 2,000억 원 정도면 싼 것 아니냐"고 했다.[43]

이 '농담 같은 진담'은 정치를 '합법적 도둑질'이라고 보는 시각이 결코 무리가 아니라는 걸 말해준다. 정치인을 '교도소 담장 위를 걷는 사람들'이라고 하는데, 교도소 담장 안으로 떨어지면 '불법적 도둑질', 담장 밖으로 떨어지면 '합법적 도둑질'을 한 셈이라고 보는 유권자가 많다는 뜻이다. 지나친 정치냉소주의나 정치혐오주의가 아니냐고 할 수도 있겠지만, 그것이 그럴듯한 평가임을 말해주는 증거들이 자주 나타나는 걸 어이하랴.

'합법적 도둑질'을 좀 점잖은 말로 하자면, '지대 추구地代追求, rent-seeking'인데, 정치인들만 지대 추구를 하는 건 아니다. 사회 전 분야에 걸쳐 힘 좀 있는 이들은 대부분 지대 추구를 한다. 우리 사회에서 좋은 직장이란 지대 추구를 할 수 있는 힘을 가진 곳이라고 해도 과언이 아니다.

왜 인천공항공사 입사 경쟁률은 '800대 1'이었나?

특히 공공기관의 도덕적 해이moral hazard는 악명이 높다. 공공기관 295곳의 임직원 25만 4,032명 가운데 억대 연봉자(2만 1,229명·2012년 세전 기준)는 8.4퍼센트에 이른다. 국내 근로자(1,576만 8,000명) 중 억대 연봉자 비중은 2.6퍼센트(41만 5,475명)인데 이보다 3배가 넘는 수준이다. 억대 연봉 임직원 수는 한국전력 1,266명, 한국수자원공사 255명, 한국가스공사 236명, 한국도로공사 218명 등이었는데, 특히 부채가 과다한 12개 공공기관(총부채 403조 3,000억 원)도 전체 임직원의 3.4퍼센트가 억대 연봉을 받고 있었으며, 평균 연봉은 2억 1,980만원, 직원 1인당 평균 연봉은 7,000만 원에 육박했다(6,917만 원).[44]

2012년 결산 기준으로 직원의 1인당 평균 보수액은 한국거래소 1억 1,339만 원, 예탁결제원 1억 78만 원, 한국기계연구원 9,909만 원, 한국투자공사 9,752만 원, KDI국제정책대학원 9,690만 원, 한국원자력연구원 9,640만 원, 한국에너지기술연구원 9,501만 원, 재료연구소 9,498만 원, 코스콤 9,480만 원, 한국생산기술연구원 9,449만 원 등이었다.[45]

어디 그뿐인가. 창립 기념일 명목으로 70만 원 지급, 생일 · 명절 때 상품권 105만 원 지급, 자녀 입학 축하금 100만 원 지급, 자녀 1인 당 스키캠프 30만 원, 영어캠프 63만 원 지급, 특목고 자녀 수업료 전 액 지원, 직계가족 병원비 60퍼센트 감면 등과 같은 혜택을 베푸는 공 공기관이 많아 이른바 '신의 직장'이라는 별명이 어울릴 뿐만 아니라 "연봉이 100이면 복지는 150"이란 말이 나올 정도였다.

2013년 12월 경제부총리 현오석은 공공기관의 이런 도덕적 해이 를 거론하며 이렇게 말했다. "인천공항공사 입사 경쟁률이 800대 1이 라고 한다. 젊은이들이 이렇게 몰리는 건, 보이지 않는 지대가 있기 때 문이다. 이걸 없애야 한다."[46]

그걸 없애는 게 가능할까? 그게 가능하다면, 왜 지난 진보정권하 에서도 아무런 변화가 일어나지 않았던 걸까? 그건 공기업 고위직이 대선의 기여도에 따른 논공행상의 제물로 바쳐지기 때문이다. 대중은 정치 분야의 지대 추구에 가장 분개하지만, 그건 그게 주요 뉴스로 자 주 다루어지기 때문에 그런 것일 뿐, 지대 추구는 정치를 매개로 하여 힘이 있는 모든 영역에서 광범위하게 저질러지고 있는 삶의 문법이라고 해도 과언이 아니다. 그들은 힘을 합쳐 지대 추구를 하는 곳을 바꾸려 하기보다는 파편화된 개인이 그런 곳에 들어가려고 전력투구하기 때문에 지대 추구가 이렇다 할 변화 없이 지속되는 것이다.

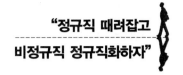

"이 개미지옥에 과연 탈출구가 있을까?"

"꿈은 자본주의가 청춘에 깔아놓은 가장 잔인한 덫이다."[47] 엄기호의 말이다. 한때 좋은 덕담이었던 "꿈을 가져라"라는 말이 이젠 노골적인 냉소나 비판의 대상이 되고 있다. "아프니까 청춘이다"라는 말도 "꿈을 가져라"라는 말의 변형일 텐데, 이 말을 제목으로 내건 책의 운명도 그런 처지에 놓여 있다. 2010년에 출간된 이 책은 300만 부이상이 나갈 정도로 독자들의 열렬한 환호를 받았는데, 이젠 이 책에 대해 비판적인 글이 어찌나 많이 쏟아져나오는지 그걸 일일이 세기조차 힘들 정도다.

저자인 서울대 교수 김난도는 억울하게 생각할 것 같은데, 나 역시 모든 비판에 전적으로 동의하긴 어려웠다. 내가 보기엔 그 책은 어떤 사람들에겐, 즉 꿈을 가져도 좋을 사람들에겐 여전히 좋은 책이다. 다만 문제는 3만 부 정도 나가면 적당할 책이 300만 부나 나가는 사회적 현상이 되었다는 것일 텐데, 단지 책이 많이 팔렸다는 이유만으로 그 저자를 비판하는 게 공정할까? 무엇이 좀 좋다 싶으면 우우 몰려다니는 우리 사회의 '쏠림' 현상을 문제 삼는 게 옳지 않을까?

지난 몇 년간 극도로 악화되었고 앞으로 더욱 악화될 것으로 전망되는 취업난은 꿈을 기만과 모욕의 단어로 전락시키고 있다. 갤럽의 2013 세계경제 조사보고서는 "3차 대전은 일자리 전쟁이 될 것이다"고 했다. 아니 이미 '일자리 전쟁'이 벌어지고 있으며 앞으로 더욱 악화되리라는 음울한 전망들이 국내외를 막론하고 나오고 있다.[48]

『대한민국 취업전쟁 보고서』라는 책은 '취업 준비생'이라는 새로운 계급의 탄생을 우울하게 전하고 있다. "누가 이런 세상을 만들었을까? 청년, 주부, 노인을 가리지 않는 냉혹한 전쟁터가 펼쳐졌다. 21세기 대한민국의 가장 절박한 생존 투쟁을 파헤친다. 이 개미지옥에 과연 탈출구가 있을까?"[49]

우리는 이런 세상에 적절히 대응하고 있는가? "꿈을 가져라"라고 말하는 사람에게 분노의 삿대질을 한다지만 여전히 꿈을 이룰 수 없는 나의 처지에 대한 울화통을 그렇게 표현하는 건 아닌가? 우리는 '아메리칸 드림'의 허구성을 곧잘 비웃지만, '코리안 드림'에 대해선 여전히 강고한 신앙을 갖고 있다. 지금 크게 흔들리고 있을망정 그 꿈을 완전히 포기한 건 아니다. 이런 믿음이 한국의 놀라운 경제발전을 이룬 원동력인 건 분명하지만, 지금 우리가 당면하고 있는 저성장과 고용 없는 성장의 시대엔 피할 수도 있는 고통의 근원이 될 수 있다.

앞서 보았듯이, 그간 한국을 지배해온 경제 이데올로기는 이른바 '낙수효과'였다. 그 이데올로기의 원조 국가들에서도 '낙수효과'는 수명을 다했다며 새로운 진로를 모색한 지 오래인데, 우리는 여전히 과거의 성공 신화에 사로잡혀 이미 비대할 대로 비대해진 재벌과 중앙의 덩치를 키우는 짓을 계속하고 있다.

소득기준 상위 20퍼센트의 교육비 지출액이 하위 20퍼센트 지출액의 5배가 넘는 상황에서 교육이 계층이동의 통로로 기능할 수 없다는 것이 분명해졌는데도,[50] 교육정책 역시 '낙수효과' 일변도다. 대학 지원의 원칙이 경쟁력을 기반으로 한 '선택과 집중'이라지만, 이른바 '인 서울' 대학들이 서울이라는 입지 조건 하나로 거저먹고 들어가는 경쟁력에 대해선 아무런 말이 없다.

"영혼이라도 팔아 취직하고 싶었다"

〈미생〉의 장그래가 점화시킨 비정규직의 비애에 대한 격한 공감은 사실 10년 전으로 거슬러 올라간다. 2005년 1월 기아자동차 광주공장에서 노조 간부가 직원 채용 과정에서 압력을 행사하거나 금품을 수수한 사건은 사회적으로 큰 충격을 던져주었다. 2004년 기아자동차 광주공장에 채용된 생산계약직 근로자 1,079명 가운데 37퍼센트가 채용기준에 맞지 않는 것으로 밝혀졌으며, 이 사건에 대한 책임을 지고 기아자동차 노조 집행 간부 200명이 사퇴하는 초유의 사태가 벌어진 것이다.

가장 충격적인 것은 기아자동차 노조 광주지부가 "차별과 착취 없는 세상을 만들자"는 구호를 내걸었음에도 비정규직을 이용해 자기들의 배를 불린, 겉 다르고 속 다른 양두구육羊頭狗肉의 행태, 즉 비정규직을 상대로 사실상의 '인질극'을 벌였다는 사실이다.[51] 기아자동차의 한 부정입사자는 검찰 조사를 받고 나오면서 고개를 떨군 채 "영혼이라도 팔아 취직하고 싶었다"고 했다.[52]

2005년 1월 22일 분신을 기도했던 현대 울산공장 비정규직 노동자 최남선은 "우리도 정규직 드나드는 정문 앞에서 데모 한 번 하고 싶다"고 했다. 한 현장 활동가는 "비정규직들 사이에서는 '우리를 팔아먹지 말라', '연대를 들먹이지 말라'는 격앙된 목소리도 적지 않다"고 했으며, 또 현대차의 한 정규직 조합원은 "비정규직 구호 속에 '정규직 때려잡고 비정규직 정규직화하자'는 게 있는데, 상대적 박탈감이 이해된다"고 말했다.[53]

2005년 1월 24일 자신을 민주노총 조합원이라고 밝힌, '쟁점'이란 ID를 사용한 한 네티즌은 민주노총 자유게시판에 올린 글에서 "민주노총은 구조상 중소영세기업, 비정규, 여성노동자와의 연대에 적극적일 수 없는 대규모 정규직 기업별 노조 중심"이라며 대기업 노조들의 이기주의를 사례별로 고발했다. 그는 한국통신 정규직 노조에 의한 계약직들의 투쟁 방해, 하청노동자가 1만 명이 넘지만 단 한 명도

조합에 가입시키지 않는 현대자동차노조, 청소용역 노동자에게 최저임금(56만 원)도 주지 않고 방치하는 서울 지하철노조 등의 사례를 제시한 뒤 "(이들이) 민주노총 최고의사결정기관인 대의원대회의 대의원 구성비의 81퍼센트나 차지한다"고 개탄했다. 그는 또 "대규모 사업장 정규직 노조는 임금인상투쟁(단협, 구조조정 반대)에만 역량을 집중할 뿐"이라며 "조직되기도 어려운 비정규, 하청, 파견, 중소영세사업장, 여성 노동자(1,100만)는 죽든 살든 연대투쟁, 계급투쟁에는 관심도 없다"고 주장했다.

2005년 1월 25일 기아자동차 화성공장에서 도급업체 노동자들과 정규직 노조집행부가 비정규직 노조 문제로 개최한 공청회에서 노조는 "노동자회보다는 노사협의체를 만드는 게 낫다"며 업체와 같은 논리를 폈다. 한 비정규직 노동자는 "솔직히 회사보다는 (정규직) 노조 쪽에 더 큰 원망이 든다"고 말했다.[54]

현대자동차노조 부위원장을 지낸 하부영은 "일부 정규직이 기득권 유지를 위한 수단으로 회사와 담합해 비정규직을 착취하는 공동 범죄를 저지르고 있다. 우리 속에는 정규직의 고용 안정을 위해 여차하면 비정규직을 정리해고하자는 묵시적 합의가 숨어 있다"며 노동운동이 집단적 도덕불감증에 빠져 있다고 비판했다. 정규직 임금 인상으로 노동 비용이 증가하면 비정규직 활용으로 보상하도록 노동조합이 암묵적으로 허용하고, 비정규직을 고용안정의 방패막이로 활용하면서 비정규직 도입을 묵인해주고 있다는 것이다.

금속연맹 국장 조건준은 "힘 있는 노조에서 항상 투쟁의 구호는 요란하지만 늘 결과는 조합원만의 임금·복지 향상으로 끝난다. 한국 노동운동이 점차 이익집단 운동으로 협소화되고 있다"며 "대규모 사업장 노동자의 임금·복지 향상은 다수의 주변부 노동자들의 희생에 기초한 것이었다"고 말했다. 노동운동이 비정규직 사업을 내걸고 있긴 하지만 노조 내부에는 비정규직이 없는 것에 대해 금속노조연맹 관계자는 "정규직 노조가 비정규직을 노동조합 안으로 받아들일 경우 점차 비정규직 조합원들이 노조를 장악하고 기득권을 빼앗을 수 있다는 두려움도 작용하고 있다"고 말했다.[55]

이후 비정규직 문제를 둘러싼 수많은 논쟁과 갈등이 있었지만, 비정규직의 고통과 희생은 계속 악화일로惡化一路를 걷고 있다. 고용노동부의 2009~2013년 임금현황 자료를 분석한 결과에 따르면, 최근 5년 사이 300인 이상 기업의 상용직 근로자(정규직)와 임시일용직 근로자(비정규직) 간의 월평균 임금격차가 3.5~4.2배에 달하는 것으로 파악되었다. 3.5배 차이가 난 2011년에 300인 이상 기업에서 일하는 상용직과 임시일용직의 월평균 임금은 각각 427만 3,000원, 120만 8,000원이었다. 4.2배 격차를 보인 2010년에 상용직과 임시일용직의 임금은 각각 429만 1,000원, 102만 5,000원으로 조사되었다.[56]

해법엔 논란이 있을망정, 보수 신문마저 "망국적 정규직·비정규직 격차, 방치할 수 없다"는 사설 제목을 내걸 정도다.[57] 2014년 9월 비정규직 여성 노동자 권 아무개(25) 씨는 비정규직의 고통과 희생에 대해 죽음으로 항거하면서 다음과 같은 내용의 유서를 남겼다.

"노력하면 다 될 거라 생각했어. 그동안 그래왔듯이. 적어도 피해

안 끼치고 살면서 최선을 다했다. 2년은. 그런데 아주 24개월 꽉 채워 쓰고 버려졌네. 내가 순진한 걸까. 터무니없는 약속들을 굳게 믿고 끝까지 자리 지키고 있었던 게.……엄마 내가 먼저 가서 자리 잡고 있을게. 시간이 좀 걸릴 수 있으니까 천천히 와. 아주 천천히." [58]

'비정규직이 없는 세상'은 가능한가?

정희진은 "새 역사 창조는 '세계로 뻗어나가는 대한민국'이 아니라 '지금, 여기' 있는 이들을 존중하는 것이다"고 말한다. [59] 그렇다. 이는 보수는 물론 진보에도 필요한 말이다. 진보 역시 선의일망정 '지금, 여기'보다는 '멀리, 저기'에 집착하는 경향이 있기 때문이다. 진보 진영의 꿈은 '비정규직이 없는 세상'이다. 물론 정책 기조도 이 꿈에 맞춰져 있다. 예컨대 새정치민주연합의 노동 전문 의원인 은수미는 다음과 같이 말한다.

"사람들이 '귀족노조'라고 말하는데, 도대체 우리나라 노조의 평균 소득이 얼마입니까? 이명박 대통령은 7,000만 원에서 9,000만 원이라고 얘기하는데, 이것은 정말 예외적인 몇 개의 노조에 해당될 뿐이지요. 이들 일부 노조 때문에 전체의 밥그릇이 줄었다는 것은 말이 안 됩니다. 오히려 귀족노조라 지칭되는 곳 정도의 임금을 우리의 평균임금으로 만들어야 하는 것 아닐까요.……그래서 총량을 늘리자는 겁니다. 귀족노조를 탓하는 논리의 맹점은 임금소득의 총량이 정해져 있다고 상상하도록 만드는 것이지요."[60]

　반면 유종일은 "저는 비정규직이 없는 세상이라는 것은 시적인 표현으로는 좋지만 정책으로는 말이 안 된다고 생각합니다.……제가 제안하는 게 동일임금, 동일노동 원칙을 강력하게 시행하면서 비정규직에 대해서는 고용안정수당을 추가로 지급하게 하는 겁니다"라면서 다음과 같이 말한다.

　"예를 들어볼게요. 지금 제 조교 같은 경우에는 비정규직이에요. 연구프로젝트 끝나면 해고하는 거죠. 그다음 프로젝트가 바로 있으리라는 법이 없으니까 저는 비정규직으로 쓰는 게 편하죠. 대신에 정규직으로 썼을 때보다 보수는 더 줘야 한다는 겁니다. 내가 돈을 더 주더라도 유연성을 확보하는 게 나은지, 아니면 어차피 조교가 계속 필요할 가능성이 많으니 괜히 돈 더 주느니 정규직으로 할지, 이렇게 고민해야 한다는 겁니다. 그러면 이 일자리의 지속성 등을 고려해서 합리적인 선택을 하게 되는 거예요.……실제로 비정규직 임금이 더 높은 나라들이 많이 있어요. 덴마크 등 북유럽 국가와 호주, 뉴질랜드, 캐나다 등 영어권 국가들 대부분이 정규직에 비해 비정규직의 급여가 많다고 해요.……고용안정성이 있으면 '덜 받더라도 일하겠다'고 할 거고, 고용안정성이 없으면 '더 줘야 일할 수 있어!'라고 하는 게 너무 당연하죠. 그런데 우리 시장은 구조가 잘못 되어 있으니, 거꾸로 제도를 통해서 시장을 개혁해나가자는 겁니다. 그런데 이 비정규직에 대한 고용안정수당 제도를 민주당에서 안 받았어요."[61]

　물론 민주당은 비정규직에 대한 고용안정수당 제도를 받으면 '비정규직이 없는 세상'이라는 꿈과 목표가 흔들릴 수 있다고 보았기 때문일 것이다. 이와 관련, 김대호는 이른바 '철밥통 트랙(정년보장 트랙)'과 '플라스틱 트랙(기간제라든지 파트타임 트랙)'을 같이 만들어야 한다고 주장한다. 그는 "플라스틱 트랙으로 사는 사람에 대해서는 노동의 질과 양이 같으면 임금을 더 높여줘야 하는 것이고요. 그다음에 이 사람이 고용이 단절되는 기간에 충격을 완화해주는 좀더 두터운 고용보험을 만들 수도 있어요. 좀더 후하게 고용보험을 줄 수도 있다는 말이에요. 이렇게 해서 비정규직으로 계속 살아도 별로 억울하지도 않고 행복할 수 있는, 그러한 정책들을 펴는 것이 맞다고 보거든요"라면서 다음과 같이 말한다.

"그런데 현재 우리의 콘셉트가 무엇이냐 하면 비정규직은 없어져야 할 존재야. 그러면 여기에 대해서 개선하지 않아요. 정리해고를 부정하는 사람들은 해고된 사람을 어떻게 도와줄 건지에 대해서는 고민 안 해요. 정리해고 자체를 철폐하려고 하니까. 그런 걸 고민하면 정리해고를 인정하는 꼴이 된단 말이죠. 그런 것처럼 비정규직 자체를 없어져야 할 존재로 생각해버리면 비정규직으로도 행복하게 살 수 있는 건 고민 안 하죠. 왜냐하면 비정규직이면 행복하게 살 수 없다고 생각하니까. 정규직이 되어야 행복하게 살 수 있다고 생각한단 말입니다. 굉장히 나쁜 콘셉트잖아요. 그런데 시대적인 추세를 보면 앞으로도 파트타임 고용이나 기간제 고용 같은 것들이 점점 더 늘어나게 되어 있어요. 전 세계적인 추세잖아요."[62]

'윤장현 모델'의 성공은 가능한가?

물론 두 가지 트랙을 공존시키는 것 역시 쉬운 일은 아니다. 무엇보다도 기본 틀을 전환하는 데 따른 어려움과 더불어 불신의 문제가 있기 때문이다. 예컨대, 조성주는 『대한민국 20대 절망의 트라이앵글을 넘어: 88만원 세대의 희망찾기』(2009)에서 다음과 같이 말한다.

"최근에는 일부 기업들에서 20대 첫 취업자들에게 비정규직 일자리를 제공하면서 오히려 정규직보다 더 많은 임금을 주는 경우도 있다. 이것 역시 아주 황당한 일인데 기업의 입장에서는 월 10여 만원 정도의 임금을 더 주더라도 비정규직을 쓰는 것이 향후에 더 이익이라고 판단하기 때문이다."[63]

이른바 '윤장현 모델'은 어떤가? 2014년 6·4 지방선거에서 '연봉 4,000만 원의 일자리 1만 개 창출'을 핵심 공약으로 내걸고 광주시장에 당선된 윤장현은 '제3지대를 통한 새로운 기아차 공장 건립'을 추진하고 있다. 그는 "현재 기아차 근로자들의 연 평균 임금인 8,500만 원 수준의 절반인 4,000만 원대 연봉을 받는 새로운 공장을 건설하면 충분한 경쟁력이 있다"며 정부의 지원을 요청했다.[64]

현대·기아차는 이 같은 제안에 대해 5개월째 공식 입장을 내놓지 않고 있는데, 사실상 '불가' 입장인 것 같다. 현대·기아차의 한 관계자는 "임금을 깎겠다는 제안은 긍정적이지만 임금 수준보다 더 큰 문제가 단체 협약"이라며 "노사 간 체결한 단체 협약은 별도 법인을 세워 운영하지 않는 한 기아차의 국내 공장 근로자 전체에게 공통 적용되기 때문에 광주에 짓는 새 공장의 근로자들도 현행 단협 규정을 적용받을 수밖에 없다"고 말했다. 노조와 단체협약을 개정하는 과정에서 수당 등 각종 임금체계와 근로조건 등이 노조에 유리하게 바뀌면 광주 공장에도 그대로 적용되기 때문에 이 같은 부담이 큰 걸림돌이라는 것이다. 현대·기아차의 또 다른 관계자는 "(윤장현) 광주시장과 지금 정부가 바뀌고 나면 그때는 (노조 등이) 또 어떤 요구를 들고나올지 알 수 없는 것 아니냐"면서 "결국 해외보다 경쟁력이 떨어지는 국내에는 공장을 늘릴 여유가 없다"고 말했다.[65]

이 역시 불신의 문제인 동시에, 기존 노조의 양보 없이는 성사되기 어려운 문제라는 걸 말해준다. 나는 최근 광주에서 택시를 탄 뒤 기사에게 '윤장현 모델'에 대해 어떻게 생각하느냐고 물었다. 그는 내게 기존 기아차 근로자들이 눈곱만큼이라도 양보할 것 같으냐고 물으면서 '택도 없는 말'이라고 잘라 말했다. 실현 가능성이 전혀 없다는 이야기였다. 그는 처음엔 냉소적으로 말하더니 점차 분노를 터뜨리기 시작했다. 물론 자신과는 비교할 수 없을 만큼 많이 버는 대기업 근로자들을 향한 분노였다. 속으로 "괜히 물어봤네"라는 생각이 들었지만, 나는 내릴 때까지 내내 택시 기사들의 어려운 상황에 대해 자세한 이야기를 들어야만 했다.

'윤장현 모델'은 결코 쉽진 않은 일일망정 이런 발상의 전환이라도 해봐야 일자리 늘리기가 가능한 게 아닐까? 두 가지 트랙을 공존시키자는 주장에 대한 논란은 뜨겁지만, 김대호의 주장 가운데 인상적인 것은 임금 노동자들 중에서도 '갑'에 해당하는 사람들이 정말 많은 걸 누리고 있다는 점이다. 우리가 생각하는 좋은 일자리가 1인당 GDP의 보통 2배 이상을 받는 것인데, 선진국에서는 괜찮은 일자리라고 하면 1인당 GDP의 1배짜리라는 것이다.

"(대기업 노동자도) 1인당 평균 수준보다도, 노동시장 가격보다도 2~3배를 더 받았단 말이에요. 구조조정은 당연히 불가능하죠. 여기서는 떨어지면 살인이라는 소리가 나오고, 실제로 보면 많이 죽었단 말이에요. 그러면 이런 일자리가 어떻게 생겨나겠어요. 입장 바꿔놓고. 이런 일자리를 어떻게 늘리겠어요? 그러니까 채용 안 하잖아요. 그래서 좋은 일자리라는 게 계속 줄어들고 있다고요. 그런데 우리의 마음속에는 여전히 이게 정상적인 일자리라고 생각해요."[66]

운 좋은 사람에게 몰아주는 '승자 독식 문화'

그 문제와 관련, 『중앙일보』가 한국경영자총협회의 2014년 임금 조정 실태와 일본 산로종합연구소의 2014년 임금 실태 조사 자료를 비교 분석한 결과가 흥미롭다. 한국은 채용할 때 많이 주고 일본은 승진하면 연봉이 뛰는 차이점은 있다지만, 한국 기업의 대졸 초임 평균이 3,340만 8,000원으로 일본(2,906만 8,000원)보다 14퍼센트(434만원) 많다는 건 좀 이상하다. 1인당 국민소득GNI이 일본의 63.2퍼센트에 불과한 현실을 감안하면 한국의 대졸 초임은 상대적으로 크게 높은 편이 아니냐는 것이다. 익명을 요구한 대기업 인사담당 임원은 "기업이 우수인력을 확보하기 위해 경쟁적으로 초임을 높게 책정한 탓도 있지만 '내 회사가 최고'라는 식의 불필요한 자사 이미지를 만들기 위해 초임 인상 경쟁을 편 것이 가장 큰 원인"이라고 진단했다.[67]

하지만 근본 원인은 '개천에서 용 나는' 모델에 있다. 국민 모두가 용이 되겠다고 애쓰는 상황에서 노동 분야에서도 미꾸라지들을 희생으로 용들의 임금을 높이 올리는 것을 사회적 진보로 간주해온 우리의 멘탈리티가 낳은 결과라는 것이다. 우리는 이론적으론 승자 독식에 반대하면서도 사실상 재화와 기회를 어느 정도의 능력과 더불어 운 좋은 사람에게 몰아주는 '승자 독식 문화'를 부추겨온 셈이다.

기업 규모에 따라 대졸 초임 차이가 크다는 점도 그걸 잘 말해준다. 대기업은 신입사원에게 3,600만 원이 넘는 초봉을 주는 반면 중소기업은 2,900만 원 정도를 첫 연봉으로 준다. 무려 700만 원이나 차이가 난다. 일본은 규모에 따른 대졸 초임 차이가 130만 원(4.7퍼센트)에 불과하다. 일본 노동정책연구연수기구의 스즈키 마코토鈴木誠 연구위원은 "직무와 능력에 따라 임금이 주어지기 때문에 대·중소기업 간 임금 격차가 크지 않다"며 "그래서 대졸자가 기업 규모를 보고 취업하는 경향은 적다"고 말했다.[68] 일본이 아무리 싫어도 이런 건 배워야 하지 않을까?

한국노동연구원의 '사업체 규모별 임금·근로조건 비교' 보고서에 따르면, 격차는 더욱 크다. 2014년 8월 현재 고용 인원 300인 미만인 중소기업 근로자의 월평균 임금은 204만 원으로 300인 이상 대기업 359만 8,000원의 56.7퍼센트 수준에 불과했다. 중소기업 근로자

가운데서도 비정규직의 시간당 평균 임금은 대기업 정규직의 40.7퍼센트밖에 되지 않았다. 요즘 대기업 가운데엔 대졸 신입 사원 연봉을 5,000만 원 넘게 책정하는 곳이 생겨나고 있지만, 중소기업은 2,000만 원 안팎에 그친다. 임금만 그런 게 아니다. 대기업 근로자가 회사를 그만둘 때 퇴직금을 받는 비율이 94.5퍼센트인 데 반해 중소기업 근로자는 35.4퍼센트밖에 안 된다. 상여금을 받는 비율은 대기업이 93.1퍼센트, 중소기업은 34.0퍼센트였다. 사정이 이와 같으니 첫 직장을 구하는 젊은이들이 재수·삼수를 해서라도 대기업에 들어가려고 안간힘을 쓰는 건 당연한 게 아닐까?[69]

천당 가면 모든 게 해결되니 참고 기다려라?

이렇듯 우리의 꿈이 서 있는 토대는 '개천에서 용 나는' 모델에 따른 승자 독식 체제다. 모두 승자가 될 수 있는 꿈을 지향한다는 명분 하에 "승자가 되지 않아도 좋으니 먹고 살게만 해달라"는 외침엔 "기다리라"는 답만 해줄 뿐이다. 정규직의 고용안정성과 비정규직의 고임금을 양자택일할 수 있게 한다면, 장그래도 정규직이 되고 싶다고 그렇게 처절하게 절규하진 않았을 것이다.

우리가 지향해야 할 목표는 모두가 좋은 일자리를 갖는 게 아니라, 현 사회통념상 나쁜 일자리에 대한 보상을 늘려줌으로써 좋은 일자리와 나쁜 일자리의 차이를 줄여나가는 게 아닐까? 이와 관련, 성공회대 노동대학장 하종강은 다음과 같이 말한다.

"네덜란드의 한 중학생에게 장래 희망이 뭐냐고 물었더니 벽돌공이라 답했던 게 기억난다. 음악을 좋아하는 만큼 일터에서 온종일 음악을 크게 들으면서 일할 수 있는 벽돌 기술자가 되고 싶다는 거였다. 이 아이가 즐겁게 이런 얘기를 할 수 있는 것은 벽돌공의 수입이 대학교수의 수입과 비슷하기 때문이다. 노동기본권이 보장돼 직종 간 임금 격차가 해소되고, 정규직과 비정규직 간 차별이 사라지면 학문에 뜻 없는 아이들까지 기를 쓰고 대학에 갈 일이 사라진다. 노동 문제가 해결돼야 교육 문제도 해결되는 것이다."[70]

반면 우리는 보수-진보를 막론하고 '반값 등록금 제도'를 외치면서 대학 진학을 거국적으로 장려하는 정책을 쓰고 있다. 물론 대학 진학률이 70퍼센트를 넘고 한때 82.1퍼센트(2005년)를 기록한 나라에서 이미 2000년대 말 연간 1,000만 원을 돌파한 대학등록금이 대학생들에게 고통과 절망의 근원이 되고 있다는 점에서 볼 때에 '반값 등록금'은 이해할 수 있는 일이긴 하다. 홍수가 났을 때 원인 규명 이전에 사람부터 살려야 한다는 점에서 말이다.

하지만 홍수가 '인재人災'임이 분명한데도 그걸 바로잡을 생각은 하지 않은 채 홍수 대비 인명구조법만 외친다면, 그건 미친 짓일 뿐만 아니라 일종의 사기행각이 아닐까? 대학등록금 폭등의 근본 원인은 대학 서열화 체제에 있다.[71] 그런데 대학 서열화는 오히려 강화하면서, "억울하면 너도 대학 가라"라고 말해주는 게 답이란 말인가?

'반값 등록금 제도'가 다수 위주로 가는 '다수결주의'로 이루어졌다는 것도 문제다. '반값 등록금 제도'는 세금으로 대학생 등록금을 대주자는 정책인데, 20~30퍼센트에 해당하는 고졸 취업자들이 왜 자신은 대학에 가지도 않는데 또래 대학생의 등록금을 부담해야 하느냐고 묻는다면 뭐라고 대답할 것인가?[72]

잘 생각해보자. 장그래의 아픔에 공감했던 우리는 그가 정규직이 되길 응원했을 뿐, 다른 수많은 장그래의 처지에 대해선 눈을 감은 게 아닐까? 우리는 작게나마 나눠먹는 꿈을 꾸기보다는 고용안정성과 고임금을 동시에 누리는 승자 독식을 꿈으로 추구할 뿐이며, 그걸 개혁이요 진보라고 주장하는 실수를 저지르고 있는 건 아닐까?

보수와 진보를 막론하고 자식의 명문대 진학을 위해 필사적으로 투쟁하는 이유가 정당하다면, 꿈도 좋지만 당장 가장 괴로워하는 사람들 쪽으로 눈을 돌려야 하는 건 아닐까? 그렇게 하지 않는 건 천당 가면 모든 게 해결된다며 이승의 삶을 포기하는 사이비종교 행위와 얼마나 다른 건가? "정규직 때려잡고 비정규직 정규직화하자"는 구호마저 나오는 판에 언제까지 총량을 늘릴 때까지 기다리라고만 할 것인가? 그게 가능하기는 한 건가?

"한국의 사회운동은 망했다"

진보의 가장 큰 문제는 자기성찰의 필요성을 "왜 우리만 자기성찰을 해야 하느냐?"라거나 "왜 적을 이롭게 하느냐?"는 항변으로 대체하는 멘탈리티다. 즉, 전쟁 같은 삶의 자세에 어울리게 정치를 전시 상황으로 보면서 무조건 적을 때리는 게 옳으며 자기비판은 적을 이롭게 할 뿐이라는 생각이다. 그렇게 해서 승리한다 한들, 즉 보수 여당이 속된 말로 개판 쳐서 진보가 집권하는 길이 열린다 하더라도, 과연 무엇이 달라질 수 있을까? 즉, 성찰과 비전에 대한 고민을 건너뛴 그런 방식의 집권은 그저 이해관계자들만의 잔치일 뿐이며, 보수와 다를 바 없는 '이권 뜯어먹기'나 '인정욕구 충족'만이 판을 칠 뿐이라는 문제의식이 없는 것이다.

분노와 저항의 필요성을 역설하는 목소리도 높지만, 특정인이나 집단만을 겨냥한 당파적 분노만 있을 뿐 시스템을 문제 삼거나 시스템의 노예가 된 우리의 의식과 행태에 대해 분노하자는 말은 없다. 전자의 분노가 오히려 후자의 분노를 막으면서 사태를 악화시키는 게 우리의 현실이다.

2008년 촛불시위에서 20대의 모습이 보이지 않는다는 불만에서 시작된 이른바 '20대 개새끼론'도 바로 그런 문제에서 비롯된 게 아닐까? 최태섭은 "20대 개새끼론을 주장하는 이들이 얻고자 했던 것은 자신들, 즉 주로 정치 세력화한 386의 실패에 대한 이유"였다며 다음과 같이 말한다.

"19대 총선과 18대 대선은 야권이 그동안 얼마나 SNS와 광장의 환상 속에서 살아왔는지를 충격적으로 보여줬다. 그들이 원했던 '민주화의 깃발 아래 대동단결' 같은 일이 일어나기엔 한국 사회는 수도권과 지방으로, 노인과 젊은이로, 자칭 진보와 자칭 보수로, 부자와 가난한 자로, 남자와 여자로 층층이 나뉘어 있었다. 87년의 해방은 휘황찬란한 불빛을 반짝이며 밀려든 자본화의 파도에 좌초해 길을 잃었고, 지난 20년간 사람들은 먹고살기 위해 끝없이 흩어져 왔다."[73]

사실 '개새끼'라는 존재가 있다면, 그건 20대라기보다는 '있는 그대로의 세상'을 외면한 채 '자기들이 원하는 세상'만 바라보면서 대결과 증오의 담론을 구사했던 진보 인사들이었는지도 모른다. 25세 먹은 어느 청년 NGO 활동가는 어느 NGO 워크숍에서 한국의 사회운동을 진단하면서 "망했다"는 결론을 내렸다고 한다. 왜? 그는 현재의 사회운동이 청년들을 기존의 사회운동에 필요한 인력 충원의 대상 정도로 간주하면서 '청년 착취'와 같은 새로운 갈등을 이론과 실천 과제의 항목에서 '삭제'했기 때문이라고 했다.

이에 대해 경희대 후마니타스칼리지 교수 김윤철은 "청년활동가의 발제를 듣다 눈물이 슬며시 차 오르기도 했다. 나 자신의 무지와 무능과 관성에 마음이 아팠고 미안했고 부끄럽고 화가 나기도 했다"며 다음과 같이 말한다.

"청년 착취를 새로운 갈등으로 포착해내지도 못하고 '우리의 문제'로 만들어내지도 못한 무지와 무능에 대해서, 그리고 여-야 혹은 보수-진보라는 낡은 정치적 갈등에 매여 하나마나한 평론이나 해대고 있는 관성에 대해서 그러했다.……정치도 그렇지만, 사회운동도 시대의 새로운 변화에 조응하며 보다 좋은 세상을 만들어내기 위해서는 낡은 갈등을 새로운 갈등으로 대체하는 역량이 필요하다."[74]

그렇다. 바로 그것이다. 낡은 갈등을 새로운 갈등으로 대체해야 한다. 6·25전쟁 중에 총을 든 군인이 민간인에게 목을 겨누며 "남이냐, 북이냐?"고 물었듯이, 지금도 어느 쪽이냐고 묻는 이분법은 강고하다. 해방 정국에서 중도를 향해 가해졌던 좌우左右 공동의 몰매 역시 여전하다. 그런 낡은 갈등을 넘어서야, 우리가 정작 다루어야 할 새로운 갈등을 마주할 수 있다.

" '지방충'들 때문에 우리도 취업이 어렵다"

"나보다 더 작은 도시에 거주하는 남자는 싫다"

우리는 한국의 중앙집권체제가 우리에게 가져다준 축복을 무시해선 안 될 것이다. 하버드대학 경제학과 교수 에드워드 글레이저 Edward Glaeser, 1967~가 혁신과 학습을 조장하는 데 도시가 가진 우위의 대표적 사례로 한국이 이룬 성공을 들었듯이, 우리는 서울 인구 집중이 이른바 '네트워크 효과network effect'를 낳아 서울을 위대한 혁신의 집합소로 만들었다는 것도 인정해야 할 것이다.[75]

그러나 딱 거기까지다. 중앙집권체제의 그런 장점으로 우리의 현 서울-지방 문제를 은폐하거나 얼렁뚱땅 넘기려고 들어선 안 된다는 말이다. 이런 말을 하는 이유는 그렇게 하려 드는 사람이 워낙 많기 때문이다. 두말할 필요 없이, 대도시가 제공하는 네트워크 효과엔 그만한 비용과 희생이 따르기 마련이다. 대도시의 인구 과밀過密은 주택·교통·환경 문제는 말할 것도 없거니와 '도시형 노이로제'와 '공간축소 증후군'을 유발하는 등 사회적·육체적 병리 현상을 크게 증가시킨다.[76]

또한 네트워크 효과로 성장한 거대 기업들이 독과점의 횡포를 저지르듯, 네트워크 효과는 그 효과에서 배제된 사람들에게 부당한 희생을 강요한다. 그 어떤 혁신에도 지방을 식민지화하고 있는 서울의 크기와 범위는 무조건 무한대 팽창할수록 좋다고 말할 수는 없을 것이다. 그 어떤 혁신이라도 "과연 누구를 위한 혁신인가?" 라는 물음을 피해갈 순 없기 때문이다. 네트워크 효과가 아무리 유익하고 아름다워도 그 네트워크에서 배제된 사람들에겐 흉악과 추악의 대명사일 수 있다.

우리의 중앙집권체제는 온갖 장점과 이점의 가치를 압도하고도 남을, 해도 너무 하는 수준, 즉 최악의 극단으로까지 치달았다. 한국 전문가인 그레고리 핸더슨Gregory Henderson, 1922~1988은 이미 1960년대의 서울에 대해 "서울은 단순히 한국의 최대 도시가 아니라 서울이 곧 한국이다"고 했다. 이후 계속 악화일로를 걸은 서울의 비대화·공룡화는 익히 우리가 잘 알고 있는 바다.

재미교포로 국제 컨설팅기업 베인앤컴퍼니 코리아의 대표인 이성용은 2004년에 출간한 『한국을 버려라!: 한국, 한국인이 살아남을 수 있는 길』에서 '서울공화국'에 대해 놀라움을 토로했다. 그는 "내가 미국에 있었을 때는 사업상 미국 전역을 여행할 기회가 잦았다. 고객이나 공급업자들과 간단한 인터뷰를 하려 해도 각각 다른 도시들을 찾아다녀야 했기 때문이다. 일주일에 5일 정도는 길에서 보냈다고 해도 과언이 아니다. 그러나 한국에 오고 난 뒤, 국내 여행 횟수는 거의 제로에 가까워졌다"며 다음과 같이 말한다.

"모든 것이 서울에 위치해 있고 모든 비즈니스들이 서울에서 행해진다. 아주 드물게 고객의 공장이 있는 울산을 찾아가는 것을 빼면, 필요한 정보들 대부분은 서울에서 쉽게 이용할 수 있다. 실제로 한국의 대기업 중에서 본사를 서울 외곽에 둔 곳은 하나도 없다. 50대 기업 중에서 어느 한 곳도 서울을 벗어나지 않는 것이다! 세계 어느 나라에서도 그토록 한 도시에 심각하게 집중하는 현상은 본 적이 없다. 서울 과다 집중현상은 이미 위험수위에 다다랐고, 수많은 사회적 문제들을 낳고 있다."[77]

서울 과다 집중으로 인한 문제와 부작용을 일일이 열거하는 것조차 짜증이 날 정도이니 그건 접어두자. 지방민을 문화적으로 모멸하는 수준에까지 이르렀다는 것 하나로 충분하다. 2014년 『주간조선』 기자 김효정은 「'지방충'이라니…서울-지방 출신 삶의 격차 갈수록 커져」라는 기사에서 다음과 같이 말한다.

"요즘 온라인 커뮤니티에서는 '지방충'이라는 말도 등장했다. 지방에서 올라와 고되게 사는 사람을 비하하는 말인데, '지방충들 때문에 우리(수도권 출신)도 취업이 어렵다'며 마치 외국인 노동자처럼 취급하는 경우도 있다. 서울 출신보다 열악한 생활 여건 자체가 족쇄가 되면서 지방 출신이라는 점이 결혼과 취직 때 부정적 요인으로 작용하기도 한다."

이 기사에 소개된, 결혼정보업체 '온리유'가 홈페이지를 통해 공개한 '맞선 조건 백태'의 내용이 흥미롭다 못해 기가 막히다. 여성들이 "나보다 더 작은 도시에 거주하는 남자는 싫다"고 조건을 내거는 경우가 많다고 한다.[78]

지방은 중앙의 식민지다!

독일 철학자 니체Friedrich Wilhelm Nietzsche, 1844~1900는 "광기란 개인에게는 예외가 되지만 집단에게는 규칙이 될 수 있다"고 했는데,[79] 지금 우리가 바로 그런 상황에 처해 있다. 개인적으론 더할 나위 없이 똑똑하고 선량한 사람들이 중앙-지방 문제에 대해선 집단적으로 미쳐 돌아가는 걸 어찌 달리 설명할 수 있겠는가. 이른바 '지잡대', '지방충', '지균충' 등과 같이 사이버상에 떠도는 지방 모독의 단어들이 스스로 입증해 보이듯이, 멀쩡한 젊은이들도 중앙-지방 문제만 나오면 갑자기 사악한 단세포 동물로 변신해버린다. 왜 그럴까?

이미 앞서 충분히 말씀드렸지만, 지방은 중앙의 식민지다! '개천에서 용 나는' 모델에 따라, 지방은 중앙에 인재를 공급하기 위한 인적 자본 충원지로 착취당하고 있다. 지방 식민지화는 서울 일극 집중주의에 의한 인정욕구의 획일화·서열화는 물론 대학입시·사교육 전쟁, 극심한 빈부격차, 지역주의, 정치의 이권투쟁화 등 우리 사회가 안고 있는 주요 문제들의 핵심 원인이다. 그럼에도 '식민지'라는 말이 끔찍하다며 반발하는 이들이 적지 않다. '지방＝중앙 정치의 식민지'라는 도식은 보수 신문의 사설 제목으로 등장할 정도로 분명한 사실인데,[80] 우리는 그래도 식민지라는 단어에 대해 알레르기 반응을 보여야 하는 걸까?

지방의 식민지화는 오랜 역사를 자랑한다. 1894년에 조선을 방문한 영국 지리학자 이사벨라 버드 비숍Isabella Bird Bishop, 1831~1904이 쓴 『조선과 그 이웃나라들』이란 여행기에는 지방 식민지화의 현실이 생생히 묘사되고 있다. 비숍은 지방 관아를 세 군데 방문했는데, 한 군데도 고을 수령을 만날 수 없었고 행방을 물어보니 똑같이 서울 갔다는 대답을 얻었다. 지방 수령들은 백성들의 민생에는 무관심했고, 오로지 서울의 권세가에 아부해 더 좋은 자리로 영전할 생각밖에 없었다는 이야기다.[81]

이규태는 "벼슬을 하거나 학문을 하거나 예술을 하거나 장사를 하거나 공부를 하거나 취직을 하더라도 중앙, 곧 서울이 아니면 안 된다는 이상한 중앙정치 집약적이요, 중앙경제 집약적이며, 중앙문화 집약적인 논리가 지배, 우리 한국인의 현대병 가운데 고질인 '중앙병'을 앓게 하고 있다"며 다음과 같이 말한다.

"한국인의 중앙병은 삼면을 둘러싸고 있는 바다를 정복하지 못했던 데 원인을 찾아볼 수가 있다. 해외로 뻗어나가는 프런티어십이 신라시대 이후 건포도처럼 쭈그러들어 밖으로 뻗어 나가려는 원심력이 약화되고 가운데로 파고들려는 구심력이 반비례해서 커왔다. 거기에 왜구들의 약탈이 유사 이래 삼면의 바다를 위협했을 뿐 아니라, 해안 지역을 간단없이 약탈하였기로 가운데로 파고드는 중앙병이 더욱 기승을 부리게 했음직하다. 둘째로 삼국시대 이래 우리나라가 강력한 중앙집권제로 다스려졌다는 것이 모든 정치, 경제, 문화를 중앙에 집중시키는 전통을 있게 했다."[82]

이 중앙병은 개발독재 시대를 거치면서 더욱 심화되었다. 1987년 김정호는 「서울 문화제국, 지방 문화식민지」라는 글에서 "한국에는 '서울제국'만 있으며 서울 밖의 지방은 '서울제국'의 식민지이다"고 단언했다. 그는 "모든 매스미디어를 독점한 '서울제국'은 대량생산의 세뇌적인 마취로써 지방의 자립성을 말살시키고 '서울제국' 중심의 관리체제를 만드는 데 성공했다. 식민지문화는 지배문화에 동화되는 법이다. 서울문화는 무조건 가치 있는 문화이므로 본받아야 한다는 의식이 일반화되었다"며 다음과 같이 말했다.

"미국을 향해 한민족이 몰려가듯이 많은 시골 사람들이 서울로 몰리는 동안, 지방은 피폐해 가고 서울은 비대해졌다. 피폐란 경제적 피폐만을 이르는 것이 아니다. 바른 대접을 받기 위해 학자도 학생도 기술자도 노래꾼도 서울로 몰려가 지방에는 인재 공동空洞 현상이 빚어졌다. 공연장은 있어도 공연할 사람이 없다. 지방의 재주꾼은 모조리 '서울제국'이 징용해갔다."[83]

그로부터 거의 30년이 지난 오늘날 서울 집중은 더욱 강화되었다. 사실 서울-지방 간 발생하는 사회문화적 현상은 과거 일제강점기 시절의 동경-경성 간 관계와 너무도 비슷해 깜짝 놀랄 정도다. '지잡대', '지방충', '지균충' 등과 지방모독 언어가 난무하는 것도 그런 관점에서 이해할 수 있지 않을까?

'낙수효과'에 중독된 정부는 "수도권 규제를 단두대에 올려 과감하게 풀자" 등 온통 대기업을 위해 규제를 풀자는 말만 할 뿐, 수도권 규제에 반대하는 지방 식민지의 사정은 조금도 헤아리지 않는다. 수도권 규제를 푸는 것이 꼭 필요하다면, 그로 인해 지방 식민지가 받을 타격을 염두에 두고 그 어떤 보완책을 같이 제시할 만도 하건만 그런 말은 없고 그냥 '단두대 타령'이나 하고 있을 뿐이다.

중앙 언론 역시 「언제까지 수도권·지방 '선 긋기' 규제할 건가」, 「투자 막는 수도권 규제」 "수도권 규제 30년, 하향평준화만"」 등과 같은 일방적인 선동만 할 뿐,[84] 이 문제를 이른바 '윈윈 게임'으로 풀어보려는 고민은 아예 하지 않는다. 이런 언론사들을 강제로 지방으로 내쫓으면 논조가 하루아침에 180도 달라질 텐데, 그럴 수도 없으니 답답한 노릇이다. 그러면서도 귀찮은 부담이나 비용은 죄다 지방으로만 넘기려고 드니, 이를 어찌 이해해야 할까? 왜 그럴까? 지방을 식민지로 보는 의식에 찌들어 있기 때문이라는 설명 이외엔 달리 이해할 길이 없다.

지방분권 사기극

"소방직 공무원의 국가직 전환은 지방분권과 자치 강화 추세에 역행하는 것이다. 미국, 영국, 프랑스, 독일, 일본 등 선진국의 소방 사무도 지자체에 속해 있다는 것은 무엇을 말하는가." 광역단체에 소속된 4만 소방직 공무원의 국가직 전환 요구에 대해 나온 반대 논리 중의 하나다. 세월호 참사에 대한 정부의 한심한 대응을 지켜보면서 많은 사람이 "이것이 나라인가"라고 개탄했는데, 이 반대 논리는 "이것은 나라가 아니다"라는 확신마저 갖게 만든다. 국민을 상대로 조직적인 사기를 치는 정부를 가진 나라를 나라라고 할 수는 없잖은가. 왜 사기인가?

20년을 맞은 대한민국의 지방자치는 여전히 '2할 자치'에 머무르고 있다. 지자체 세입의 국세와 지방세 비율이 8대 2다. 지방 주민들은 지역에 기업이 많이 유치되면 지역발전이 잘 되는 줄로 알고 있지만, '재주는 지방이 부리고 돈은 중앙이 먹는' 비극에 대해선 잘 모르고 있다. 세금 감면과 복지 확충의 생색은 중앙이 내고, 지방은 그 부담을 감내하느라 골병이 들고 있다.

완전한 지방분권은 시기상조인가? 좋다. 그럴 수도 있겠다. 지방분권을 천천히 하자는 주장에 기꺼이 동의하련다. 중앙과 지방을 나누지 말고 사이좋게 온 나라가 잘 되게끔 애써보자는 말에도 수긍하련다. 단 조건이 있다. 권력과 금력을 중앙이 계속 장악하겠다면, 올바른 배분, 즉 지역균형발전이라는 대원칙을 지켜야 한다. 아니면 적어도 중앙이 지방을 상대로 사기는 치지 말아야 한다.

그런데 그간 중앙은 지방을 상대로 어떤 짓을 해왔던가? 국민 행복의 핵심이라 할 안전과 복지엔 돈이 많이 들어간다. 중앙은 돈줄은 놓지 않고 틀어쥐면서 안전과 복지를 지방에 떠넘기는 잔꾀를 부렸다. 그것도 지방분권이라는 그럴듯한 이름으로 말이다. 이른바 '지방분권 사기극'이다. 돈이 많이 들어가는 일은 지방분권을 공격적으로 추진하고, 돈이 많이 생기는 일은 지방분권을 결사반대하는 짓을 천연덕스럽게 저지르고 있는 것이다.

지방분권 사기극의 대표작이라 할 복지 분권 사기극을 보자. 2005년 노무현 정부는 지방분권이란 미명하에 빈곤층, 노인, 장애인 등에 대한 순수 복지사업 67개를 몽땅 지방에 이양했다. 그 대신 지방에는 담배소비세가 중심이 된 '분권 교부세'를 만들어주었는데, 이게 기막힌 사기술이다. 이후 5년간 분권 교부세 수입은 연평균 8.7퍼센트 증가한 반면, 복지비 지출은 고령화 촉진 등으로 연평균 18퍼센트씩이나 늘어났기 때문이다. 이에 대해 대구경북연구원장 홍철은 『지방 보통시민이 행복한 나라』라는 책에서 다음과 같이 말한다.

"영악한(?) 중앙부처 공무원들이 '분권 교부세'란 명분으로 복지사업을 지방에 넘기는 술책에 노무현 대통령은 '분권'이란 이름만 보고 찬성하였고, 한치 앞도 내다보지 못하는 지방공무원들은 교부세 늘려준다고 하니, 약藥인지 독毒인지도 모르고 덥석 복지사업을 받았던 것이다. 돌이켜 생각해보면, 중앙정부는 해도 너무 한다."[85]

감당할 수 없는 복지비용 때문에 지방재정은 파탄 지경에 이르렀고, 그로 인한 혼란을 지금 우리는 목격하고 있다. 안전도 마찬가지다. 일부 지역 소방관들은 면장갑을 끼고 화재진압에 나설 정도로, 최악의 조건에서 혹사당하고 있다. 차라리 솔직하게 "돈 쓸 곳이 많으니 안전은 뒷전으로 미루자"고 말하면 좋겠는데, 중앙 정부는 입만 열면 '안전'을 무슨 신앙 구호처럼 외친다. 그러면서 그런 참담한 현실은 외면하고 있으니, 이게 사기극이 아니면 무엇이 사기극이란 말인가. 중앙 언론은 복지비용을 후손에 떠넘기는 건 '세대 간 도둑질'이요, 금전적 후손後孫 학대'라고 펄펄 뛰면서도,[86] 이런 떠넘기기에 대해선 아무런 말이 없다.

'서울을 떠나는 사람들'

아무리 선의로 해석한다 해도, 결국 "우선 당장 급한 불부터 끄고 보자"는 식의 정권 이기주의는 수도권 문제에 대해 사실상 "갈 데까지 가보자"는 대안 아닌 대안을 제시한 셈인데, 그 대안이 작동하기 시작했다는 분석도 있으니 웃어야 할까, 울어야 할까?

2013년 10월 LG경제연구원 선임연구원 이혜림이 발표한 보고서 '수도권이 늙고 있다'에 따르면, 2001년을 기점으로 수도권(서울·경기·인천)의 고령화 속도가 비수도권을 추월한 반면 수도권으로 오는 젊은이는 줄고 있으며, 서울 젊은이들의 탈출 러시마저 일어나고 있다. 2012년 수도권의 청년 실업률은 8.5퍼센트로 비수도권에 비해

1.7퍼센트포인트가량 높았다. 일자리의 질도 떨어지고 있다. 보고서는 "수도권 지역의 정규직 취직 확률이 빠르게 하락하고 있다"며 "학업을 위해 상경했던 젊은이들이 일자리를 찾지 못하고 고향으로 되돌아가는 상황도 빈번해지고 있는 것으로 보인다"고 분석했다.[87] 이 보고서를 다룬 『한겨레21』이 취재한 네 가지 사례를 보자.

서울을 탈출해 전북 군산으로 귀향한 지원(34·가명) 씨는 군산의 한 병원 원무과에서 일하고 있다. 1999년 대학에 입학하며 서울로 올라가 14년을 살았다. 사회단체·신문사·국회 등에서 일했지만 벌이는 불안정했다. 지원 씨는 "친구들끼리 통장에 월급이 들어와도 월세니 뭐니 금방 빠져나가서 숫자로만 존재하는 사이버머니라고 했다"고 말했다. 저축은 꿈도 꾸지 못하고 교통비도 만만치 않은 서울, 한번 탈출해보기로 결심했다. 마침 지인이 일자리도 소개했다. 고향으로 내려와 부모님과 함께 사니 주거비가 안 들고, 도시가 작으니 교통비도 줄었다.

고향인 대구로 돌아온 지 1년 3개월이 지난 여진(29) 씨는 서울에서 혼자 9년을 살면서 "지쳤다"고 돌이켰다. 대구에 사는 부모님도 마음에 걸렸다. 외국계 회사를 다니며 틈틈이 고향의 교직원 모집 공고를 인터넷으로 확인하다 마침 기회를 잡았다. 그는 "월급은 30만 원 줄었지만 일도 재미있고 사람들도 좋다"고 말했다. 서울에서 바빠서 못했던 운동도 틈틈이 하고, 부모님과 영화관을 다니는 즐거움도 크다. 그는 "아파도 돌봐줄 사람이 곁에 있으니 심리적 안정이 된다"며 "어려서는 학교 다니러 서울로 갔지만 다시 하라면 못하겠다"고 말했다.

서울 소재 대학원에서 피아노를 전공하고 부산으로 내려간 혜정 (29) 씨는 "개인 레슨을 해보면 여기가 오히려 페이(급여)가 높다"고 말했다. 그는 "생활비가 적게 들어서인지 지방 분들이 더 지갑을 잘 연다"고 말했다. 학자금 대출 상환에 월세에 서울에서 저축은 꿈도 못 꿨던 그는 "버는 돈은 늘고 쓰는 돈은 줄었다"고 말했다.

고향이 아닌 곳으로 떠나는 청춘도 있다. 원래 고향은 충북 청주 인 경은(31) 씨는 서울 생활 10년 만에 전북 정읍에 정착했다. 2002년 처음 상경한 그는 300만 원으로 옥탑방을 구했다. 직장 생활을 하면 서 모은 3,000만 원으로 2012년에 살 만한 집을 구하려 했다. 하지만 결국 2,000만 원짜리 옥탑방을 얻었다. 서울살이를 하면서 보증금을 10배 가까이 벌었는데, 똑같이 옥탑방 생활을 해야 하는 것을 이해할 수 없었다. 지금은 보증금 200만 원에 월세 17만 원짜리 18평 아파트 에 살고 있다. 그는 "이 가격에 이런 집을 구할 수 있다는 것 자체가 좋 으면서도 당황스러웠다"고 말했다. 학교를 따라 이주해 전공에 맞는 직장도 구했지만 서울은 그에게 10년이 넘도록 살 만한 공간을 제공 해주지 않았던 것이다.[88]

이런 추세에 걸맞게 2013년 6월 경남 통영에서 『서울을 떠나는 사람들: 3040 지식노동자들의 피로도시 탈출』이라는 책을 출간한 정 은영은 "서울을 떠나도 분명 우리가 할 일은 존재하고, 시간이 걸리 고, 힘은 들어도 그 길은 어디든 열려 있다. 혹 길이 없으면 또 어떤가. 없으면 만들면 되는 것이 또 길이거늘"이라고 말한다.[89]

반가운 말씀이다. 그런 길을 여는 데에 장애가 되는 것 중의 하나는 바로 연고주의다. 설과 추석 때의 민족 대이동이 잘 말해주듯이, 수도권 인구의 다수는 지방 출신이다. 이들의 존재가 시사하듯이, 누구건 지방에서 서울로 갈 수 있다는 '가능성'이 실제 이상으로 과장되게 인식되고 있다.

성공회대 초빙교수 김찬호는 "우리는 고향을 사랑하는가. 향수는 애향심으로 이어지는가. 명절 때마다 '민족 대이동'을 하지만 지방과 농촌은 점점 황량해지고 있다"며 다음과 같이 말한다. "이런 현실에서 고향에 대한 그리움은 무엇을 의미할까. 그저 지나간 시절에 대한 상념일 뿐인지도 모른다. 하지만 그런 추억과 낭만이라도 간직하고 사는 것이 다행이라고 해야 할 것이다."[90]

아니다. 그렇지 않다. 그런 추억과 낭만이라도 간직하고 사는 것은 다행이라기보다는 오히려 불행이며 재앙이다. 바로 그런 정서적 끈 때문에 지방은 서울을 '성공한 자식들이 사는 곳'으로 인식하고 있는바, 해야 할 투쟁을 제대로 하고 있지 않기 때문이다. '개천에서 난 용', 즉 지방 촌놈들이 서울로 올라가 출세한 뒤에 지방을 죽이는 일에 앞장서는 배신을 저지르는 집단사기극에 종지부를 찍어야 비로소 '갑질 공화국'도 변화의 길을 걷게 될 것이다.

'개천에서 용 나는' 모델의 '희망고문'

"꿈을 가져라!" 욕먹기 딱 좋은 말이다. "꿈을 버려라!" 이 말 역시 욕먹는다. 꿈을 이루기 어려운 세상에선 "꿈을 가져라"라고 말해도 욕먹고, "꿈을 버려라"라고 말해도 욕먹는다. 오히려 후자가 더 욕먹을 수도 있다. "당신은 꿈을 이루었다고 이 따위로 말하는가?"라는 말을 듣기 십상이다. 결국 꿈과 관련된 좌절의 수렁에 빠져 있지 않은 사람은 그 어떤 말을 해도 욕을 먹을 수밖에 없는 세상, 지금 우리가 바로 그런 상황에 처해 있다.

그런데 세상을 살다 보면 꿈을 이룰 수 없다는 걸 뻔히 알면서도 "꿈을 갖자"고 말해야 하는 경우가 있기 마련이다. 종교인과 정치인은 그런 말을 상습적으로 해야 하는 직업이지만, 다른 직업을 가진 사람들에게도 집단 의례의 성격이 강한 곳에선 "꿈을 갖자"고 말하지 않을 수 없는 상황이 생긴다. 교수들의 세미나도 곧잘 그런 상황에 빠져든다.

지방언론을 주제로 한 세미나에선 지방언론이 안고 있는 모든 문제가 거론된다. '참상'이라고 해도 좋을 정도로 딱한 이야기들이 쏟아져나온다. '서울공화국'이라는 말로 대변되는 구조적 문제가 있기에 이렇다 할 해법을 찾기가 어렵다. 그래도 명색이 세미나인 만큼 교수들은 열심히 대안을 제시한다. 그 대안이 실현되기 어렵다는 것, 아니 거의 불가능하다는 걸 알면서도 마무리는 그렇게 지어야 한다는 게 관례가 된 셈이다.

그런 세미나를 수십 차례 겪으면서 질린 나머지 나는 "꼭 그래야만 하는가?"라는 의문이 들었다. 그래서 나는 언젠가 어느 세미나에서 "답이 없다"는 결론을 내렸다. 그랬더니 청중석에서 반발이 터져나왔다. "그런 하나마나한 소리를 들으려고 이 자리에까지 온 줄 아느냐?"는 항변이었다. "무책임하다"는 의견도 있었다. 나는 내심 "그럼 또 거짓말을 하란 말인가?"라는 생각으로 쓴웃음을 짓고 말았다.

우리가 흔히 말하는 '희망 고문'은 고문을 하는 사람의 뜻으로만 이루어지는 건 아니다. 고문을 당하는 사람들도 속는 줄 알면서도 희망을 원한다. 그래서 양측이 암묵적으로 공모한 가운데 '희망 고문'이 일어나는 것이다. 사회적으로 '희망 고문'을 비판하는 목소리가 높지만, 그 목소리의 진정성을 믿기는 어렵다. 그건 사실상 희망의 실현 가능성을 높이라는 주문일 뿐 희망을 완전히 포기한 건 아니기 때문이다.

이른바 '개천에서 용 나는' 모델도 바로 그런 경우에 속한다. 우리는 그저 개천에서 난 용을 향해 박수를 치고 환호하면서 우리가 사는 세상이 살 만하다는 자위를 하는 동시에 '희망 고문'을 사회적 차원의 정책으로까지 끌어올리는 일을 계속해오지 않았던가?

본문에서 지적했듯이, 그간 지방은 개천을 자처하면서 '용 키우기'를 지역인재육성전략이자 지역발전전략으로 삼아왔다. 용은 어디에서 크나? 무조건 서울이다! 그래서 서울 명문대에 학생을 많이 보내는 고교에 장려금을 주고 각 지방자치단체별로 서울에 학숙을 지어 각종 편의를 제공함으로써 유능한 학생을 서울로 많이 보내기 위해 발버둥쳐왔다. 사실상 '지방대학 죽이기'를 지역인재육성전략이자 지역발전전략으로 삼은 셈인데, 그게 어이없다고 웃거나 화를 내는 사람은 거의 없다. 모두 다 진지한 표정으로 그런 지원이 더 필요하다고 말할 뿐이다. 왜 그럴까?

우리는 지역의 이익과 지역민의 이익이 같을 걸로 생각하지만, 그게 꼭 그렇진 않다는 데에 지방의 비극이 있다. 지방대학이 죽는 건 지역의 손실이지만, 자식을 서울 명문대에 보내는 건 지역민의 이익이다. 각 가정이 누리는 이익의 합산이 지역의 이익이 되기는커녕 오히려 손실이 되는 '구성의 오류'가 여기서도 일어나는 것이다.

심지어 서민층 학부모마저도 자식을 서울 명문대에 보내는 꿈을 꾸기에 그런 지역발전전략이 당연하다고 생각한다. 확률에 개의치 않고 '개천에서 용 나는' 모델에 대한 신앙을 갖고 있는 것이다. 우리는 개천에서 더 많은 용이 나는 걸 진보로 생각할 뿐, 개천에 남을 절대 다수의 미꾸라지들에 대해선 아무런 생각이 없다. 미꾸라지들의 돈으로 용을 키우고, 그렇게 큰 용들이 권력을 갖고 '개천 죽이기'를 해도 단지 그들이 자기 개천 출신이라는 데에 큰 의미를 부여한다. 내부 식민지의 기묘한 자학이요 자해라 할 수 있다.

'개천에서 용 나는' 모델은 본질적으로 "억울하면 출세하라"는 것과 다를 바 없으며, 출세하지 못한 채 개천에서 살아가야 하는 다수 미꾸라지들에게 불필요한 열패감을 안겨주면서 그들을 불행의 수렁으로 밀어 넣는 게 아니고 무엇이란 말인가. '개천에서 용 나는' 모델을 깨야 한다.

지방의 이익과 지방민의 이익이 다른 비극

나는 『한겨레』(2015년 3월 9일)에 이와 같은 취지를 담은, 「'개천에서 용 나는' 모델」이라는 칼럼을 기고했는데, 한 교육학도에게서 다음과 같은 질문을 받았다.

"개천에서 용 나는 모델을 버린다는 것은 다수의 미꾸라지들의 열패감을 줄일 수 있게 하지만, 지방 출신 학생의 '꿈(아직까지는 물론 서울 명문대 진학이겠지요)'을 이루지 못하게 하는 것은 아닐까 싶고, 숨어 있는 인재를 발굴, 육성할 수 없기에 국가, 사회적으로도 손해가 아닐까 싶기도 하구요."

아주 좋은 지적이다. 이 질문의 선의와 취지에 십분 공감한다. 그럼에도 이렇게 되묻고 싶다. 인재는 서울에 몰려 있어야만 국가와 사회에 기여할 수 있는가? 인재가 대한민국 전역에 골고루 퍼져 있는 가운데 각 지역이 잘되게 해서 전 국가와 사회가 잘되게 하는 길은 없는 걸까? 혹 우리는 '서울에서 지방으로'라는 낙수효과 이데올로기를 심리적으로 내면화한 건 아닐까?

그런데 '개천에서 용 나는' 모델에 대한 문제 제기는 사실 논쟁을 할 필요가 없는 주제다. 각자 알아서 하면 되기 때문이다. 서울 명문대 진학을 원하는 지방 학생에겐 개인적 차원에서 뜨거운 격려와 더불어 성원을 보내는 것이 좋거니와 바람직하다. 나 역시 늘 그렇게 하고 있다. 문제의 핵심은 공적 차원의 자세와 더불어 돈이다. 지방정부와 공적 기관들의 공식적인 지원, 즉 다수 미꾸라지들의 돈으로 용을 키우는 방식은 공정하지 않다는 것이 논점이다.

이를 개별 가족 차원에서 생각해보자면, 그건 '장남을 위한 희생' 모델이다. 과거엔 장남 하나 잘 키워 집안 살리겠다는 생각으로 동생들의 교육을 희생시키는 집안이 많았다. 어려운 가정 형편상 아이들을 다 대학에 보낼 수 없으니, 장남만 집안의 대표선수로 대학에 보내고 동생들은 장남의 학비나 집안 생활비를 대기 위해 공장에 일찍 취직해야 했다.

이런 전략이 성공하기 위해서는 장남이 반드시 성공을 해야 하고, 성공 후 변심을 하지 않고 집안에 보은을 해야 한다. 그런데 이 두 가지 조건을 다 충족시키는 게 결코 쉽지 않다. 그래서 이 전략은 소기의 성과를 거둔 해피엔딩으로 끝나기도 했지만, 동시에 수많은 불행과 가족 불화의 원인이 되기도 했다.

우리는 오늘날 이런 '장남을 위한 희생' 모델에 동의하지 않는다. 그런데 왜 지방에선 그 시대착오적인 모델이 여전히 사회적 차원에서 작동하고 있는가? 이는 지방의 이익과 지방민의 이익이 다른 상황에서 지방의 이익을 대변할 주체가 형성되어 있지 않기 때문에 빚어지는 일이다. 즉, 지방민이 가정 단위로 파편화된 가운데 "가정이 좋으면 지역에도 좋은 것 아니냐"는 식의 사고가 만연해 있다는 것이다. 그런데 과연 그런가? 지방에서 성공을 거둔 사람이 서울로 이사를 가는 것은 그 가정 차원에선 축하할 일이지만, 그게 과연 지방에도 좋은가? 적어도 정책 차원에선 사적·공적 영역을 분리해 대응하는 것이 올바른 길이 아닐까?

다시 말하지만, '개천에서 용 나는' 모델에 대한 문제 제기는 사실 논쟁을 할 필요가 없는 주제다. 너무도 명명백백한 증거들이 산더미처럼 쌓여 있기 때문이다. 전북을 예로 들어 설명해보자. 전북 인구는 1960년대 중반 252만 명이었다. 지금은 얼마인가? 겨우 180만 명대에 불과하다. 그간의 대한민국 평균 인구증가율을 감안하자면, 반세기만에 인구가 반토막이 난 셈이다. 사정이 이러한데도 인재건 둔재건 자꾸 서울로 인구를 보내는 것이 지역발전전략이라고 우기는 이런 정신착란을 언제까지 구경해야 한단 말인가?

지방 명문고 동창회는 '개천에서 난 용들'의 경연대회

"생존 중인 역대 도지사 12명 중 1명만 전북에서 살고 있습니다."
2006년 6월 30일 밤 전북의 민영방송인 JTV 뉴스 내용이다. TV를 시청하다가 화들짝 놀라 메모해둔 것이다. 11명은 어디에서 살까? 물론 서울이나 서울 근교다. 전북만 그런 게 아니다. 지방의 모든 지역이 다 그렇다고 보아도 무방하다. 2015년 3월 현재 전체 국회의원 3명 중 1명이 서울 강남 3구에 아파트나 오피스텔, 단독주택 등 부동산을 보유하고 있다는 것도 놀랍지만, 이에 못지않게 놀라운 건 자신의 지역구 자택은 전세로 얻은 대신 강남 3구에 집을 갖고 있는 의원이 31명이나 된다는 사실이다.

사람들은 당연하게 생각하지만, 내가 보기에 더 놀랍고 흥미로운 건 지방 명문 고등학교들의 총동창회 모임이다. 어디에서 열까? 서울이다! 새로 탄생했거나 승급된 용들의 이름을 열거하면서 과시하는 게 행사의 하이라이트가 되는, 개천에서 난 용들의 경연대회라고 해도 과언이 아니다. 그 명문 고등학교들이 소재한 개천을 지키는 이들은 도지사, 시장, 기관장 급이 아니면 낄 수도 없는, 용이 된 서울 시민들만의 잔치판일 뿐이다.

이는 무엇을 말하는가? 지방의 상층 엘리트들은 지방을 지배하기 위해 잠시 머무르는 것일 뿐 그들은 사실상 서울 공화국의 신민에 불과하다는 것을 말해준다. 그들은 서울에도 집을 갖고 있고 자녀를 서울로 유학보내기 때문에 굳이 기존 '서울 공화국' 체제에 강력 도전해야 할 필요성을 느끼지 못한다. 때로 도전하는 척 시늉은 내지만, 지방에서 용 노릇을 위한 제스처 수준에 머물고 만다.

물론 그들에게도 고충은 있다. 중앙정부에 협조적이거나 적어도 도전적이지 않아야만 지역을 위해 많은 일을 할 수 있다는 걸 어찌 부인할 수 있으랴. 중앙이 돈줄을 쥐고 지역 간 경쟁을 유도하면서 지방을 분할지배하고 있는 상황에서 중앙에 대해 굴종하는 것이 지역에 단기적 이익이 될 수 있다는 걸 모르지 않는다. 그런데 그런 문제를 뼈저리게 느꼈다면 퇴임 후 그런 문제를 지적하거나 비판할 법도 한데, 여태까지 그런 지적이나 비판이 거의 없었다는 건 어찌 이해해야 하는가.

지방의 상층 엘리트들을 비판하려거나 폄하하려는 게 아니다. 그들은 거의 모든 국민에게 상식처럼 통용되는 '개천에서 용 나는' 모델에 충실했을 뿐이다. 지금 나는 그 모델의 본질을 직시하면서, 이젠 그걸 바꿀 때가 되지 않았느냐는 말을 하려는 것이다. 잘 생각해보자. 개인 차원에서 용이 되려는 야망은 좋지만, 모든 사회 성원이 용 되기를 지향하는 삶의 방식이 전 사회적 차원에서 부추겨지는 것도 좋다고 말할 수 있을까? 우리가 그런 시스템의 수혜를 입어 세계가 놀랄 만한 압축성장을 이룬 건 분명하지만, 이젠 그런 모델의 효용이 다했다는 성찰을 해야 하지 않을까?

본문에서 지적한 것처럼, 지금 한국 사회는 '이카로스 패러독스'에 빠져 있다. 우리가 버려야 할 꿈은 과욕, 즉 태양에 도달하려는 욕망이다. "도대체 누가 그런 꿈을 꾸고 있단 말인가?"라는 항변이 날아올 법하다. 최소한의 생계 문제 때문에 고민하는 사람들에겐 궤변이 나 망언으로 들릴 것이다. 그럼에도 우리가 주목해야 할 것은 그 욕망의 크고 작음이 아니라, 그것이 무엇에 의해 생성되었는가 하는 것이다. 나 아닌 다른 사람과의 비교에 의해 만들어진 꿈은 아무리 소박한 것일지라도 우리를 끊임없이 괴롭힐 것이기 때문이다.

불행 중 다행인 것은 여야, 좌우, 남녀노소를 막론하고 모두 이대 론 안 되며, 한국 사회에 근본적인 변화가 있어야 한다는 데에 공감했다는 점이다. 달리 말해, 우리 모두 '이카로스 패러독스'에서 탈출하자는 암묵적 공감대는 형성되어 있는 것으로 보인다.

2015년 1월 9일 KAIST 미래전략대학원의 토론회 '한국인은 어떤 미래를 원하는가'에서 과학기술정책연구원 박사 박성원은 20~34세 청년층을 대상으로 한 설문조사 결과를 발표했다. 응답한 청년의 42퍼센트가 "붕괴, 새로운 시작"을 원하며, "지속적인 경제성장"을 원한 청년은 23퍼센트에 불과했다. 조사 시점이 세월호 사고 이전인 데다 조사 대상자 중 '대졸 사무직·전문직'이 가장 많았다는 점을 감안하면 의미심장하다. 박성원은 '붕괴, 새로운 시작'을 꼽은 이들은 과도한 성장주의만을 추구하는 현 사회 대신 다양한 삶의 양식을 보존하고 소수자·경계인을 보호하는 사회를 희망하고 있다고 설명했다.[1]

'꿈 프로파간다'의 함정

꿈을 갖건 포기하건 그건 각자 자기 처지와 능력에 따라 알아서 할 일이지만, 그간 우리 주변엔 '꿈 프로파간다'가 아주 많았다는 것에 유념할 필요가 있겠다. 즉, 꿈을 포기하는 게 무슨 큰 죄나 되는 것처럼 떠들어댄 유명 인사가 많았다는 것이다.

불후의 명언인 양 전해져 내려오는 프로파간다도 많다. 예컨대, 영국 수상 윈스턴 처칠Winston Churchill, 1874~1965은 "절대, 절대, 절대, 절대 포기하지 마라"고 했고, 미국 제37대 대통령 리처드 닉슨Richard M. Nixon, 1913~1994은 "패배했을 때 끝나는 것이 아니라 포기했을 때 끝나는 것이다"고 했다. 세계 3대 SNS로 떠오른 '핀터레스트pinterest.com' 창업자 벤 실버먼Ben Silbermann, 1983~은 한국에서 창업하려는 사람들에게 다음과 같이 조언한다.

"절대 포기하지 말라는 겁니다. 저도 첫해엔 진짜 포기하고 싶었습니다. 미래가 어떻게 될지는 진짜 모릅니다. 성공의 핵심 원칙은 끝까지 가라는 겁니다. 기업의 성공 방정식은 CEO가 끝까지 가느냐, 가지 않느냐에 달렸다고 생각합니다."[2]

이런 종류의 '꿈 프로파간다'는 '선진국 따라잡기'라는 추가적인 꿈을 꾸는 한국 사회에서 더 맹위를 떨친다. "하면 된다"는 자기암시로 적잖은 성과를 이룬 나라이기에 그 프로파간다의 위력은 더욱 크다. 그런데 그런 '꿈 프로파간다'를 그대로 믿어도 되는 건가?

성공한 후에 포기하지 않았음을 성공의 비결로 제시하기는 쉬운 일이지만, 인간 세상엔 포기하지 않았기 때문에 오히려 인생을 망친 사람의 수가 훨씬 더 많을 것이다. 죽은 자는 말이 없다지만, 죽은 자만 말이 없는 게 아니다. 실패자도 말이 없는 법이다. 실패자는 찾기 어렵다. 실패 사례를 애써 찾아낸다 해도 성공 사례를 더 많이 접할 가능성이 훨씬 높다. 이른바 '생존 편향survivorship bias'의 문제가 있다는 것이다.

생존 편향은 생존에 실패한 사람들의 가시성 결여lack of visibility로 인해 비교적 가시성이 두드러지는 생존자들의 사례에 집중함으로써 생기는 편향을 말한다. 이 편향은 '낙관주의 편향성optimism bias'과 '과신 오류overconfidence effect'를 일으키는 원인이 된다. 연구자들도 실패 사례는 기록이 없거나 빈약한 반면, 성공 사례는 풍부한 기록이 남아 있으므로 본의 아니게 성공 사례를 일반화하는 오류에 빠질 가능성이 높다.[3]

언론도 '성공 미담' 위주의 기사를 양산해내는데, 이 또한 기사의 흥미성을 높이기 위한 의도도 있지만 '실패 사례'를 찾기가 어려운 탓도 있다. 실패를 한 사람이 뭐가 좋다고 자신이 나서서 "왜 나는 실패를 했는가"에 대해 말하고 싶어 하겠는가 말이다. 물론 예외적으로 그런 기사들도 나오긴 하지만, 그건 그야말로 예외적인 것일 뿐 성공보다 훨씬 많은 실패 사례들은 언론 취재와 보도에서 외면되기 마련이다. 언론에 재미교포로서 성공한 미담들은 자주 실리지만, 비참한 실패를 한 사례는 거의 실리지 않는 것도 바로 그런 이유 때문이다.

왜 자꾸 강남을 비교의 대상으로 삼는가?

언론이 비판의 기준을 최상위에 둠으로써 본의 아니게 유포시키는 '꿈 프로파간다'도 있다. 이른바 '사회적 증거social proof'의 원리 때문에 빚어지는 일이다. '사회적 증거'는 많은 사람이 하는 행동이나 믿음은 진실일 것이라고 생각하는 경향을 말한다.[4]

미국 아칸소주립대학 연구원인 제시카 놀란Jessica Nolan의 실험을 보자. 그는 각 가정에서 에너지 절약에 힘쓰도록 만들려는 목표를 세우고 각 집으로 보낼 통지서를 다음 네 가지 유형으로 만들었다.

(1) 환경보호를 위해 에너지 절약에 앞장섭시다. (2) 사회발전을 위해 에너지 절약에 앞장섭시다. (3) 비용절감을 위해 에너지 절약에 앞장섭시다. (4) 이웃사람들은 이미 실천하고 있으니 우리 모두 에너지 절약에 앞장섭시다.

어떤 결과가 나왔을까? 미리 주민들의 의견을 물었더니 대부분 "분명히 네 번째 통지서는 별로 효과가 없을 겁니다"라고 했지만, 결과는 정반대였다. 네 번째 통지서를 받은 집들의 에너지 사용량이 가장 많이 준 것으로 나타났다. 사람들은 "나는 남들이 하는 대로 무조건 따라 하는 사람이 아니야"라고 생각하지만, 현실은 정반대였던 것이다.[5]

부정적인 일을 남들 따라서 한다면 그건 '부정적인 사회적 증거'라고 할 수 있다. 언론이 좋은 뜻으로 한 사회고발이 역효과를 낳을 수 있는 것도 바로 이런 부정적인 사회적 증거의 법칙 때문이다. 예컨대,

서울대 물리학과 교수 김대식은 진보언론이 강남의 높은 사교육비와 주택 문제들을 열심히 비판한 것에 대해 다음과 같이 말한다.

"그 결과가 뭔지 아세요? 사람들이 강남에 있는 학원으로 더 몰리게 됐어요. 전세를 얻어서라도 기를 쓰고 학원 주변으로 이사 가는 사람들이 생긴 거예요. 강남 학원 가면 점수가 오른다는 걸 오히려 선전해준 셈이죠. 잘사는 집에서 교육비를 열 배 쓴다고 진보언론에서 문제를 제기해요. 부잣집에서 교육비를 더 쓰는 건 당연한 일이에요. 그래서 어쩌라는 말입니까. 그런 기사는 가난한 집 애들의 공부 의욕을 꺾어요. 진보언론 기자들이 대부분 명문대 출신이기 때문에 자기애들은 학원 잘 보내면서 가난한 아이들 마음만 아프게 하잖아요! 진짜 가난한 사람들의 마음을 제대로 이해하고 쓴 기사가 아니에요."[6]

그러나 그게 꼭 진보언론만의 문제는 아니다. 보수언론에도 「월급쟁이가 강남구 전세 살려면 한 푼도 안 쓰고 10년 모아야 가능」과 같은 제목의 기사들이 자주 실린다.[7] 평범한 월급쟁이가 군이 가장 비싼 강남에서 전세를 살아야 할 이유가 무엇이란 말인가? 다른 지역 사람들은 강남엔 신경 안 쓰고 살면 행복지수가 올라갈 것이다. 그쪽에 신경 안 쓴다고 해서 뒤처지는 것도 아니다. 너는 너대로 나는 나대로 살면 되기 때문이다. 혹 우리는 모든 면에서 강남을 반드시 달성해야 할 목표로 삼음으로써 우리 자신의 삶을 불행하게 만드는 동시에 우리가 정작 기울여야 할 관심과 노력을 엉뚱한 곳에 탕진하고 있는 건 아닐까?

용을 키우기 위한 미꾸라지들의 희생

"포기하면 편해"라는 인터넷 유행어는 복합적인 의미를 담고 있다. "절대 포기하지 마라"는 뜻으로도 쓰이지만, 욕망 탈출이 가져다주는 마음의 평안이 실재한다는 뜻으로도 쓰인다. 각자 처한 상황에서 받아들이기 나름이지만, 이 후자의 용법은 속세를 떠난 도사들의 '무소유' 정신과는 구분할 필요가 있다.

"필요가 없는 건데 능력이 없는 거래. 코끼리는 점프를 못 하는 게 아니라 점프할 필요가 없는 거야.⋯⋯포기하지 말란 말에는 억압이 있다. 우리가 어떤 일을 포기한다고 인생을 포기하는 건 아니지 않나. 포기란 다른 걸 시작하는 거다.⋯⋯어려서부터 나보다 잘하는 애가 있으면 금방 포기가 됐다. 희망, 꿈, 힐링 같은 말을 싫어한다. 막살자는 게 아니다. 지금 가능한 최선의 선택을 위해 자신을 냉정하게 판단하자는 것이다. 스스로를 모든 걸 다 해낼 수 있는 사람이라고 생각하면 안 된다. 뭘 잘하고 못하는지 알아야 한다."

SNS에 올라온 '트위터 시인' 하상욱의 말이다. 양성희는 이 글이 인상적이라며 "안 되면 될 걸 하라"고 권한다. 어려서부터 포기를 잘했다는 양성희는 "요즘은 '일등병'도 모자라 모두가 모든 것을 다 잘해야 하는 '만능병'에 걸린 한국 사회"라며 다음과 같이 말한다.

"공부도 일도 연애도 잘하고, 외모도 스펙도 다 갖춰야 하며, 유행하는 온갖 트렌드를 쫓아가느라 허덕이는 사회다. 말로야 '잘하는 게하나만 있으면 된다'면서도 모두가 전인적 인간을 꿈꾸며 기력을 소

진시킨다. 꿈을 잃지 않고 끝까지 노력하면 누구나 '일등 만능인'이
될 수 있다는 달콤한 거짓말에 속아 인생을 저당 잡힌 불행한 사회다.
이때 포기란 비겁한 후퇴가 아니라 제 삶을 진짜 가볍고 자유롭게 하
는 인생의 기술 아닐까."[8]

　반가운 말씀이다. 그러나 이런 말보다는 여전히 "꿈을 가져야 한
다"는 말이 훨씬 많다. 게다가 취업 희망자들에게는 이른바 '첫 단추
이론'이라는 게 있어 달리 생각하기도 어려운 게 현실이다. 취업 희망
자들이 "무조건 대기업에 가야 한다"는 속설을 신앙처럼 간직하고 있
는 것도 바로 이 이론 때문이다. 이와 관련, 취업준비생 나해리는 다음
과 같이 말한다.

　"'첫 단추가 중요해요.' 수업에서 교수가 늘 강조하던 말이다. 기
업인 출신인 교수는 첫 직장이 어디냐에 따라 인생 전체가 바뀐다고
했다. 아무 데나 들어가선 안 된다. 대기업이어야만 많은 걸 배울 수
있다고 했다. 또 나중에 직장을 옮길 때도 어디 출신인지에 따라 많은
게 달라진다고도 했다. 아무리 전도유망한 벤처기업에서 일했거나 중
소기업에서 빼어난 실력을 증명했다고 해도, 이직 땐 대기업 출신보
다 불리하다고 말했다. '대기업이 괜히 대기업인 게 아니야.' 외국계
기업인 디즈니에서 인턴을 하다가 결국엔 대기업을 선택한 선배가 말
했다. 이런 말을 자주 듣다 보니 '작은 곳은 별 볼 일 없겠지. 인생을
망칠 수도 있겠다'는 생각이 들었다."[9]

　다음과 같은 직설법으로 대기업을 갈 것을 권유하는 충고도 주변
에서 쉽게 들을 수 있다. "야 웃기지 마, 일단 좋은 기업을 들어가야

해. 솔직히 한 달 100만 원 주는 직장이랑, 250만 원 주는 직장이랑 얼마나 차이가 나는 줄 알아? 시작부터 좋은 데 가지 않으면 넌 평생 그 바닥에서 썩는다. 거기서 빠져나오는 게 얼마나 힘든지 몰라서 그래, 네가."[10]

그런데 사실 문제의 핵심은 꿈의 크고 작음이 아니다. 형평성이다. 2015년 3월 고용노동부 장관의 '청년 간담회'에 참석한 어느 취업준비생은 "대기업만 고집하지 말고 눈높이를 낮추라는 어른들의 얘기는 '폭력'이나 다름없다"고 했는데,[11] 바로 이 말에 형평성의 비밀이 숨어 있다.

생각해보자. 앞서 보았듯이, 대기업의 중소기업 착취는 널리 알려진 비밀이다. 그게 바로 대기업 경쟁력의 근원이기도 하다. 세계 최고 수준을 자랑하는 삼성전자 경쟁력의 핵심 요소도 협력업체를 치밀하게 쥐어짜는 '갑甲 문화'다.[12] 한국에서 삼성전자는 '개천에서 난 용'인데, 그 용 하나 키우자고 개천의 수많은 미꾸라지가 희생을 당하고 있는 셈이다.

정부는 대기업의 중소기업 착취에 대해 그러지 말라고 말리는 시늉은 하지만 사실상 방관적인 자세를 취하고 있다. 대기업과 중소기업의 과도한 임금격차와 고용안정성 격차도 사실상 수수방관하고 있다. 국민도 정부의 그런 직무유기와 무능에 무관심하다. 그저 자식을 대기업에 보내는 데에만 정신이 팔려 있을 뿐이다. 우리는 모두 용이 되려고만 할 뿐 개천의 미꾸라지들은 죽든 살든 내팽개쳐 두는 집단적 습속을 갖고 있다. 그런 상황에서 눈높이를 낮추라는 말이 폭력으로 여겨지는 건 당연한 일이 아닐까?

그럼에도 겨우 100만 원 남짓 주는 직장에 취직하지 않을 수 없는 사정을 가진 이도 많다. 왜 그럴까? "일단은 여기라도 들어가야 등록금 대출 이자라도 상환해낼 수 있으니까. 주말에 집에서 바닥 좀 긁고 있어도 백수라고 눈치 안 볼 수 있으니까. 그리고 최소한 입에 풀칠은 할 수 있으니까."[13]

즉, 한 가지 분명한 것은 모두 다 용이 될 수는 없다는 사실이다. 용과 미꾸라지의 격차를 해소하려고 애를 쓰는 게 아니라 모두 다 용이 되려고 각개약진 식으로 노력할 때에 일어날 수 있는 결과는 뻔하다. 지금과 같은 고통과 절망의 상황은 지속될 수밖에 없다. 그런 고통과 절망에서 탈출했다고 하는, 아니 어쩔 수 없이 탈출을 강요당한 일본의 '사토리 세대' 현상은 우리에게 무엇을 말해주는가?

'절망의 나라의 행복한 젊은이들'

사토리 세대는 더는 꿈을 꿀 수 없는 현실을 냉정하게 인정하고 그에 적응하는 일본 젊은이들을 가리키는 신조어다. 1980년대 후반 이후 태어난 10~20대 중반의 젊은이들이 사토리 세대에 해당한다. 사토리さとり는 '깨달음', '득도得道', '달관達觀'이라는 의미로, 그래서 '득도 세대'나 '달관 세대'라고도 한다.

사도리 시대는 한국판 '3포 세대(연애·결혼·출산을 포기한 세대)'

나 '잉여 세대'와 비슷한 것 같으면서도 '달관'이라는 점에서 다르다. 즉, 사토리 세대는 욕망을 포기한 반면, 한국의 3포 세대나 잉여 세대는 고통과 절망을 호소하면서도 아직 욕망의 끈을 부여잡고 있는 것이다.[14]

일본 사회학자 후루이치 노리토시는 『절망의 나라의 행복한 젊은이들: 어려운 시대에 안주하는 사토리 세대의 정체』(2011)에서 흥미로운 문답을 제시한다. 『뉴욕타임스』의 도쿄지국장 마틴 파클러Martin Fackler는 "일본의 젊은이들은 이처럼 불행한 상황에 처해 있는데, 왜 저항하려고 하지 않는 겁니까?"라는 질문을 던졌다. 이에 대한 노리토시의 답은 간명하다. "왜냐하면, 일본의 젊은이들은 행복하기 때문입니다."

실제로 오늘날 일본 젊은이들의 생활 만족도나 행복지수는 최근 40년 동안 가장 높았다. 일본 내각부의 '국민생활에 관한 여론조사'를 보면, 2010년 시점에서 현재의 생활에 만족한다는 답은 30대 65.2퍼센트, 40대 58.3퍼센트, 50대 55.3퍼센트인 반면, 20대의 만족도는 70.5퍼센트인 것으로 나타났다.[15] 한국에서 유행하는 말로 하자면 '정신 승리'를 추구하는 걸까? 노리토시도 그런 면이 있음을 부정하지 않는다.

"'오늘보다 내일이 더 나아질 리 없다'라는 생각이 들 때, 인간은 '지금 행복하다'라고 생각한다. 이로써 고도성장기나 거품경제시기에 젊은이들의 '생활 만족도'가 낮게 나타났던 이유가 설명된다. 말하자면, 그 시기의 젊은이들은 '오늘보다 내일이 더 나아질 것이다'라고 믿었다. 더불어 자신들의 생활도 점차 좋아질 것이라는 희망도 품고 있었다. 따라서 지금은 불행하지만, 언젠가 행복해질 것이라는 '희망'을 가질 수 있었던 것이다.……그러나 오늘날의 젊은이들은 소박하게 '오늘보다 내일이 더 나아질 것이다'라는 생각을 믿지 않는다. 그들의 눈앞에 펼쳐져 있는 것은 그저 '끝나지 않는 일상'일 뿐이다. 그래서 '지금 행복하다'라고 말할 수 있는 것이다. 다시 말해, 인간은 미래에 대한 '희망'을 잃었을 때 비로소 '행복'해질 수 있는 것이다."[16]

"일본은 절망적이고 한국은 '더' 절망적이다"

그래서 많은 일본 젊은이가 정규직보다는 비정규직을 원한다. 장그래가 잘 보여주었듯이, 한국에선 정규직 되는 것이 대단한 꿈으로 여겨지지만, 일본에선 그렇지 않다. 종종 아르바이트에서 정사원으로 전환할 수 있는 길을 제도적으로 마련해놓은 곳도 있지만, 정작 젊은이들은 여기에 매력을 느끼지 못하는 경우가 많다. 예컨대, 대형 선술집에서 일하는 프리터 겐지(21세, 남성)는 "정해진 날에 출근하지 않으면 안 되고 급료도 낮다"라는 이유로 정사원이 되는 데 별 관심이 없다고 말한다.[17]

사토리 세대의 등장으로 누가 가장 큰 타격을 받았을까? 바로 기업들이다. 사토리 세대가 도무지 소비를 하지 않으니 내수 시장이 어찌 되겠는가. 소비를 멀리하는 것이 하나의 트렌드로까지 확산된다면, 기업으로선 재앙이다. 이와 관련, 박종훈은 한국 대기업들에 다음과 같이 경고한다.

"지금 한국의 기업들은 현재의 이윤을 극대화하는 과정에서 한국 청년들을 사토리 세대로 만들고 있다. 대기업들이 눈앞의 이익에 집착해 하청업체의 납품 단가를 낮추고 불공정거래를 자행함으로써 중소기업의 경쟁력을 지속적으로 추락시키고 있기 때문이다.……중소기업에서 비정규직으로 직장생활을 시작한 젊은 세대는 더 나은 미래를 꿈꾸지 못할 정도로 삶이 피폐해지고 있다. 이대로 간다면 한국의 젊은 세대도 미래에 대한 희망을 잃고 모든 욕망을 포기하는 사토리 세대가 될지 모른다."[18]

그렇듯 스스로 제 무덤을 파는 대기업들은 사토리 세대 현상에 대해 아무런 생각이 없는 반면, 지식인들은 곤혹스러워하고 있다. 예컨대, 박권일은 "사토리 세대를 반자본주의적 각성으로 볼지, 욕망의 상실로 볼지를 결정하기란 난감하다"고 말한다. 일정한 경제적 풍요를 달성한 뒤에는 한 사회의 탈물질주의 경향이 강해지지만, 그런 성향을 지닌 사람들의 비율이 다수파가 될 정도로 계속 높아지는 건 아니기 때문에 사토리 세대에 대한 과도한 의미 부여를 경계해야 한다는 것이다.[19]

오찬호는 「일본은 절망적이고 한국은 '더' 절망적이다」라는 제목의 글에서 '절망'의 인지 여부에 의미를 둔다. "절망적인 상황을 '절망'으로 받아들이지 않는다면, '현실에 만족하는 행복한 젊은이'조차 등장할 수 없다. '나는 할 만큼 했다, 하지만 사회가 이 모양인데 더이상 뭘 하겠어? 이제 내 행복, 나 스스로 찾겠어!'라는 '행복한 젊은이들'이 일본에 존재하는 이유는 그나마 자신을 사회적 관계 내의 '피해자'로서 볼 줄 알기 때문이다. 이것이 두 나라의 결정적 차이다. 그나마 일본은 한국에 비하면 유토피아였다. 부럽다."[20]

"목숨 걸고 공부해도 소용없다"는 손주은의 양심선언

그러나 이제 한국도 달라지고 있다. 국내 최고 '사교육업체'로 한때 코스닥 시가총액 1조 원대 기업으로 우뚝 선 메가스터디를 만든 손주은의 '양심선언'이 시사적이다. 그는 과거에 학생들에게 이렇게 외쳤다. "공부 말고 니들이 구원 받을 수 있는 건 아무것도 없어. 목숨 걸고 해봐, 이넘들아. 알겠어?" 그는 "(공부하지 않으면) 네 삶은 사실상 창녀보다 나을 게 없다"거나 "어이, 저기 고개 처박고 있는 개새끼, 나가 이 새끼야! 가다가 교통사고나 나 버려!" 등과 같은 폭언도 불사하는 폭군이었다. 물론 나름으로 학생들에 대한 애정과 진정성을 갖고 한 폭언이었겠지만, 이계삼은 이런 폭언들이 등장하는 손주은의 특강 동영상을 보는 내내 무서웠고 서글펐다고 말한다.

" '창녀보다 못한 삶'이라는 자극에도 '야, 이 개새끼야!'라는 욕설과 폭력의 위협에도 아이들이 서슴없이 복종하는 카리스마에는 무엇이 있을까를 생각했다. 그것은 별거 아니었다. 그는 학벌이 사실상 계급의 낙인으로 기능하는 한국 사회의 그 강파름과 탈락과 배제에

대한 공포감을 부추겨 돈을 버는 장사치일 따름이었다.……열일고여

덟 살 아이들에게 '개새끼', '창녀'라고 들이대도 고발당하기는커녕

열광적으로 복종하는 이 현실을 만든 사람은 대체 누구인가?"[21]

그랬던 손주은이 2011년엔 "지금은 그렇게 생각 안 합니다"라고

고백했다. "목숨 걸고 공부해도 소용없습니다. 생각이 모자랐어

요.……취업공부, 고시공부에 목매는 건 두렵기 때문이에요. 경쟁에

서 밀리면 끝이다, 안전망이라도 찾자는 거죠. 양극화에서 밀리지 않

기 위한 발버둥일 뿐입니다. 공부해서 취업한들 대기업 부속품밖에

더 됩니까. 얄팍한 인생밖에 더 됩니까. 이제 공부는 구원이 아니라,

기득권층 뒷다리만 잡고 편하게 살자는 수단에 불과합니다."

그는 공부해도 소용없는 이유에 대해 이렇게 말했다. "가진 사람

들이 부를 세습하는 장치들이 너무 단단해요. 가진 사람들이 자식들

을 위해 너무나 튼튼한 안전장치를 만들어놓고 있어요. 그래서 공부

잘한다고, 명문대 나온다고 중산층으로, 그 이상으로 올라가긴 쉽지

않아요. 대학 잘 가는 건 경쟁력 요소의 하나일 따름이지, 그렇게 큰

경쟁력은 아니라는 거죠."

그는 "메가스터디가 나쁜 기업일 수도 있다"고 했다. "메가스터

디는 컸는데 젊은이들이 절망적 상태에서 꿈도 못 꾼다면 엄청나게

나쁜 기업이죠. 몸에 안 좋은 약 파는 짓보다 더 나쁠 수 있죠. 그래서

고민이 많아요. 매출의 덫에 빠지지 말자고 해왔지만 교육보다 기업

에 더 관심을 뒀던 것 같고. (인터뷰 하고 있는) 지금처럼 CEO의 가면

을 벗고 싶지만, 어떻게 보면 이것도 얄팍한 수작일지 모르고……."[22]

그래서 어쩌라는 건가? 그는 "좀 '깽판'도 치다가 다른 길로 치고 들어가라"고 했지만, 사실상 답이 없다는 걸 실토한 셈이다. 아니 처음부터 답이 있었던 게임은 아니다. 단지 확률의 싸움이었을 뿐이다. 즉, 과거엔 공부 하나로 신분 상승을 할 수 있는 기회가 비교적 열려 있었기에 확률이 높았던 반면 지금은 확률이 매우 낮아졌다는 차이가 있을 뿐이다. 확률의 지속적인 변화는 질적 변화를 몰고 올 수도 있다.

한국의 '달관 세대' 논쟁

그래서일까? 한국에서도 서서히 사토리 세대, 아니 '달관 세대'가 나타날 수도 있다는 주장이 제기되고 있다. 2015년 2월 『조선일보』에 따르면, 자신을 '88만원 세대', '삼포 세대'라고 자조하던 20·30대 가운데 "그래 봐야 무슨 소용이냐"는 젊은이들이 생기기 시작했다. 차라리 '안분지족安分知足'하는 법을 터득하자는 이들이다. 그들은 "양극화, 취업 전쟁, 주택난 등 노력으로 바꿀 수 없는 절망적 미래에 대한 헛된 욕망을 버리고 '지금 이 순간' 행복하게 사는 게 낫다"고 말한다.

이들의 가장 큰 특징은 정규직으로 입사해 뼈 빠지게 일해도 현실은 크게 달라지지 않는다고 생각한다는 점이다. 정규직에 목매지 않는 한국판 사토리 세대의 직업 선택 기준은 '여유 있는 삶 보장'이나. 예컨대, 경희대를 졸업한 박 샘(25) 씨는 경기도 일산에서 디자인 관련 재택 아르바이트를 하며 월 80만 원을 버는데, "일하고 싶을 때 일하면서 꼭 필요한 만큼만 벌어 취미생활 하며 산다. 정규직이라고 미래가 보장되는 시대는 끝난 것 아니냐"고 말했다.[23]

3회에 걸쳐 연재된 이 기사에 대한 반응은 총 1만 개가 넘는 댓글이 달릴 정도로 뜨거웠다. 반응은 크게 보아 세 가지였다. 중장년층은 "부모 세대가 일군 번영을 놓고 앉아 받아먹는단 말인가?", "나라의 미래가 걱정이다" 등 탄식과 걱정을 쏟아낸 반면, 20·30대 세대는 "남에게 피해주는 것도 아닌데, 그것도 인생의 선택인데……부럽다"고 했고, "알바생에게 이들처럼 만족하고 살라고 꼬드긴다"는 음모론적 시각도 있었다.[24]

이 연재 기사와 관련, 적잖은 비판적 논평이 나왔다. 『조선일보』의 '편가르기와 분할지배' 음모에 대한 비판도 나왔고,[25] 달관 세대는 "파시즘이나 독재국가를 떠받치는 토대가 될 수도 있다"거나,[26] '게으른 인간'의 출현으로 '이 사회가 붕괴하는 조짐'이라는 등 부정적 의견이 많았다.[27] 모진수는 취업준비생의 입장에서 반론을 폈다. 그는 "마음 같아서는 모든 것을 내려놓고, 한적한 시골로 내려가 TV 예능 〈삼시세끼〉에서처럼 자급자족하면서 살고 싶다는 생각도 불쑥 고개를 듭니다. 하지만 그저 상상에 불과한 찰나의 감정일 뿐입니다"라면서 다음과 같이 말한다.

"저에게는 취업하자마자 갚아나가야 할 수백만 원의 학자금 대출이 남아 있고, 의식주를 비롯해 살아나가기 위한 최소한의 돈이 필요하기 때문입니다. 이러한 부채의식은 하루하루를 여유롭게 보낼 수 없게 만들어 버립니다.……기사 속 청년들은 모두 서울 소재의 유명 4년제 대학에 다니고 있었습니다. 그들이 아니라 선택의 여지없이 비정규직을 전전하고, 타의에 의해 씀씀이를 줄일 수밖에 없는 이들의 이야기를 깊이 들어봐야 했습니다. 그랬더라면 '지푸라기라도 잡는 심정으로 허덕이는 사람들'을 '모든 것에 달관해 속 편히 즐기는 사람들'로 만들어 버리는 일은 없었을지도 모릅니다."[28]

서강대 사회과학연구소 연구원 오찬호는 "일본에서는 '사토리' 할 수 있는 분위기가 있다. 최저임금도 (한국보다) 높고, 취업이 힘들지만 대학생이 다 토익시험을 봐야 하는 것도 아니다.……한국에서는 달관을 할 수가 없다. 이런 상황에서 초인간적인 사례들을 슬기롭게 사는 것 마냥 포장하는 것은 문제"라며 다음과 같이 말한다.

"『조선일보』에 등장하는 청년들이 과거에 없었는지 살펴볼 필요가 있다. 『조선일보』가 소개하는 사례들은 어느 시대 어느 사회에나 늘 있던 자유분방한 청년들에 가깝다. 달관 세대 담론은 '사회가 힘들지만 이런 친구들도 있다', '왜 너희들은 투덜거리기만 하고 작은 것에 만족하지 못하냐'는 논리로 이어질 수 있다. 『조선일보』는 88만 원 세대론이 유행하자 '세계로 뻗어가는 G세대' 담론을 내놨다. 글로벌 시대니까 열심히 하면 희망이 있다고 말하고 싶은 것이었는데, 이번 달관 세대론에도 이런 관점이 보인다."[29]

박권일은 "한국의 젊은이들이 달관한 것처럼 보인다면, 그것은 필시 '체념'이거나 '포기'일 게다"라며 이렇게 논평한다. "아무리 발버둥치고 악을 써도 수렁에서 빠져나올 수 없어서, 그래서 눈을 감고 한숨을 쉬며 움직임을 끝내 멈춘 이들을 향해 '깨달음을 얻으셨네요' 라고 말하는 건 얼마나 가학적인가. 『조선일보』는 자족적인 삶을 사는 젊은이들 몇몇을 앞세워 이 끔찍한 사회를 만든 일말의 책임마저 벗어던지려 한다. 이미 기성세대에 진입한 사람으로서 참담하고 부끄러울 뿐이다."[30]

체념을 해야 변화를 위한 저항도 가능하다

이 밖에도 많은 비판이 쏟아졌는데, 거의 모든 비판이 "한국은 일본과 다르며, '달관'이 아니라 '절망'이다"는 데에 초점을 맞추고 있다. 이 모든 비판의 선의와 취지엔 전적으로 공감하면서도 문제의 기사를 비판하는 것만으론 부족하지 않나 하는 생각이 든다. 대부분의 비판이 '달관'이라는 단어의 적절성에 집착하고, 기사에 사례로 등장하는 청년들이 주로 서울 명문대생들이라는 점을 지적하는 것 등이 그런 생각을 갖게 만든다.

이 기사가 『조선일보』 특유의 '의제설정 과욕'을 보였고, '안분지족安分知足' 같은 표현을 쓰는 등 부적절한 면이 있었으며, 사례가 '인 서울' 대학 출신에 치우쳤다는 문제점이 있긴 하지만, 좀 크게 보는 건 어떨까? 진정한 달관이라 한들 그것 역시 '체념'이나 '포기'와 무관할 수는 없다는 점을 고려한다면, '강요된 달관'의 형태로 한국형 달관 세대가 나오지 말란 법도 없다. 작명이 문제가 된다면, '체념 세대'나 '체넘족'으로 바꾸면 될 것이다. 비단 『조선일보』뿐만 아니라 '인 서울' 언론은 늘 지방을 무시하는 경향이 있는데, 지방엔 절망 끝에 서울을 포기하고 돌아온 '비명문대' 출신의 '체념 세대' 사례들이 적지 않다.

'달관 세대'가 아니라 '절망 세대'라고 한다고 해서 무엇이 달라질 수 있을까? 이미 답이 없다는 게 충분히 확인되지 않았는가? 『조선일보』의 '음모' 여부에 관계없이, 이념의 좌우를 떠나, 우리가 처해 있는 현실을 직시하면서 실천적인 답을 찾고자 한다면 이 기사의 어설픔에 비판의 초점을 맞추는 것으론 부족하다.

오히려 '체념'이나 '포기'를 동력 삼아 더 나은 세상으로 가는 길을 모색해보는 발상의 전환이 필요한 게 아닐까? 그간의 각개약진 방식을 연대와 협동의 방식으로 전환하는 데엔 반드시 '체념'이나 '포기'가 있어야 하는 게 아닐까? 즉, '전쟁 같은 삶'의 궤도 수정을 위해선 기존의 관성과 타성에서 벗어날 필요가 있다는 것이다.

진보주의자들은 달관 세대의 '체념'이나 '포기'가 변화를 위한 저항까지 무력화시킨다고 보는데, 나는 반대로 생각한다. 오히려 그간 한국 사회를 지배해온 '개천에서 용 나는' 모델에 따른 열망과 분투가 변화를 위한 저항까지 무력화시켰다고 보는 게 옳지 않을까? 개인적인 생존이나 출세를 위해 각개약진을 하는 사람에게 '변화를 위한 저항'이라니 그게 무슨 귀신 씨나락 까먹는 소리란 말인가. 오히려 각개약진을 포기하고 출세에 대해 체념할 때에 비로소 '지역사회'와 '공동체'가 눈에 들어온다고 보는 게 훨씬 진실에 가까울 것이다.

정치는 한국 사회의 블랙홀

앞으로 한국의 '달관 세대', 아니 '체념 세대'가 어떤 식으로 진화할지는 두고 봐야 하겠지만, 꿈을 포기해야 한다는 건 일본의 '사토리세대' 현상을 따라가자는 게 아니다. 노리토시의 다음과 같은 말에 그어떤 답의 실마리가 있는 것 같다.

"이제껏 일본은 경제성장만 하면 어떻게든 된다는 생각으로 계속달려왔는데, 돌연 경제성장이 멈춰버린 것이다. 이런 상황에서 민주주의 전통이 없는 일본은 모두 망연자실한 상태로, 그렇게 우두커니서 있게 된 것이다."[31]

'사토리 세대' 현상엔 명암이 있다. 사토리 세대가 필요 이상의돈을 벌겠다는 의욕이 없고, 중앙을 지향하지 않으면서 태어나 자란곳에 남기를 바라고, 작은 공동체 안에 모여 있으면 행복을 느끼는 것등은 우리가 지향해도 좋을 '유토피아'다. 반면 세상이 어떻게 돌아가건 말건 망연자실한 상태로 우두커니 서 있는 건 곤란하다. 그런데 한국엔 일본엔 없는 민주주의의 전통, 아니 좀더 정확히 말하자면 여차하면 기존 시스템을 뒤엎어 버릴 수도 있다는 저항과 전복의 열정이여전히 잠재되어 있다. 이게 바로 중요한 차이다.

본문에서 지적했듯이, 일본은 '메이와쿠迷惑'의 나라다. 부모가 자기 자식이 죽었는데도 "국민에게 폐 끼쳐 죄송하다"거나 "정부 노고에 감사한다"는 말도 하는 건 한국에선 상상할 수조차 없는 일이다.그래서 『조선일보』 디지털뉴스본부장 박정훈은 "이런 일본이 소름 끼치도록 무섭다"고 말한다.

"국가적 비극 앞에서 우리와 일본이 보이는 반응은 극과 극이다. 격정적인 한국과 냉정한 일본, 어느 쪽이 좋다고 잘라 말할 수는 없을 것이다. 열정과 에너지에 넘치는 한국인의 정서는 어떤 계기가 주어지면 놀라운 폭발력을 발휘하곤 한다. 그러나 공통의 적敵 앞에서도 서로 싸우고 탓하는 분파성分派性은 우리의 치명적 약점이다. 이것을 극복하지 못하는 한 영원히 일본을 따라잡지 못한다. 20년 전이나 지금이나 일본은 여전히 무서운 나라다."[32]

그렇다. 하지만 한국의 열정적 분파성에도 이면이 있다. 공적 문제에 대해 곰처럼 웅크리고 있지만 호랑이처럼 포효하며 무서운 이빨과 발톱을 사용할 수 있는 잠재력이 한국 대중에겐 있다. 일본 지식인들이 부러워하는 한국의 특성이기도 하다. 일본의 '메이와쿠 콤플렉스'는 사적 영역에선 더할 나위 없이 아름다운 미덕이지만, 공적 영역에선 민주주의의 작동에 큰 걸림돌이 된다. 물론 한국은 그 반대다.

그런데 문제는 현 상황에선 한국의 젊은이들이 시스템 개조에 대한 정열을 잃었다는 점이다. 아니 정열을 잃은 정도가 아니라 염증과 환멸을 드러내고 있다. 그런 염증과 환멸은 주로 정치권을 향한다. 정치, 그것은 한국 사회의 블랙홀로 전락하고 말았다. 무슨 일이건 정치적 이슈로 비화되면 될 일도 안 된다. 이성과 공감은 실종되고 유전자처럼 몸에 각인된 진영논리의 대결만이 판을 친다. 세월호 참사마저 정치적 진영논리와 당파싸움에 휘말려 든 가운데 오히려 갈등이 증폭되면서 재난을 더 키운 꼴이 되고 말았다. 그걸 지겹도록 지켜본 이들이 정치에 침을 뱉는 것 이외에 무슨 기대를 걸겠는가.

그러나 정치만 욕한다고 답이 나올까? 혹 싸워야 할 대상을 잘못 잡은 것은 아닐까? 사회적 변화를 오직 정치를 통해서만 해보겠다는 정치지상주의에 사로잡힌 나머지 유권자들이 해야 하고 할 수 있는 일들은 방기한 게 아닐까? 대중에 의한 시스템 개조의 가능성이 살아 있다면, 일본 사토리 세대 식의 '포기'가 각자 자기가 발 딛고 선 곳에서 작은 변화를 시도하는 데에 더 도움이 되지 않을까? 발상의 전환과 발칙한 상상력이 필요한 게 아닐까?

'연역적 개혁'에서 '귀납적 개혁'으로

지역이 바뀌지 않고 나라가 바뀔 수 있는가? 그간 우리가 중독되어온 '위에서 아래로'의 연역적 개혁을 의심하면서, '아래에서 위로' 올라가는 귀납적 개혁법을 시도해보는 건 어떤가? 둘 다 일장일단一長一短이 있지만, 정치가 블랙홀로 전락한 상황에선 귀납적 개혁은 선택의 문제가 아니라 당위다. 무엇보다도 정치에서 소외당하고 스스로 소외한 대중이 관심과 더불어 참여 의욕을 보이는 동력은 오직 '피부에 와 닿는 실감'이기 때문에 더욱 그렇다.

그간 수많은 사람이 하방下放을 부르짖었지만, 그렇게 말하는 이들마저 중앙을 포기하진 않았다. 물론 '개천에서 용 나는' 모델을 우선시했기 때문이다. 굳이 선의 해석을 해보자면, 귀납적 개혁은 중앙에 대한 꿈을 포기할 때에 비로소 가능하다는 기본적인 이치를 무시한 것이다. 내가 꿈을 포기해야 산다고 말하는 건 바로 이런 뜻에서다.

물론 개혁을 위해서 꿈을 포기하자는 게 아니다. 우선적으로 나를 위해서다. 지금 우리의 꿈은 사회심리적 과정을 거치면서 엄청나게 증폭되었기 때문에 그 거품을 빼는 실리를 취하자는 것이다. 예컨대, 당신은 정녕 "지잡대와 SKY는 하늘과 땅 차이지"라는 속설을 믿는가? 한마디로 이야기해서, 그건 쓰레기 같은 말이다. 한국 영화계의 1,000만 신드롬처럼 그건 한국 사회의 쏠림 현상이 낳은 엽기적 현상이다. 꿈의 거품을 빼는 건 우리 모두의 정신 건강을 위해서도 필요하다.

이런 이야기를 강연에서 하면 간혹 내가 SKY를 폄하하는 걸로 오해하는 분들이 있다. 어떤 분들은 자신이 직접 겪은, SKY 출신의 뛰어난 능력과 괜찮은 인간성을 거론하면서 인정할 건 인정해야 하지 않느냐는 반론을 편다. 물론 나는 그런 반론의 선의에 전적으로 동의하지만, 나의 논점은 그게 아니다. 나는 지금과 같은 '개천에서 용 나는' 모델이 우리를 괴롭히는 주범이며, 개인의 능력과 인간성을 학벌 간판으로 판단하는 이른바 '통계적 차별statistical discrimination'이 그 실질적 효용에도 가공할 인권유린 사태를 낳을 수 있다는 것에 대해 말하는 것이다.

지방에 일자리가 없기 때문에 자꾸 서울로 가는 거라는 말이 있다. 맞는 말이다. 앞서 언급한 『서울을 떠나는 사람들』이란 책엔 "전주에서는 제대로 된 직장을 구하기가 힘들어 친구들도 하나둘 다시 서울로 올라갔나"는 말이 나오는데,[33] 나 역시 그런 사람을 많이 보았다.

그러나 그 말은 맞는 말일망정, 부풀려진 말이다. 아니 끝없는 악순환을 유발하는 말이요 생각이다. 그런 식으로 지방의 인구가 자꾸 줄고 인재를 빼앗기는데 무슨 수로 일자리가 생기겠는가? 지방의 좋은 일자리는 주로 서울 명문대생들의 차지가 되는 현실에 대해선 뭐라고 할 것인가? 2014년 11월 부경대 경제학부 교수 류장수가 발표한 '부산 청년인재 유출 실태와 방지방안'을 보면 부산 지역 4년제 대학 졸업자가 부산에서 취업할 경우 평균 임금은 197만 원인 데 비해 수도권 대졸자가 부산에 취업하면 평균 246만 원을 받는 것으로 나타났다. 수도권 대학 출신자들이 지역에서도 좋은 일자리를 독차지하고 있다는 이야기다.[34]

"청년들의 미래를 강바닥에 처박았다"

더욱 중요한 건 '지방에서 서울로'의 엑소더스가 정부에 대한 감시·압력 기능을 완전히 포기하게 만든다는 데 있다. 전쟁 같은 삶을 요구하는 '갑질 공화국'을 바꾸기 위한 해법을 우리가 모르는 게 아니다. '낙수효과'에 기반한 경제정책은 물론 제반 사회정책과 개혁 논리를 바꿔 나가야 하고, 기업이 사회를 식민화해 기업논리로 인간을 재단하는 '기업사회'를 만든 재벌 중심의 경제를 바꿔 나가야 하고, 사회 전 분야에 걸쳐 작동하고 있는 '승자 독식' 체제를 패자와 나눠먹는 쪽으로 바꿔 나가는 게 필요하다는 등의 '모범답안'을 모르는 이가 얼마나 되랴.

　문제는 과연 그런 일을 누가 해낼 수 있느냐는 거다. 아니 정치인들이 그런 일을 하게끔 누가 압력을 넣느냐는 거다. 우리는 그 어떤 일에 대해서건 사회적 차원의 해법엔 관심을 기울이지 않는다. 지방의 일자리를 위해 그간 정부는 무슨 일을 해왔던가? 지방의 젊은이들은 이런 질문을 던지지 않는다. 그럴 시간이 없다. 아니 아예 관심조차 없다. 서울의 비교적 싼 원룸이나 학원을 알아보는 데에 정신이 팔려 있다.

　우석훈은 "만약에 2008년에 이명박 정부가 4대강으로 22조 원을 쓰는 대신에 '청년경제' 혹은 '청년뉴딜'의 이름으로 4대강과는 다른 방식의 재정정책을 했더라면?"이라는 질문을 던진다. "적어도 한국의 청년들이 위기 국면에 몰려 절반 이상이 비정규직을 전전하면서 미래에 대해서 아무 계획도 세우지 못하는 지금의 상황보다는 나아진 현실을 목격할 수 있었을 것이다.……이 상황을 한 문장으로 말하자면, 그때 우리는 이 땅에 사는 청년들의 미래를 강바닥에 처박았다고 할 수 있다."[35]

　이 주장에 꼭 동의할 필요는 없지만, 우리에게 매우 중요한 질문을 던져준 건 분명하다. 이명박 정부는 '청계천' 덕분에 탄생했기 때문에 계속 '청계천 콤플렉스'에 사로잡힌 나머지 다른 생각을 할 수 없는 원초적 무능력 상태에 처해 있었던 건지도 모른다. 전국의 정치인들이 자신의 흉내를 내는 걸 보면서 이명박은 더 큰 힘을 얻었는지도 모르겠다. 이와 관련, 심대식은 다음과 같이 말했다.

"오세훈 시장이 만든 서울시청 건물을 보면서 저는 대통령직에 대한 그의 열망을 읽어요. 랜드마크 건물로 사람들에게 깊은 인상을 남겨 대통령이 되고 싶었던 거겠죠. 그 뻔한 욕망을 숨기는 게 보기 싫습니다. 랜드마크를 만들겠다는 그의 열망이 짝퉁이기 때문에 더 싫어요. 청계천을 복원해 대통령까지 간 건 이미 이명박으로 끝난 길이에요."[36]

아니다. 적어도 지방에선 '이명박으로 끝난 길'이 아니었다. 이명박 정부가 극단의 경지를 보여주긴 했지만, 모든 선출직 공직자는 기본적으로 유권자들에게 눈으로 보여줄 수 있는 토건사업에 미쳐 돌아가기 마련이라는 건 그간의 역사가 증명한다. 이를 가리켜 '거대건축 콤플렉스edifice complex'라고 한다.

그 콤플렉스와 정치의 잘못된 만남을 전 세계적으로 가장 드라마틱하게 보여준 게 바로 한국 지자체들의 거대 청사 짓기 경쟁이었다. 가장 강력한 투자는 콘크리트 구조물이 아니라 '사람'이었건만, 사람은 '인재육성전략'이라는 미명하에 서울로 내쫓고 콘크리트 덩어리만 껴안는 일이 전국적으로 벌어진 것이다.

'나를 증명할 필요가 없는 공간'

지금 우리는 집단적 '자기이행적 예언self-fulfilling prophesy' 게임을 하고 있다.[37] 꿈, 꿈, 꿈 때문이다. 꿈을 볼모로 모욕을 주고 꿈의 인질이 된 나머지 모욕을 감내하는 것이다. 이런 모욕사회 메커니즘을 깨기 위해선 꿈을 깨야 한다. 내 행복의 근원도 다시 찾아볼 일이다.

김찬호는 '모욕사회'를 넘어서기 위한 방안으로 '모욕 감수성'이란 개념을 제시한다. 젠더 감수성, 인권 감수성처럼 사람들의 성찰을 이끌어내는 개념을 만들자는 것이다. "내가 무심코 던진 말 한마디, 습관적으로 짓는 표정이나 눈빛에 대해 민감해지도록 분위기를 조성하고 담론을 만들어가야 한다." 역지사지易地思之로는 부족하고 역지감지易地感之가 되어야 하며, 상대방의 입장에서 '느끼는' 단계까지 나아가야 한다는 것이다. 그는 지금 우리에게 필요한 것은 안전한 관계라고 말한다.

"나를 있는 그대로 받아들여주는 사람들, 억지로 나를 증명할 필요가 없는 공간이다.······내가 못난 모습을 드러낸다 해도 수치스럽지 않고, 다른 사람들이 그것을 가지고 뒷담화를 하지 않으리라고 믿을 수 있는 신뢰의 공동체가 절실하다. 그를 위해서는 자신과 타인의 결점에 너그러우면서 서로를 온전한 인격체로 승인하는 마음이 있어야 한다." [38]

나를 있는 그대로 받아들여주고, 억지로 나를 증명할 필요가 없는 공간의 형성은 공동체의 복원이 없이는 어려운 일이다. 공동체의 토대 없이는 운동도 어렵다는 게 역사적으로 충분히 입증되었다. 제2차 세계대전에 참전했던 미군들을 광범위하게 연구했던 한 보고서에는 다음과 같은 참전군인의 증언이 나온다. "우리가 해안선으로 진격해 들어간 것은 애국심 때문이기나 용맹해서가 아니다. 전우들을 실망시키고 싶지 않다는 느낌 때문이었다."[39]

프랑스 사상가 장 자크 루소Jean-Jacques Rousseau, 1712~1778는 "온 세상을 사랑한다고 큰소리치지만 사실은 아무도 사랑하지 않을 특권을 즐기는 세계주의자"에 대해 말한 바 있다. 크리스토퍼 래시Christopher Lasch, 1932~1994는 루소의 이 말을 인용하면서 사람의 정은 무한히 잡아 넓히기에는 너무 구체성에 뿌리를 두고 있음을 인정해야 한다고 주장한다. 마틴 루서 킹Martin Luther King, 1929~1968의 흑백차별 철폐운동이 일정한 성과를 얻은 것은 남부에 탄탄한 흑인 공동체의 토대가 있었기 때문이며, 북부에서 실패로 돌아간 건 북부 흑인들이 모래알처럼 뿔뿔이 흩어져 있었기 때문이라는 것이다.

래시는 더 강인하고 낙관적인 흑인을 낳은 것은 흑인과 백인이 섞여 살던 북부가 아니라 흑인끼리 모여 살던 남부였다면서, 흑인과 백인이 섞여 사는 보편주의에 집착했던 미국 진보주의자의 고정관념을 지적한다. 요컨대, 보통 사람은 인류 보편을 사랑하는 것이 아니라 특정 남녀를 사랑한다는 것이다.[40]

공동체 하면 연상되는 집단주의적 굴레를 껴안자는 게 아니다. 그게 없는, 나의 행복을 위한 공동체는 얼마든지 가능하다. 서로 믿고 느끼기 위해선 서로 알아야 할 것 아닌가. 공동체미디어 운동이 바로 그런 일을 한다. 그런 운동의 진화된 형태로 '마을미디어'도 등장했다. 마을미디어는 도시에서건 농촌에서건 소규모의 지역, 즉 마을 사람들이 자신들 공동체의 삶의 문제들을 참여와 노력으로 해결하기 위한 노력을 지속적으로 전개할 수 있는 마당이다.[41]

나쁜 뉴스가 좋은 뉴스가 되는 저널리즘 모델에 따라 움직이는 기존 미디어는 그 선의에도 불구하고 부정적인 사회 현상을 '사회적 증거'의 원리에 따라 더욱 퍼뜨리는 역기능을 낳고 있다. 공동체미디어는 이런 역기능을 상쇄할 수 있으며 상쇄해야만 한다. 대중을 파편화시켜 '학습된 무력감'에 빠져들게 하기보다는 그들이 긍정과 낙관의 자세를 갖고 공동의 문제에 대해 관심을 갖게끔 하는 일도 필요하다는 것이다.

'루저 콤플렉스'를 넘어서

그런 여건 조성을 위해 무슨 일을 할 것인가? 수많은 일이 있지만, 우선 '피해자 탓하기'에서 벗어나야 한다. '개천에서 용 나는' 모델을 생활 강령으로 삼고 있는 우리 사회는 사회경제적으로 어려운 상황에 처한 사람들이 자신을 시스템의 피해자가 아니라 패배자로 보게끔 하는 프로파간다를 맹렬하게 전개하고 있다. 그 프로파간다는 세상의 상식이나 이치인 양 유포되기 때문에 저항하기도 쉽지 않다. 그래서 대부분의 사람들이 '루저 콤플렉스'에 빠져 있다고 해도 과언이 아니다. 취업준비생들이 경제적 궁핍과 육체적 고통보다 힘들어하는 것도 바로 '취업 루저'라고 하는 자괴감이다. 취업준비생 K(27) 씨의 사연이다.

"오늘도 종일 취업 순비에 매달렸지만 항상 불안하다. 사회학을 전공한 한 친구는 취업 스트레스 때문에 불면증과 탈모까지 앓고 있다. 이공계 전공 친구들이 하나둘 취직했다는 소식이 들려올 때마다 내가 왜 인문계를 택했는지 후회가 된다. 2년째 창문도 없는 고시텔에서 종일 공부하는 친구도 여럿이다. 인문계 취준생들에게도 취업 문이 활짝 열리는 날이 올까. 인문계 취준생으로서 느끼는 열패감이 너무나 크다. 낮에도 지고 밤에도 지는 '낮저밤저'의 삶을 사는 '취업 루저'들도 많다. 밤은 깊어가고 스피커에선 옥상달빛의 노래가 흐른다. '그냥 살아야지 저냥 살아야지 / 죽지 못해 사는 오늘 / 뒷걸음질만 치다가 벌써 벼랑 끝으로 / ……((하드코어 인생아))."[42]

좋은 위치에 있는 사람들마저 사회적 문제를 지적하는 일이 루저로 보일까봐 기피할 정도로 그 콤플렉스는 강고하다. 서울시립병원 정형외과전문의 김현정은 친한 의대 교수를 만나 의료계 이슈를 놓고 이야기하던 중, 왜 생각이 있으면서도 평소 학회에 가선 아무 말 안 하고 가만히 있냐고 물은 적이 있었다고 한다. 그의 대답은 "루저로 보일까봐……"였다. 이에 대해 김현정은 다음과 같이 말한다.

"그 솔직함에 나는 그만 웃음이 빵 터지고 말았다. 의료계 자성이 필요하다는 것에는 완전 동감이지만 그런 얘기를 함부로 떠들다가 사람들이 자기를 루저로 보면 어떡하냐는 것이다. 사람들은 진정 하고 싶은 얘기가 있을 때도 짐짓 진심을 덮어놓는 수가 많다. 한국 중년남자들이 공통으로 학습해온 생존법인지도 모른다."[43]

이는 결코 과장이 아니다. 많은 지방대 교수가 지방 문제를 거론하기 꺼리는 주요 이유도 "루저로 보일까봐……"다. 그래서 필요한

게 바로 연대다. 남과의 비교를 남과의 연대로 대체해야 그다음 단계
의 해법도 열린다. 각성과 성찰도 같이 해야지 혼자 하면 당하는 세상
이다. 사회의 잘못된 시스템에 대해, 개인으로 있으면 내 탓을 할 일도
연대하면 내 탓 하지 않을 수 있다. 연대를 해야 루저로 보일 수도 있
다는 두려움을 극복하면서 시스템을 바로잡는 출구를 찾을 수 있다.

　물론 쉬운 일은 아니다. 정상근은 "문제는 '20대 간의 연대'든
'피해자들 연대'든 이 사회 구성원이 어떤 연대도 받아들일 준비가 되
지 않았다는 데 있다. 20대들은 자신들이 피해자가 아니라고 착각하
고 있고, 40대들은 자신의 아이들이 피해자가 되지 않을 것이라는 착
각을 하고 있다"고 말한다.[44]

　그 착각을 깨는 일, 그게 바로 연대의 출발점이다. 그 착각의 함정
과 구조를 이른바 '공유지식common knowledge'으로 만들어가는 일이 중요
하다. 공유지식은 모든 관련자가 함께 알고 있는 정보를 말한다. 자신
이 알고 있다는 사실을 다른 사람이 알고 있어야 하며 그 외 사람들도
그럴 것으로 확신해야 한다. 이런 지식을 가진 집단이 충분히 크고 연
대의식이 강하다면 거대한 변화를 만들어내는 건 얼마든지 가능하다.[45]

개천을 우리의 꿈과 희망의 무대로 삼자

　구태의연한 집단주의적 연대가 아니다. 각자의 개성을 존중하는
'연대적 개인주의' 또는 '개인주의적 연대'의 새로운 길을 열자는 것

이다.⁴⁶ 1970년대나 1980년대 식의 연대가 아니다. 4가구 가운데 1가구는 '나홀로 가구'이며, 대학생 3명 중 1명은 "나는 아웃사이더"라고 말하는 시대 상황에 맞는,⁴⁷ 이른바 '약한 연결의 힘strength of weak ties'에 의한 연대다.

한국처럼 연고주의(강한 연결)의 폐해가 두드러지는 사회에선 오히려 약한 연결이 더 바람직한 면도 있다. 즉, '연줄사회'에서 '연결사회'로 나아가야 한다는 것이다. 혼자 살다 혼자 죽는 '무연사회無緣社會'가 우리의 비전이 아니라면, 그런 정도의 연결이나 연대는 선택의 문제가 아니라 당위의 문제가 아닐까?

지금 우리는 "'만인에 대한 만인의 투쟁' 상태가 도래한 절망의 시대"에 살고 있다는 주장도 있지만, 그건 아니다. 가혹한 투쟁은 '을'에게만 해당할 뿐, 모두에게 다 적용되는 말이 아니다. 그래서 청년유니온 초대위원장 김영경의 말처럼, "힘들어도 참으면 고생 끝에 낙이 온다"는 식의 '자기착취'를 중단하고, 사회적 약자들끼리 "서로에게 힘이 되어주는 든든한 '빽'을 만들자"는 것이다.⁴⁸

우리 주변을 둘러보자. 전쟁에서 승리를 독려하기 위한 모임과 상처를 치유하기 위한 힐링 모임만 성황을 누릴 뿐 전쟁을 끝장내자는 걸 목표로 삼는 모임은 거의 없다. 극소수나마 전쟁을 끝장내자는 사람들도 생각이 다른 사람들과의 소통을 중시하는 '합의 추구형'이라기보다는 승패에 개의치 않고 자신의 신념만 드러내고 실천하면 그만이라는 '십자군형'이라 문제를 악화시킬 뿐이다.

'있는 그대로의 세상'을 제대로 보는 것 못지않게 중요한 것은

'있는 그대로의 나'를 긍정하는 것이다. 그 일은 꿈을 버릴 때에만 가능하다. 꿈은 남이다. 꿈은 비교다. 남과의 비교다. 자신을 끊임없이 남과 비교하는 사람은 늘 초라하고 주눅이 들 수밖에 없다. 느슨한 연대마저 사치스럽게 여겨진다. 오직 자기착취의 길로 나아가자고 자신을 아무리 다독인다 해도, 그건 성공 확률이 매우 낮다는 게 분명해졌다. 왜 우리는 확률이 아주 낮다는 이유로 로또는 사지 않으면서 나만은 예외일 수 있다는 '로또 심리'를 가져야 한단 말인가?

나 하나의 작은 변화는 보잘것없는 것일 수도 있다. 하지만 뉴욕 JF케네디 국제공항에서 펄럭인 나비의 날갯짓이 한국에서 회오리바람으로 변했듯이, 이 세상은 우연이 지배하는 카오스 체제다. '로또 심리'를 고수하겠다면, 차라리 이 우연성에 기대를 걸어보는 게 어떨까? 내가 손해 볼 일은 없을 뿐만 아니라, 오히려 마음의 평화와 행복까지 덤으로 주어지는 길인데 망설일 게 없잖은가 말이다.

과연 이대로 좋은지 생각해보아야 한다. 용이 되겠다며 태양을 향해 계속 날아가면 어떤 일이 벌어질지 아예 생각조차 하지 않은 채 관성과 타성에 따라 계속 나아가고자 한다면, 즉 전쟁 같은 삶의 토대 위에서 번성한 '갑질 공화국' 체제하에서 '지금 이대로'를 고수한다면, 그건 이른바 '생각하지 않는 범죄'가 될 것이다.

머리말 '개천에서 용 나는' 모델을 깨야 산다

1   김용섭, 『가면을 쓴 사람들: 라이프 트렌드 2015』(부키, 2014), 259~262쪽.
2   최성진, 「몸 부서져라 일해도… '가난 탈출' 더 어려워졌다」, 『한겨레』, 2015년 1월 28일.
3   이제훈, 「대통령은 그때 왜?」, 『한겨레』, 2015년 2월 5일; 김민경, 「작년 최저임금 미달 '227만 명'…
     형사 처벌 달랑 '16건'」, 『한겨레』, 2015년 3월 13일.
4   「[사설] 조현아 기소, '갑질 한국' 뜯어고치는 계기 돼야」, 『경향신문』, 2015년 1월 8일.
5   김은경, 「국민 95% "갑질 문제 심각…재벌 · 정치인 · 공직자"」, 『연합뉴스』, 2015년 1월 26일.
6   조의준, 「"저소득층 더 돕는 게 진정한 복지"」, 『조선일보』, 2015년 3월 14일.
7   강수돌, 「밥 가지고 장난치지 마라」, 『경향신문』, 2014년 11월 10일.
8   박권일, 「도지사의 야바위」, 『한겨레』, 2014년 11월 11일.
9   김석종, 「[여적] 1000원 백반」, 『경향신문』, 2015년 3월 20일.
10   「[사설] 가난을 입증하고 다시 눈칫밥 먹으라는 건가」, 『경향신문』, 2015년 3월 21일.
11   강준만, 「왜 지나간 세월은 늘 아쉽기만 한가?: 기회비용」, 『감정 독재: 세상을 꿰뚫는 50가지 이론』
     (인물과사상사, 2013), 101~106쪽 참고.

제1장 '갑질 공화국'의 파노라마

1   김태형, 『불안증폭사회: 벼랑 끝에 선 한국인의 새로운 희망 찾기』(위즈덤하우스, 2010), 26쪽.
2   이헌재, 『경제는 정치다: 이헌재의 경제특강』(로도스, 2012), 6~7쪽.
3   송호근, 『나는 시민인가: 사회학자 송호근, 시민의 길을 묻다』(문학동네, 2015), 321~325쪽.

4 김상근, 「지도자여, 동굴 밖으로 나가 태양을 보라···그리고 다시 돌아오라: 김상근 연세대 교수 '아포리아 시대의 인문학'」, 『조선일보』, 2015년 1월 24일.

5 김대중, 「나쁜 '甲질', 좋은 '甲質'」, 『조선일보』, 2015년 1월 20일.

6 박진영, 『심리학 일주일』(시공사, 2014), 279쪽.

7 한승태, 『인간의 조건: 꽃게잡이 배에서 돼지농장까지, 대한민국 워킹푸어 잔혹사』(시대의창, 2013), 161~162쪽.

8 한승태, 『인간의 조건: 꽃게잡이 배에서 돼지농장까지, 대한민국 워킹푸어 잔혹사』(시대의창, 2013), 160쪽.

9 이송원 · 최은경, 「서민이 서민에게 '甲질' 하는 곳···택시는 서럽다」, 『조선일보』, 2015년 1월 9일.

10 문정진, 「"술 취한 손님 무서워요" 연말 택시 · 대리기사 고역」, 『경기방송』, 2015년 2월 20일.

11 http://cafe.daum.net/goombangi.

12 심서현, 「어린이집과 택시의 공통점」, 『중앙일보』, 2015년 1월 30일.

13 전우용, 「전시(戰時) 인간성의 대물림」, 『경향신문』, 2015년 1월 24일.

14 최봉영, 『한국문화의 성격』(사계절, 1997), 238~239쪽.

15 전우용, 「전시(戰時) 인간성의 대물림」, 『경향신문』, 2015년 1월 24일.

16 애비너시 K. 딕시트(Avinash K. Dixit), 「새로운 부의 조건」, 로버트 J. 실러(Robert J. Shiller) 외, 이경남 옮김, 『새로운 부의 시대: 21~22세기 미래 예측 보고서』(알키, 2014/2015), 112쪽.

17 윌리엄 스톡, 김형인 외 옮김, 『한국전쟁의 국제사』(푸른역사, 2001), 709쪽.

18 박명림, 『한국전쟁의 발발과 기원 II: 기원과 원인』(나남, 1996), 889쪽.

19 정진상, 「한국전쟁과 전근대적 계급관계의 해체」, 경상대학교 사회과학연구소 엮음, 『한국전쟁과 한국자본주의』(한울아카데미, 2000), 52~54쪽.

20 신일철, 「한국전쟁의 역사적 의의」, 양호민 외, 『한반도 분단의 재인식 1945~1950』(나남, 1993), 425쪽에서 재인용.

21 정진상, 「한국전쟁과 전근대적 계급관계의 해체」, 경상대학교 사회과학연구소 엮음, 『한국전쟁과 한국자본주의』(한울아카데미, 2000), 50~51쪽.

22 정성호, 「한국전쟁과 인구사회학적 변화」, 한국정신문화연구원 편, 『한국전쟁과 사회구조의 변화』(백산서당, 1999), 45쪽.

23 윤태성, 『한번은 원하는 인생을 살아라: 카이스트 윤태성 교수가 말하는 나를 위한 다섯 가지 용기』(다산북스, 2015), 66쪽.

24 김진경, 『삼십년에 삼백년을 산 사람은 어떻게 자기 자신일 수 있을까』(당대, 1996), 90~91쪽.

25 브루스 커밍스, 김동노 외 옮김, 『브루스 커밍스의 한국현대사』(창작과비평사, 2001), 420쪽; 배영대 · 주정완, 「[사람 속으로] 브루스 커밍스, 한국전쟁을 말하다」, 『중앙일보』, 2013년 8월 31일.

26 최준식, 『행복은 가능한가: 그대 안에 꿈틀대는 모난 자존감』(소나무, 2014), 25~26쪽.

27 이나미, 『한국 사회와 그 적들: 콤플렉스 덩어리 한국 사회에서 상처받지 않고 사는 법』(추수밭, 2013), 4쪽 · 9쪽.

28 최준식, 『행복은 가능한가: 그대 안에 꿈틀대는 모난 자존감』(소나무, 2014), 8쪽 · 28쪽.

29 조윤제, 「국가개조? 위선부터 벗어던지자」, 『중앙일보』, 2014년 5월 24일.

30 박명림, 「다섯 개의 한국」, 『중앙일보』, 2013년 8월 29일.

31 대니얼 튜더(Daniel Tudor), 노정태 옮김, 『기적을 이룬 나라 기쁨을 잃은 나라』(문학동네, 2012/2013), 15쪽.

32 홍주희, 「[2014 제주포럼] "선진국 환상 버려야 선진국 된다"」, 『중앙일보』, 2014년 5월 20일.

33 프릭 버뮬레(Freek Vormeulen), 징윤비 옮김, 『비즈니스의 거짓말: 그들이 당신을 깜쪽같이 속이고

있는 8가지』(프롬북스, 2010/2011), 56~58쪽.

34 강준만, 「왜 경부고속도로가 지역주의를 악화시켰나?: 경로의존」, 『우리는 왜 이렇게 사는 걸까?: 세상을 꿰뚫는 50가지 이론 2』(인물과사상사, 2014), 291~296쪽 참고.

35 조계완, 「삶의 악센트? 죽음의 키스!: 경쟁과 미래에 대한 불안 속에 독버섯처럼 자라나는 직장인 스트레스, 당신을 갉아먹고 있다」, 『한겨레21』, 2004년 9월 23일, 46~48면.

36 탁석산·조긍호, 「대담 서평: 『한국인 이해의 개념틀』로 나눈 철학자와 심리학자의 대화」, 『교수신문』, 2003년 5월 5일, 9면.

37 김열규, 『한국인의 화』(휴머니스트, 2004), 68쪽.

38 윤평중, 「火病(화병) 부르는 '鬱血(울혈) 사회' 넘어서기」, 『조선일보』, 2015년 1월 30일.

39 박용하, 「'분노조절 장애 사회'…윤 일병·조현아 사건 이후 심리상담 5배 이상 증가」, 『경향신문』, 2015년 1월 23일.

40 조강수, 「당신의 두 얼굴은 안녕하십니까?」, 『중앙일보』, 2015년 1월 23일.

41 박성민, 「적이 안 보인다, 누구와 싸워야 하는가」, 『한겨레』, 2015년 1월 24일.

42 김찬호, 『모멸감: 굴욕과 존엄의 감정사회학』(문학과지성사, 2014), 73~74쪽.

43 장은주, 『생존에서 존엄으로: 비판 이론의 민주주의 이론적 전개와 우리 현실』(나남, 2007), 5쪽.

44 김찬호, 『모멸감: 굴욕과 존엄의 감정사회학』(문학과지성사, 2014), 84쪽.

45 이창근, 『이창근의 해고일기: 쌍용차 투쟁 기록 2009~2014』(오월의봄, 2015), 96쪽.

46 김찬호, 『모멸감: 굴욕과 존엄의 감정사회학』(문학과지성사, 2014), 81쪽, 141~142쪽, 161쪽; 임아영, 「책과 삶」 갑을·왕따·악플…'정서적 원자폭탄' 모멸로 가득 찬 우리 사회」, 『경향신문』, 2014년 3월 29일.

47 박창식, 「갑질 언어의 구조」, 『한겨레』, 2015년 1월 23일.

48 구교형·김지원, 「공소장에 나타난 대한항공 '땅콩 회항' 37분 전말…"이륙 준비 사실 몰랐다" 조현아 주장 거짓 판명」, 『경향신문』, 2015년 1월 16일.

49 김선주, 「2015년판 '공산당이 싫어요'」, 『한겨레』, 2015년 1월 7일.

50 「조현아 '땅콩 회항' 당시 일등석 승객 지인에게 보낸 카톡 공개」, 『경향신문』, 2015년 1월 21일.

51 「'땅콩 회항' 사무장, "아 나는 개가 아니었지" 발언에 누리꾼들 먹먹」, 『조선닷컴』, 2014년 12월 13일; 「박창진 사무장, 땅콩 회항에 인터뷰까지 나섰고…"심한 욕설에 폭행까지"」, 『MBN』, 2014년 12월 14일.

52 이옥진, 「박창진 사무장 "2월 1일부터 출근…항로 변경 안 했다는 조현아 주장은 거짓"」, 『조선일보』, 2015년 1월 23일.

53 심진용, 「조현아 "승무원들이 사건 원인 제공"…결심공판 징역 3년 구형」, 『경향신문』, 2015년 2월 3일; 김선미, 「'땅콩 회항' 조현아 징역 3년 구형…12일 선고」, 『중앙일보』, 2015년 2월 3일; 최종석·이송원, 「박창진 "趙, 날 노예 보듯…먹잇감 찾는 야수 같았다", 조현아 "승무원들, 매뉴얼대로 서비스 안 한 건 명백"」, 『조선일보』, 2015년 2월 3일.

54 오승훈, 「"직원을 노예처럼 여기지 않았다면 일어날 수 없는 사건"」, 『한겨레』, 2015년 2월 13일; 김선미, 「조현아 징역 1년…법원 "직원을 노예처럼 부렸다"」, 『중앙일보』, 2015년 2월 13일.

55 오창익, 「대한항공 사무장의 '인간선언'」, 『경향신문』, 2014년 12월 17일.

56 조국, 「귀족과 속물의 나라에서 살아남기」, 『경향신문』, 2015년 1월 7일.

57 「'고현정 닮은 조현아'…대중 분노는 시기·질투 때문? 기고문 논란」, 『티브이데일리』, 2015년 1월 2일; 최진홍, 「"조현아, 고현정 연상시키는 외모가 문제"라더니…새로운 칼럼 발표」, 『이코노믹리뷰』, 2015년 1월 2일.

58 오마리, 「땅콩 회항을 되짚어 보며」, 『자유칼럼그룹』, 2015년 2월 25일.

59 김여란, 「소설가 박민규 "조현아는 벽을 넘어온 거인"」, 『경향신문』, 2015년 3월 2일.

60 강성원, 「저널리즘의 미래 ⑥] 제한된 취재원, 출입처 중심 받아쓰기 취재 관행의 한계…선정적 이슈 찾아 '하이에나 저널리즘' 행태도」, 『미디어오늘』, 2015년 2월 11일.

61 강준만, 「왜 "한 명의 죽음은 비극, 백만 명의 죽음은 통계"인가?: 사소한 것에 대한 관심의 법칙」, 『감정 독재: 세상을 꿰뚫는 50가지 이론』(인물과사상사, 2013), 301~307쪽 참고.

62 「대한항공 여승무원, 오너 일가 갑질 폭로…"못생겨서 무릎 꿇고 사과" 충격」, 『조선닷컴』, 2015년 1월 12일; 정성희, 「공정사회 갈증 키운 '조현아의 갑질'」, 『동아일보』, 2015년 1월 20일.

63 김종인, 『지금 왜 경제민주화인가: 한국경제의 미래를 위하여』(동화출판사, 2012), 126~127쪽.

64 장은주, 『생존에서 존엄으로: 비판 이론의 민주주의 이론적 전개와 우리 현실』(나남, 2007), 35쪽.

65 권혁철, 「굳세어라 창진아」, 『한겨레』, 2015년 1월 28일.

66 박흥식·이지문·이재일, 『내부고발자 그 의로운 도전: 성취, 시련 그리고 보호의 길』(한울아카데미, 2014), 89~90쪽.

67 박흥식·이지문·이재일, 『내부고발자 그 의로운 도전: 성취, 시련 그리고 보호의 길』(한울아카데미, 2014), 92~93쪽.

68 김선미, 「조현아 징역 1년…법원 "직원을 노예처럼 부렸다"」, 『중앙일보』, 2015년 2월 13일; 강승연, 「땅콩 회항 사건으로 드러난 여론의 두 얼굴」, 『헤럴드경제』, 2015년 2월 13일.

69 진명선, 「KT 직장 내 왕따…"회사가 일진이었다"」, 『한겨레』, 2014년 11월 5일.

70 김종대, 「갑질하는 권력이 던지는 메시지」, 『한겨레』, 2015년 1월 7일.

71 김찬호, 『모멸감: 굴욕과 존엄의 감정사회학』(문학과지성사, 2014), 127~128쪽.

72 강준만, 「왜 여성이 남성보다 우울증에 많이 빠지는가?: 학습된 무력감」, 『우리는 왜 이렇게 사는 걸까?: 세상을 꿰뚫는 50가지 이론 2』(인물과사상사, 2014), 171~176쪽 참고.

73 「백화점 모녀 "740만 원 쓰고 나왔어 XX" 갑질 논란」, 『헤럴드경제』, 2015년 1월 6일; 최재용, 「백화점 주차장 갑질녀 입건」, 『조선일보』, 2015년 1월 23일.

74 조정남, 「그것이 알고 싶다 모녀 "사회정의를 위해 그렇게 했다" 바닥 뒹굴며 언성 높이기도」, 『세계일보』, 2015년 1월 12일.

75 우원애, 「백화점 점원 뺨 때린 '진상 사모님' 등장…이번엔 대체 왜?」, 『이데일리』, 2015년 1월 8일; 「"옷 바꿔줘"…백화점 직원에 따귀 때린 '갑질女' 등장」, 『아시아경제』, 2015년 1월 8일.

76 서윤심, 「백화점 VVIP 갑질의 세계: 막장드라마 싸모 저리 가라 '찍히면 죽는다'」, 『일요신문』, 제1181호(2014년 12월 30일).

77 임지선, 「오늘 만난 진상 손님, 회사가 보낸 암행감시단?」, 『한겨레』, 2013년 10월 31일.

78 이하늬, 「툭하면 무릎 꿇고…'땅콩 회항' 이후 진상 고객 더 늘어났다」, 『미디어오늘』, 2015년 3월 19일.

79 류인하, 「'진상 고객' 인격 모독·성희롱…팀장님은 "너만 참으면 된다"」, 『경향신문』, 2014년 11월 17일.

80 남은주, 「"무릎 꿇어"에 다친 마음…어느새 버럭 인간이 되어갔다」, 『한겨레』, 2013년 11월 7일.

81 이재훈, 「'갑질 모녀'에 무릎 꿇은 알바생에 "왜 저항하지 않았느냐"는 말이 틀린 이유」, 『한겨레』, 2015년 1월 7일.

82 이재훈, 「'갑질 모녀'에 무릎 꿇은 알바생에 "왜 저항하지 않았느냐"는 말이 틀린 이유」, 『한겨레』, 2015년 1월 7일.

83 김동규, 「비겁한 아이들」, 『경향신문』, 2015년 1월 13일.

84 이영희, 「[분수대] 패기 없는 젊음이라고?」, 『중앙일보』, 2015년 1월 14일.

85 정희진, 「그들은 저항했다」, 『경향신문』, 2015년 1월 16일.

86 남경국, 「그들은 저항했다. 그러나…」, 『한겨레』, 2015년 1월 22일.

87 이창욱, 『사춘기 쇼크』(맛있는책, 2014), 58쪽.

88 「[사설] 세월호 유족들, 국민 눈에 비친 자신 모습 돌아볼 때」, 『조선일보』, 2014년 9월 19일; 「[사설] 세월호 가족대책위가 치외법권의 권력기관인가」, 『동아일보』, 2014년 9월 19일.

89 「표창원 김현 의원 "명백한 갑질 패악", 세월호 유가족 대리기사 폭행 사건 'CCTV' 영상 보니…」, 『헤럴드경제』, 2014년 9월 23일.

90 윤평중, 「'내가 누군지 알아?'」, 『조선일보』, 2014년 9월 26일.

91 원선우, 「[Why] 甲들의 유행어 '내가 누군지 알아?'…패가망신 지름길이죠」, 『조선일보』, 2014년 10월 4일.

92 박용근, 「"1억도 없는 것들이…" 주점 종업원·경찰 폭행 30대 주식 부자 법정 구속」, 『경향신문』, 2014년 12월 16일.

93 이용욱, 「청와대 행정관, 파출소서 "모두 자르겠다" 만취 행패」, 『경향신문』, 2015년 2월 12일.

94 신정록, 「청와대 민정수석실」, 『조선일보』, 2015년 2월 13일.

95 「[사설] 해외서 '갑질' 하는 공무원·기업인들의 추태」, 『경향신문』, 2013년 10월 19일.

96 임정욱, 「의전사회」, 『한겨레』, 2014년 5월 6일.

97 윤평중, 「'내가 누군지 알아?'」, 『조선일보』, 2014년 9월 26일.

98 안치용·최유정, 『청춘을 반납한다: 위로받는 청춘을 거부한다』(인물과사상사, 2012), 144~145쪽.

99 정상근, 『나는 이 세상에 없는 청춘이다: 대한민국 청춘의 생태 복원을 위한 보고서』(시대의창, 2011), 240쪽, 247쪽, 262~263쪽.

100 이옥진·김승재, 「軍紀 잡는 고참 학번…캠퍼스는 원산폭격 중」, 『조선일보』, 2014년 3월 12일; 조형국, 「여대도 다를 것 없는 체대 신입생 '군기 잡기'」, 『경향신문』, 2014년 3월 25일; 이동휘, 「한 예술대학서 선후배 간 '군기 잡기' 논란」, 『조선일보』, 2015년 2월 28일.

101 강준만, 「왜 해병대 출신은 '한 번 해병은 영원한 해병'이라고 할까?: 노력 정당화 효과」, 『감정 독재: 세상을 꿰뚫는 50가지 이론』(인물과사상사, 2013), 67~71쪽 참고.

102 안효성, 「"야, 차 빨리 안 빼"…아파트 경비원은 오늘도 '참을 인'」, 『중앙일보』, 2014년 10월 14일; 허남설, 「'분신' 사고로 본 경비원의 '감정노동' 실태 "언어·정신 폭력 시달려…우린 감정 노동자"」, 『경향신문』, 2014년 10월 14일; 박유리, 「경비원 분신한 아파트 "개가 다쳐도 이럴까…"」, 『한겨레』, 2014년 10월 18일.

103 안효성, 「"야, 차 빨리 안 빼"…아파트 경비원은 오늘도 '참을 인'」, 『중앙일보』, 2014년 10월 14일; 허남설, 「'분신' 사고로 본 경비원의 '감정노동' 실태 "언어·정신 폭력 시달려…우린 감정 노동자"」, 『경향신문』, 2014년 10월 14일; 박유리, 「경비원 분신한 아파트 "개가 다쳐도 이럴까…"」, 『한겨레』, 2014년 10월 18일.

104 전종휘·임지선, 「'감단직' 노동 착취 현장, 아파트」, 『한겨레21』, 제725호(2008년 8월 25일).

105 김혜영, 「은마아파트 "배달원은 엘리베이터 타지 마": "이 폭염 속에 14층 아파트를 오르락내리락 하라구?"」, 『뷰스앤뉴스』, 2012년 8월 8일.

106 강홍빈·주명덕, 『서울 에세이: 근대화의 도시 풍경, 강홍빈과 주명덕이 함께하는 서울 기행』(열화당, 2002), 135~136쪽.

107 차학봉, 「아파트 제국주의 필패론」, 『조선일보』, 2009년 10월 20일.

108 박철수, 「10억짜리 욕망의 바벨탑: 대한민국 아파트, 거주 공간 아닌 금전적 이익의 결정체」, 『주간동아』, 제710호(2009년 11월 10일).

109 박철수, 『아파트: 공적 냉소와 사적 정열이 지배하는 사회』(마티, 2013), 257쪽.

110 경향신문 특별취재팀, 『어디 사세요?: 부동산에 저당 잡힌 우리 시대 집 이야기』(사계절, 2010), 168~170쪽.

111 조인직, 「'브랜드' 가 주상복합 값 좌우: 같은 지역-같은 평형에도 매매가 2배 차이…왜?」, 『동아일보』,

2004년 12월 23일, B5면; 서찬동, 「아파트 '짝퉁' 이름 골치」, 『매일경제』, 2005년 1월 27일, A29면; 김은남, 「"이름 바꿔 떼돈 벌어보자"」, 『시사저널』, 2005년 8월 2일, 36~37면.

112 양웅, 「허영: 키워드로 읽는 광고」, 『광고정보』, 2005년 3월, 66~70쪽.

113 임석재, 『건축, 우리의 자화상』(인물과사상사, 2005), 113~114쪽.

114 김종휘, 「그들의 고품격 아파트」, 『한겨레』, 2005년 10월 17일, 23면.

115 김태동 · 김헌동, 『문제는 부동산이야, 이 바보들아: 한국 경제의 미래를 위한 긴급 형제대화』(궁리, 2007), 91쪽.

116 배현정, 「"귀족주의 표방 아파트 광고는 마약보다 나빠"」, 『주간한국』, 2007년 6월 26일.

117 김태동 · 김헌동, 『문제는 부동산이야, 이 바보들아: 한국 경제의 미래를 위한 긴급 형제대화』(궁리, 2007), 89쪽.

118 특별취재팀, 「[주거의 사회학] (2부) 우리 안의 욕망…④ 욕망을 부추기는 사회」, 『경향신문』, 2010년 4월 23일.

119 김은식, 「명 재촉하는 사회」, 『논(論): 위험사회』(숨비소리, 2003), 52~54쪽.

120 한장희 · 허윤, 「'무서운 반상회': 집단민원…집값담합…위장전입 색출」, 『국민일보』, 2005년 6월 29일, 1면; 윤혜숙, 「독자기자석: 반상회 집값담합 한심」, 『한겨레』, 2005년 7월 1일, 30면.

121 권수현, 「'집값'이라는 부끄러운 명분」, 『한겨레』, 2007년 6월 19일.

122 서영지, 「아파트 부녀회의 두 얼굴」, 『한겨레』, 2015년 1월 15일.

123 최민영 외, 「어디 사세요?」, 『경향신문』, 2010년 3월 23일.

124 특별취재팀, 「[주거의 사회학] (1부) 뿌리 없는 삶…⑤ 주거와 계급사회」, 『경향신문』, 2010년 4월 12일.

125 검비르 만 쉐레스터, 「한국 사회에 숨어 있는 카스트」, 『한국일보』, 2005년 6월 20일, A33면.

126 김종훈, 「학교패거리 문화」, 『경향신문』, 2004년 11월 16일, 26면.

127 류지영, 「"30평 애들하고 놀지 마": '부의 상징' 타워팰리스 빈곤층(?)의 비애」, 『스포츠서울』, 2004년 11월 20일, 11면.

128 신기원, 「'임대 꼬리표' 상처받는 동심」, 『MBC 뉴스』, 2007년 9월 14일.

129 배수강 · 유두진, 「평수 앞세우는 '일그러진 차별'」, 『주간동아』, 제710호(2009년 11월 10일).

130 노재현, 「토굴과 임대 아파트」, 『중앙일보』, 2010년 2월 5일.

131 권수현, 「'집값'이라는 부끄러운 명분」, 『한겨레』, 2007년 6월 19일.

132 김용철, 『삼성을 생각한다』(사회평론, 2010), 247~248쪽.

133 이유식, 「타워팰리스」, 『한국일보』, 2010년 4월 9일.

134 전상인, 「달동네에 들어서는 고층아파트」, 『조선일보』, 2011년 2월 10일.

135 마이클 셔드슨(Michael Schudson), 이강형 옮김, 『뉴스의 사회학』(한국언론진흥재단, 2011/2014), 153쪽.

136 유상호, 「"옛 아파트엔 공동체 위한 배려가 있었죠"」, 『한국일보』, 2009년 4월 25일.

137 임종업, 「"공동체 붕괴, 아파트가 아니라 아파트 '단지' 때문"」, 『한겨레』, 2013년 7월 10일.

138 박인석, 『아파트 한국 사회: 단지 공화국에 갇힌 도시와 일상』(현암사, 2013), 99~100쪽.

139 임종업, 「"공동체 붕괴, 아파트가 아니라 아파트 '단지' 때문"」, 『한겨레』, 2013년 7월 10일.

140 박철수, 『아파트: 공적 냉소와 사적 정열이 지배하는 사회』(마티, 2013), 255쪽.

141 데이비드 보일(David Boyle) · 앤드루 심스(Andrew Simms), 조군현 옮김, 『이기적 경제학/이타적 경제학』(사군자, 2009/2012), 206~214쪽.

142 권보드래, 「그 시절 원앙분식」, 『한겨레』, 2015년 2월 28일.

143 Benjamin R. Barber, 『A Passion for Democracy: American Essays』(Princeton, NJ: Princeton University Press, 1998), p.184.

144 박철수, 『아파트: 공적 냉소와 사적 정열이 지배하는 사회』(마티, 2013), 256쪽.

145 리처드 윌킨슨(Richard G. Wilkinson), 김홍수영 옮김, 『평등해야 건강하다: 불평등은 어떻게 사회를 병들게 하는가?』(후마니타스, 2005/2008), 55~61쪽 · 79~80쪽.

146 최희진, 「'불공정 한국' 사회 신뢰 수준 10점 만점에 4.59점」, 『경향신문』, 2014년 11월 24일.

147 김윤철, 「신뢰집단 만들기」, 『경향신문』, 2014년 10월 11일.

148 박진영, 『심리학 일주일』(시공사, 2014), 278~279쪽.

149 「사설」 "다른 사람 신뢰" 22%, 불신 늪에 빠진 한국」, 『중앙일보』, 2014년 1월 2일.

제2장 '갑질'을 가르치는 교육

1 박성수, 『조선의 부정부패 그 멸망에 이른 역사』(규장각, 1999), 130~131쪽.

2 배경식, 「보릿고개를 넘어서」, 한국역사연구회, 『우리는 지난 100년 동안 어떻게 살았을까 3』(역사비평사, 1999), 219~222쪽.

3 김대호, 「한국 사회에 대한 새로운 통찰과 모색」, 사회디자인연구소 창립기념 심포지움 '한국 사회를 다시 디자인한다', 2008년 7월 12일, 국회의원회관 1층 소회의실, 28~29쪽.

4 김기찬, 「남녀 격차 100대 63」, 『중앙일보』, 2015년 2월 11일.

5 송현숙 · 박주연, 「'학벌 사회' 수치로 입증됐다」, 『경향신문』, 2014년 1월 3일.

6 강준만, 「왜 대학 입시 제도는 3년 10개월마다 '성형수술'을 할까?: 행동 편향」, 『감정 독재: 세상을 꿰뚫는 50가지 이론』(인물과사상사, 2013), 19~24쪽 참고.

7 양영유, 「신물 나는 대입 성형수술」, 『중앙일보』, 2010년 8월 30일.

8 이계삼, 「오늘날 한국 현장의 '교육 불가능성'에 대한 사유」, 오늘의교육편집위원회 엮음, 『교육불가능의 시대』(교육공동체벗, 2011), 19쪽.

9 이창욱, 『사춘기 쇼크』(맛있는책, 2014), 45~49쪽.

10 이창욱, 『사춘기 쇼크』(맛있는책, 2014), 282쪽.

11 이창욱, 『사춘기 쇼크』(맛있는책, 2014), 283쪽.

12 이종택, 「'학부모 이기'가 교육 망친다」, 『경향신문』, 1994년 3월 29일, 22면.

13 최재봉, 「연예인 매니저 뺨치는 잠실 엄마들의 사교육 종횡기」, 『한겨레』, 2015년 2월 6일.

14 조혜정, 『학교를 거부하는 아이 아이를 거부하는 사회』(또하나의문화, 1996), 14쪽.

15 조혜정, 『학교를 거부하는 아이 아이를 거부하는 사회』(또하나의문화, 1996), 31쪽.

16 최준식, 「한국 사회의 종교: 현 상황과 그들이 해야 할 일을 중심으로」, 국제한국학회, 『한국 문화와 한국인』(사계절, 1998), 121~122쪽.

17 김용섭, 『가면을 쓴 사람들: 라이프 트렌드 2015』(부키, 2014), 91쪽.

18 이나미, 『한국 사회와 그 적들: 콤플렉스 덩어리 한국 사회에서 상처받지 않고 사는 법』(추수밭, 2013), 80~81쪽.

19 양선희, 「[분수대] 엄마는 자식을 위해 무슨 짓이든 해도 된다?」, 『중앙일보』, 2013년 10월 24일.

20 최재훈, 「[내가 모르는 내 아이] [3] 부모 등쌀에…성적표까지 고치는 아이들」, 『조선일보』, 2014년 11월 22일.

21 김지훈, 「입시 지옥 거친 학생들의 '돌직구'…"고교는 수능 익숙한 학생 찍어내는 공장"」, 『한겨레』, 2015년 1월 20일.

22 박현갑, 「고3 교실 '튀는 급훈' 논란」, 『서울신문』, 2006년 3월 18일, 7면.

23 김용섭, 『가면을 쓴 사람들: 라이프 트렌드 2015』(부키, 2014), 188~189쪽.

24 김지훈, 「16년 전 합격자까지 학원 현수막에」, 『한겨레』, 2015년 3월 13일.

25 최우리, 「특정대학 합격 자랑 현수막…인권위 "이제 그만"」, 『한겨레』, 2015년 1월 28일.

26 박경미, 「마음을 멍들게 하는 한국의 졸업식」, 『중앙일보』, 2015년 2월 18일.

27 「[사설] 청소년에게 편향·왜곡된 직업관 조장하는 교과서」, 『경향신문』, 2012년 11월 20일.

28 김찬호, 『모멸감: 굴욕과 존엄의 감정사회학』(문학과지성사, 2014), 144쪽.

29 하종강, 「"노동 문제 해결해야 교육 문제도 해결된다"」, 『시사IN』, 2013년 6월 13일.

30 이유경, 「[이유경의 아시아 여행기] 인도를 떠나며-일상화된 폭력, 그것은 카스트였다: 가부장적 엘리트주의 만연한 한국 사회와 유사」, 『시민의신문』, 2005년 3월 21일.

31 우석훈·박권일, 『88만원 세대: 절망의 시대에 쓰는 희망의 경제학』(레디앙, 2007), 177쪽.

32 정상근, 『나는 이 세상에 없는 청춘이다: 대한민국 청춘의 생태 복원을 위한 보고서』(시대의창, 2011), 39~40쪽·263쪽.

33 김동춘, 『1997년 이후 한국 사회의 성찰: 기업사회로의 변환과 과제』(길, 2006), 363쪽.

34 최정무, 「이중국적과 탈혈연, 탈문화, 탈영토 공동체」, 『황해문화』, 제40호(2003년 가을), 214~215쪽.

35 임현진, 「한미관계는 신화 아닌 현실」, 『서울신문』, 2004년 11월 20일.

36 오찬호, 『우리는 차별에 찬성합니다: 괴물이 된 이십대의 자화상』(개마고원, 2013), 108~111쪽.

37 오찬호, 『우리는 차별에 찬성합니다: 괴물이 된 이십대의 자화상』(개마고원, 2013), 118쪽.

38 오찬호, 『우리는 차별에 찬성합니다: 괴물이 된 이십대의 자화상』(개마고원, 2013), 129쪽.

39 오찬호, 『우리는 차별에 찬성합니다: 괴물이 된 이십대의 자화상』(개마고원, 2013), 146쪽.

40 오찬호, 『우리는 차별에 찬성합니다: 괴물이 된 이십대의 자화상』(개마고원, 2013), 122~123쪽.

41 김지훈, 「입시 지옥 거친 학생들의 '돌직구' …"고교는 수능 익숙한 학생 찍어내는 공장"」, 『한겨레』, 2015년 1월 20일.

42 김지훈, 「정말로 수능 만점자도 대학 떨어졌을까요?」, 『한겨레』, 2015년 1월 17일.

43 김지훈, 「정말로 수능 만점자도 대학 떨어졌을까요?」, 『한겨레』, 2015년 1월 17일.

44 김연주, 「'인 서울(In 서울·서울 지역 대학교)' 大學 신입생 10명 중 3명은 재수생」, 『조선일보』, 2015년 2월 12일.

45 김연주, 「'인 서울(In 서울·서울 지역 대학교)' 大學 신입생 10명 중 3명은 재수생」, 『조선일보』, 2015년 2월 12일.

46 원선우, 「재수생이 더 많은 서울대 정시 합격자」, 『조선일보』, 2014년 2월 5일.

47 오찬호, 『우리는 차별에 찬성합니다: 괴물이 된 이십대의 자화상』(개마고원, 2013), 168쪽.

48 정희진, 「잉여」, 『경향신문』, 2013년 10월 30일.

49 문성훈, 『인정의 시대: 현대사회 변동과 5대 인정』(사월의책, 2014), 24쪽.

50 오찬호, 『우리는 차별에 찬성합니다: 괴물이 된 이십대의 자화상』(개마고원, 2013), 17~18쪽.

51 오찬호, 『우리는 차별에 찬성합니다: 괴물이 된 이십대의 자화상』(개마고원, 2013), 5쪽.

52 장은주, 『정치의 이동: 분배정의를 넘어 존엄으로 진보를 리프레임하라』(상상너머, 2012), 146쪽.

53 진 스펄링(Gene Sperling), 홍종학 옮김, 『성장친화형 진보: 함께 번영하는 경제전략』(미들하우스, 2005/2009), 54쪽.

54 필립 브라운(Phillip Brown)·휴 로더(Hugh Lauder)·데이비드 애쉬턴(David Ashton), 이혜전·정유진 옮김, 『더 많이 공부하면 더 많이 벌게 될까: 지식경제의 불편한 진실』(개마고원, 2011/2013), 263~264쪽.

55 마이클 샌델(Michael Sandel), 김선욱 외 옮김, 『공동체주의와 공공성』(철학과현실사, 2008), 269~270쪽.

56 로버트 라이시(Robert Reich), 오성호 옮김, 『부유한 노예』(김영사, 2001), 188쪽.

57 최혜정, 「"인맥도 능력" 83% "인맥 써 취업" 37%」, 『한겨레』, 2004년 11월 16일, 27면.

58 박성환·황윤정, 「"감히 연세대 동문 동문 거리는 놈들…"」, 『한겨레21』, 2014년 7월 1일.

59 엄기호, 『이것은 왜 청춘이 아니란 말인가: 20대와 함께 쓴 성장의 인문학』(푸른숲, 2010), 45쪽.

60 오스카, 「책, 대학 서열을 말하다-'대학 계보' 뒤에서 눈물짓는 서자들」, 2010년 12월 22일; http://prunsoop.com/100.

61 김동훈, 『대학공화국: 취재기자가 발로 쓴 6공화국 대학사건 취재기』(한국대학신보, 1993), 71~87쪽.

62 김동훈, 『대학이 망해야 나라가 산다』(바다출판사, 1999), 136~137쪽.

63 하재근, 『서울대학교 학생선발지침』(포럼, 2008), 336쪽.

64 엄기호, 『이것은 왜 청춘이 아니란 말인가: 20대와 함께 쓴 성장의 인문학』(푸른숲, 2010), 33~34쪽.

65 조성은·박요진, 「"친구가 아니라 별레?": 한심한 서울대생들의 왕따 문화」, 『국민일보』, 2013년 10월 15일.

66 원선우, 「"他大 출신은 나가라"…서울대 인터넷 커뮤니티에서 벌어진 '서울대 순혈주의' 논쟁」, 『프리미엄조선』, 2014년 2월 12일.

67 오찬호, 『우리는 차별에 찬성합니다: 괴물이 된 이십대의 자화상』(개마고원, 2013), 232쪽.

68 강준만, 「왜 연세대엔 '카스트제도'가 생겼을까?: 신호 이론」, 『생각의 문법: 세상을 꿰뚫는 50가지 이론』(인물과사상사, 2015), 300~306쪽 참고.

69 원선우, 「"他大 출신은 나가라"…서울대 인터넷 커뮤니티에서 벌어진 '서울대 순혈주의' 논쟁」, 『프리미엄조선』, 2014년 2월 12일.

70 오찬호, 『우리는 차별에 찬성합니다: 괴물이 된 이십대의 자화상』(개마고원, 2013), 163쪽.

71 오찬호, 『우리는 차별에 찬성합니다: 괴물이 된 이십대의 자화상』(개마고원, 2013), 154쪽.

72 낸시 에트코프(Nancy Etcoff), 이기문 옮김, 『미(美): 가장 예쁜 유전자만 살아남는다』(살림, 1999/2000), 262~263쪽; 댄 애리얼리(Dan Ariely), 이경식 옮김, 『거짓말하는 착한 사람들: 우리는 왜 부정행위에 끌리는가』(청림출판, 2012), 154~158쪽.

73 서영지, 「서울대 교수 92명 사외이사 겸직…한해 평균 4234만 원 받아」, 『한겨레』, 2014년 9월 16일.

74 김도연, 「곧 승진할 테니 서울대 최고경영자과정에 합격시켜달라?」, 『미디어오늘』, 2015년 2월 16일.

75 이광수, 『인도는 무엇으로 사는가』(웅진출판, 1998), 70, 136~137쪽.

76 박권일, 「끔찍하다, 그 솔직함」, 『시사IN』, 제45호(2008년 7월 26일), 89면.

77 박근, 「[2007 한국인의 자화상] 취업전선 2년째 고군분투 박재하 씨 "누구든 실업해법 내놓으면 지지"」, 『경향신문』, 2007년 8월 31일, 9면.

78 손국희·유명한, 「여학생 취업 최악…공기업 채용 77%가 남성」, 『중앙일보』, 2015년 2월 5일.

79 김강지숙, 「대한민국은 서울영어공화국」, 『한겨레』, 2006년 1월 19일, 31면.

80 오윤희·원세일, 「방학마다 자녀 손잡고 서울 학원가(街)로…지방서 온 '기러기 엄마'에 임대료도 '들썩'」, 『조선일보』, 2008년 7월 15일.

81 안경호, 「서울대 진학 땐 1,500만 원 여수시 '생뚱맞은' 장학금」, 『한국일보』, 2005년 12월 20일, 8면; 이해석, 「"서울대 합격하면 1500만 원"」, 『중앙일보』, 2005년 12월 20일, 19면.

82 정대하, 「서울 유학생 위한 '효자 기숙사' 인기」, 『한겨레』, 2015년 1월 23일.

83 장정철, 「전북장학숙과 풍남학사, 2년제생 입사자격 제안은 부당」, 『전북도민일보』, 2013년 8월 9일; 정영선, 「[대학생 주거고통] "지방학사 생활비 싸 좋지만…낙타 바늘 뚫기"」, 『뉴시스』, 2011년 12월 12일.

84 김효인, 「원룸 주인들의 체리…대학 기숙사 확충은 위기」, 『조선일보』, 2014년 9월 23일.

85 김효정, 「'지방충'이라니…서울-지방 출신 삶의 격차 갈수록 커져」, 『주간조선』, 제2305호(2014년 5월 5일).

86 손국희·윤정민, 「취업 '4종 스펙' 쌓는 데 평균 1,554만 원」, 『중앙일보』, 2015년 2월 5일.

87 정강현 외, 「3.3㎡ 빈곤의 섬에 갇힌 14만 명」, 『중앙일보』, 2014년 3월 18일; 조미덥, 「[권리를 잃은 사람들] (1) 최저 주거기준 미달 100만 명 시대」, 『경향신문』, 2013년 12월 19일.

88 김정필, 「취직도 전에 '빚이 2,800만 원'」, 『한겨레』, 2015년 2월 10일.

89 김기환, 「미국 유학 아들 연 4,800만 원…퇴직금 까먹는 서울 47세」, 『중앙일보』, 2015년 2월 26일.

90 김성탁, 「서울로 대학 보낸 지방 학부모의 하소연」, 『중앙일보』, 2015년 3월 13일.

91 신연수, 「지역문제 연구 '서울 쳐다보기' 심하다」, 『동아일보』, 1993년 10월 12일, 14면.

92 김원일, 「서울 사는 이유, 지방에 살 이유」, 『동아일보』, 2005년 1월 31일, A30면.

93 최장집, 「지역정치와 분권화의 문제」, 한국지역사회학회, 『지역사회연구』, 제9권 제1호(2001년 6월).

94 김태웅, 『뿌리 깊은 한국사 샘이 깊은 이야기 6: 근대』(솔, 2003), 288~289쪽.

95 송건호, 『민주언론 민족언론 1: 송건호 전집 8』(한길사, 2002), 324~326쪽.

96 이경민, 『기생은 어떻게 만들어졌는가』(아카이브북스, 2005), 146~148쪽.

97 유석재, 「日 민간인이 오히려 식민통치의 첨병이었다」, 『조선일보』, 2006년 5월 13일.

98 강현석·박태우·김정훈, 「'신의 직장' 지방 이전 공공기관 직원에 현금 퍼주는 '가난한 지자체'」, 『경향신문』, 2015년 1월 20일.

99 강현석·백승목·박미라·이종섭, 「거주 여부 '묻지마 이주정착금'…딴 곳으로 가도 회수 안 해」, 『경향신문』, 2015년 1월 20일.

100 배명재, 「혁신도시 아파트 70% 직원 분양 특혜…본사 오기 전 되팔아 수천만 원 '집테크'」, 『경향신문』, 2015년 1월 20일.

101 채윤경, 「가족과 함께 지방 이주 직원 23%뿐…2만 명 중 1만 5,000명이 '혁신 기러기'」, 『중앙일보』, 2015년 3월 28일.

102 천광암, 「'기러기 아빠'와 국민연금」, 『동아일보』, 2003년 9월 10일, 6면.

103 유인경, 「'자식만 잘된다면…' 나홀로 가장의 '고행(孤行)': 기러기 아빠 시대 상(上)」, 『경향신문』, 2003년 10월 21일, 17면.

104 이은혜, 「의무와 기대가 키운 외로움의 동굴에서…: 우리 시대 기러기 교수들의 삶과 현실」, 『교수신문』, 2003년 11월 3일, 12면.

105 엄상익, 「기러기 아빠의 회초리」, 『동아일보』, 2005년 3월 15일.

106 김진각, 「날아갈 돈 없어 공항에서 손만… '펭귄 아빠' 까지」, 『한국일보』, 2005년 1월 11일, 8면.

107 김갑식, 「'닥쳐 보지 않으면 모른다': 마누라 없어 옆구리 허전한 '낯선 일상'」, 『동아일보』, 2005년 9월 1일, A5면.

108 정병진, 「미국이 뭐길래」, 『한국일보』, 2005년 12월 6일, 30면.

109 윤두현, 「'기러기 아빠' 사망 5일 만에 발견」, 『문화일보』, 2005년 10월 19일, 8면; 이동현, 「기러기 아빠 '슬픈 자화상': "정말 참기 힘든 건 외로움…"」, 『문화일보』, 2005년 10월 20일, 8면.

110 한윤정, 「"돈 버는 기계 전락한 아빠 자식 사랑 아닌 자기 만족": 주부가 '기러기 아빠'로 첫 박사논문」, 『경향신문』, 2005년 1월 21일, 8면.

111 정수정, 「[40대의 눈물] "행복지수도 최하위"…40대 왜 이렇게 힘들까?」, 『MBN 뉴스』, 2015년 2월 6일.

112 「개그맨 정명재, 기러기 아빠 고충 토로 "돈 보내는 기계였다"」, 『스포츠경향』, 2014년 6월 16일.

113 「'여유만만' 이상운, 기러기 아빠들 100% 공감하는 얘기 꺼내… '안습'」, 『조선닷컴』, 2014년 6월 16일; 「이상운, 앓는 병만 32가지…"기러기 아빠, 정말 많이 울었다"」, 『스포츠조선』, 2014년 6월 16일; 조해진, 「이상운 "32개 질병 앓고 있어" 자식 위한 기러기 아빠들의 사투」, 『티브이데일리』, 2014년 6월 16일.

1   서영지, 「경쟁 압박감에…스러지는 고학력 전문·관리직」, 『한겨레』, 2015년 1월 19일.
2   「서초동 세 모녀 용의자 검거, 실직과 주식투자 실패로…사건 내막 보니?」, 『MBN』, 2015년 1월 7일.
3   김형오, 「7억 가졌는데도? 중산층 몰락과 박탈감」, 『MBN뉴스』, 2015년 1월 8일.
4   김누리, 「불안, 한국 사회의 숨은 지배자」, 『한겨레』, 2015년 1월 12일.
5   강준만, 『미국사 산책 8: 미국인의 풍요와 고독』(인물과사상사, 2010), 19쪽.
6   알랭 드 보통(Alain de Botton), 정영목 옮김, 『불안』(은행나무, 2004/2011), 8쪽.
7   알랭 드 보통(Alain de Botton), 정영목 옮김, 『불안』(은행나무, 2004/2011), 356~357쪽.
8   롤프 하우블, 이미옥 옮김, 『시기심: '나'는 시기하지 않는다』(에코리브르, 2002), 160쪽.
9   윌리엄 번스타인(William Bernstein), 김현구 옮김, 『부의 탄생』(시아출판사, 2004/2005), 462~464 쪽; 버튼 맬킬(Burton G. Malkiel), 이건·김홍식 옮김, 『시장변화를 이기는 투자』(국일증권경제연구소, 2007/2009), 291쪽.
10 Robert H. Frank, 『Choosing the Right Pond: Human Behavior and the Quest for Status』 (New York: Oxford University Press, 1985), p.8.
11 Barry Schwartz, 『The Paradox of Choice: Why More Is Less』(New York: Harper Perennial, 2004), pp.189~190.
12 장은영, 「엄친아와 엄친딸에 비교되는 사회」, 『경향신문』, 2014년 12월 20일; 김신영, 「어설픈 요리에도 칭찬을…'부친남'과 비교 말아야 신중년 남편의 기 살리려면」, 『조선일보』, 2015년 2월 12일.
13 정상근, 『나는 이 세상에 없는 청춘이다: 대한민국 청춘의 생태 복원을 위한 보고서』(시대의창, 2011), 11쪽.
14 정상근, 『나는 이 세상에 없는 청춘이다: 대한민국 청춘의 생태 복원을 위한 보고서』(시대의창, 2011), 76쪽.
15 정상근, 『나는 이 세상에 없는 청춘이다: 대한민국 청춘의 생태 복원을 위한 보고서』(시대의창, 2011), 81쪽.
16 정상근, 『나는 이 세상에 없는 청춘이다: 대한민국 청춘의 생태 복원을 위한 보고서』(시대의창, 2011), 118쪽.
17 토마스 휠란 에릭센(Thomas Hylland Eriksen), 손화수 옮김, 『만약 우리가 천국에 산다면 행복할 수 있을까?』(책읽는수요일, 2008/2015), 108~110쪽; 조예찬, 「방글라데시의 웃음…그 뒤에 숨겨진 것들: 왜 행복의 나라인가」, 『스토리케이』, 2014년 8월 4일.
18 김양중, 「즐거워야 할 명절에 불안·초조·불면증까지」, 『한겨레』, 2015년 2월 18일.
19 양선희, 「[분수대] 잔혹 스토리가 난무하는 우리네 명절」, 『중앙일보』, 2013년 9월 23일.
20 김경학·김선영·김서영, 「조카들에 "취업은 언제 하냐, 결혼은?"…설 연휴 스트레스 주는 말 피하기」, 『경향신문』, 2015년 2월 18일; 이영희, 「명절, "나는 너의 편이야"라고 말하는 날」, 『중앙일보』, 2015년 2월 18일.
21 윌리엄 번스타인(William Bernstein), 김현구 옮김, 『부의 탄생』(시아출판사, 2004/2005), 462~464쪽.
22 김종수, 「[분수대] 이웃 효과」, 『중앙일보』, 2007년 5월 8일, 31면.
23 김경두, 「세계에 소문난 '명품 봉' 한국」, 『서울신문』, 2004년 9월 21일, 18면.
24 김찬호, 『모멸감: 굴욕과 존엄의 감정사회학』(문학과지성사, 2014), 293~294쪽.
25 알랭 드 보통(Alain de Botton), 정영목 옮김, 『불안』(은행나무, 2004/2011), 38쪽.
26 김동훈, 『대학이 망해야 나라가 산다』(바다출판사, 1999), 119쪽.
27 이혜미, 「'중기 다니면 15등급?'…결혼정보회사 '스펙'이 기막혀」, 『파이낸셜뉴스』, 2010년 8월 26일.

28 배국남, 「재산 100억, 서울대, 키 185Cm가 1등급 신랑이라고?」, 『배국남닷컴』, 2014년 10월 23일.

29 곽민영, 「"결혼은 투자다": 25~34세 미혼남녀 결혼관 설문」, 『동아일보』, 2006년 9월 18일, A14면.

30 양선희, 「거액 주고 산 신랑감 알고 보니 '까나리 액젓' 이라면…」, 『중앙일보』, 2013년 6월 12일.

31 이송원 · 정경화, 「[부모의 눈물로 올리는 웨딩마치] [7부-2] 美 교수 "왜 부모가 빚 얻나"… 獨학생 "예단 필요한가"」, 『조선일보』, 2014년 10월 29일.

32 최준식, 『행복은 가능한가: 그대 안에 꿈틀대는 모난 자존감』(소나무, 2014), 48~49쪽.

33 김진, 「'특급호텔 결혼금지법' 추진하는 안상수 의원」, 『중앙일보』, 2005년 12월 19일, 10면.

34 손진석, 「호텔 결혼식 밥값, 1인당 21만 원까지」, 『조선일보』, 2013년 7월 2일.

35 손진석, 「結婚 하객 500명 어느 특급호텔, 가장 싼 상품이 1억 950만 원」, 『조선일보』, 2013년 7월 2일.

36 이송원, 「[부모의 눈물로 올리는 웨딩마치] [7부-1] 결혼 3大 악습…집은 남자가, 예단 남들만큼, 賀客 많이」, 『조선일보』, 2014년 10월 28일.

37 정경화, 「[부모의 눈물로 올리는 웨딩마치] [7부-4] 욕심 없던 어머니, 고모 · 이모 · 옆집 엄마만 왔다 가면 돌변」, 『조선일보』, 2014년 11월 3일.

38 이송원 · 정경화, 「[부모의 눈물로 올리는 웨딩마치] [7부-4] 아버지 "결혼식장만큼은…" 어머니는 "예 단만큼은…" 費用(비용) 키운다」, 『조선일보』, 2014년 11월 3일.

39 이현숙, 「결혼식 '치킨게임' 어떻게 멈출까?」, 『한겨레』, 2014년 11월 17일.

40 김현진, 『그래도 언니는 간다: 앵그리 영 걸의 이명박 시대 살아내기』(개마고원, 2009), 46~47쪽.

41 「한국 여성 모독하는 빗나간 '국제중매': 일 신문에 굴욕적 광고문」, 『조선일보』, 1980년 10월 10일, 7면.

42 정희진, 「다를 수 있는 권리」, 『한겨레』, 2006년 3월 13일, 23면; 함인희, 「뒷북치는 '외국인 신부' 정 책」, 『조선일보』, 2006년 12월 13일, A39면.

43 정희진, 「다를 수 있는 권리」, 『한겨레』, 2006년 3월 13일, 23면.

44 「'베트남 여자 도망가지 않습니다' 현수막 단속」, 『경향신문』, 2007년 6월 29일.

45 김의태, 「우즈벡 2,300만 원, 국제결혼 씁쓸한 '권장가격'」, 『채널A』, 2014년 8월 31일.

46 강준만, 「왜 풍년이 들면 농민들의 가슴은 타들어 가는가?: 구성의 오류」, 『생각의 문법: 세상을 꿰뚫 는 50가지 이론 3』(인물과사상사, 2015), 271~276쪽 참고.

47 토마스 차모로-프레무지크(Tomas Chamorro-Premuzic), 이현정 옮김, 『위험한 자신감: 현실을 왜 곡하는 아찔한 습관』(더퀘스트, 2013/2014), 73쪽.

48 프랜시스 후쿠야마(Francis Fukuyama), 이상훈 옮김, 『역사의 종말: 역사의 종점에 선 최후의 인간』 (한마음사, 1992), 277~292쪽.

49 로버트 풀러(Robert W. Fuller), 안종설 옮김, 『신분의 종말: '특별한 자'와 '아무것도 아닌 자'의 경계 를 넘어서』(열대림, 2003/2004), 255쪽.

50 노명우, 『세상물정의 사회학: 세속을 산다는 것에 대하여』(사계절, 2013), 210쪽.

51 양지혜, 「한국인 페이스북엔 '먼 친구' 설정 유독 많다는데…」, 『조선일보』, 2013년 7월 29일.

52 손해용, 「"시시콜콜 자기 얘기 하던 페북, 스스로 발가벗기는 공간 변질"」, 『중앙일보』, 2013년 9월 7일.

53 양성희, 「우리는 왜 SNS에 중독되는가? 아마도 온라인 인정투쟁 중」, 『중앙일보』, 2013년 8월 17일.

54 채윤경, 「"남들은 저렇게 행복한데 나만…" SNS가 낳은 카 · 페 · 인 우울증」, 『중앙일보』, 2015년 1월 16일.

55 채윤경, 「"남들은 저렇게 행복한데 나만…" SNS가 낳은 카 · 페 · 인 우울증」, 『중앙일보』, 2015년 1월 16일.

56 한혜원, 「"샘나서"…명의 도용해 SNS 친구 대학 합격 취소 시켜」, 『연합뉴스TV』, 2015년 2월 2일; 임 국정, 「질투심 못 이겨…친구 대학 합격 취소시킨 10대 검거」, 『브레이크뉴스』, 2015년 2월 2일.

57 마셜 로젠버그(Marshall B. Rosenberg), 캐서린 한 옮김, 『비폭력 대화: 일상에서 쓰는 평화의 언어,

삶의 언어』(한국NVC센터, 2004/2013), 41쪽·168쪽.

58 홍상지, 「[세상 속으로] 한국인 어루만진 '아들러 심리학'」, 『중앙일보』, 2015년 2월 7일.

59 기시미 이치로·고가 후미타케, 전경아 옮김, 『미움받을 용기: 자유롭고 행복한 삶을 위한 아들러의 가르침』(인플루엔셜, 2013/2014), 223~229쪽.

60 신정록, 「[만물상] 일본인과 메이와쿠(迷惑)」, 『조선일보』, 2015년 1월 27일.

61 기시미 이치로·고가 후미타케, 전경아 옮김, 『미움받을 용기: 자유롭고 행복한 삶을 위한 아들러의 가르침』(인플루엔셜, 2013/2014), 155쪽.

62 홍상지, 「[세상 속으로] 한국인 어루만진 '아들러 심리학'」, 『중앙일보』, 2015년 2월 7일.

63 채윤경, 「"남들은 저렇게 행복한데 나만…" SNS가 낳은 카·페·인 우울증」, 『중앙일보』, 2015년 1월 16일.

64 김누리, 「무례사회」, 『한겨레』, 2014년 6월 23일.

65 허남설, 「"오징어녀·밥주걱턱녀·외계인녀…" 성형·미용 방송 '외모 차별'」, 『경향신문』, 2014년 11월 13일.

66 석진희, 「위기에 처한 영혼의 가면, 성형」, 『한겨레』, 2015년 2월 27일.

67 박연호, 「여상고생의 자살(한마당)」, 『국민일보』, 1994년 9월 13일, 2면.

68 박근애, 「40~50대 직장 남성 성형수술 '부쩍'」, 『한겨레』, 1994년 11월 27일, 8면.

69 김형기, 「'새천년 새한국인을 찾아서' 성형수술」, 『경향신문』, 1999년 3월 15일, 27면.

70 유인경, 「성형수술의 희비 쌍곡선」, 『월간조선』, 2000년 10월, 500~514쪽.

71 김희연, 「TV는 성형외과 영업사원?」, 『경향신문』, 2000년 6월 15일, 29면.

72 김두영, 「"외모가 입사면접에 영향"-기업 인사 담당자 67% 답변」, 『동아일보』, 2004년 10월 6일, 29면.

73 이세형, 「희망직업 따라 '맞춤성형'」, 『동아일보』, 2006년 9월 23일, 13면.

74 엄기호, 『아무도 남을 돌보지 말라: 인문학의 눈으로 본 신자유주의의 맨얼굴』(낮은산, 2009), 114~115쪽.

75 엄기호, 『아무도 남을 돌보지 말라: 인문학의 눈으로 본 신자유주의의 맨얼굴』(낮은산, 2009), 112~114쪽.

76 「[사설] 죽음 부른 성형공화국 누가 부추겼나」, 『동아일보』, 2012년 10월 29일.

77 태희원, 『성형: 성형은 어떻게 끝없는 자기완성 프로젝트가 되었나?』(이후, 2015), 270~271쪽.

78 조형국·박은하, 「[사고 잦은 성형수술] 지하철역은 거대한 '성형광고 터널'」, 『경향신문』, 2014년 3월 13일.

79 김누리, 「무례사회」, 『한겨레』, 2014년 6월 23일.

제4장 갑과 을, 두 개의 나라

1 지그문트 바우만(Zygmunt Bauman), 안규남 옮김, 『왜 우리는 불평등을 감수하는가: 가진 것마저 빼앗기는 나에게 던지는 질문』(동녘, 2013), 60~61쪽.

2 「낙수효과(落水效果, trickle down effect)」, 『네이버 지식백과』.

3 이정환, 『한국의 경제학자들』(생각정원, 2014), 101쪽; 이혜진, 「왜 우리는 불평등을 감수하는가」, 『폴리뉴스』, 2013년 8월 30일.

4 송경화, 「허울뿐인 '낙수효과 40%'」, 『한겨레』, 2014년 2월 6일.

5 안호기, 「규제완화, 낙수효과 데자뷰」, 『경향신문』, 2014년 2월 24일.

6 박남일, 「우리에게 익숙하나 현실모순 은폐하는 조작된 용어들」, 『경향신문』, 2014년 5월 10일.

7 이정전, 『우리는 왜 행복해지지 않는가』(토네이도, 2012), 152~153쪽; 오창민, 「소득 양극화, 임계점에 다다르다」, 『경향신문』, 2014년 6월 9일.

8 김한솔, 「세계은행 "불평등 성장은 부유층에만 이익"」, 『경향신문』, 2014년 7월 15일.

9 이훈범, 「낙수와 분수 사이」, 『온라인 중앙일보』, 2014년 8월 10일.

10 이헌재, 『경제는 정치다: 이헌재의 경제특강』(로도스, 2012), 27~28쪽.

11 김경학, 「양극화, 문제는 분배다」 월 소득 139만 원 미만 1,000만 명 육박…일해도 가난한 국민 증가」, 『경향신문』, 2014년 6월 13일.

12 유종일, 『경제 119: 한국 경제를 살리기 위한 유종일 교수의 정책 대안』(시사인북, 2011), 33~36쪽.

13 조중식, 「사자도 배부르면 사냥을 멈춘다」, 『조선일보』, 2015년 1월 16일.

14 이주영, 「'이준구 교수가 본 '피케티 현상'…"공평한 분배를 말하면 좌파가 되는 현실"」, 『경향신문』, 2014년 7월 4일.

15 김동춘, 『1997년 이후 한국 사회의 성찰: 기업사회로의 변화와 과제』(길, 2007), 5쪽.

16 박종훈, 「당신이 노력해도 부자가 될 수 없는 이유」, 『KBS 뉴스』, 2015년 1월 12일; 「사설」 재벌 자녀들의 떳떳지 못한 '재산 불리기'」, 『한겨레』, 2015년 2월 16일.

17 안지영, 「대학생이 가장 일하고 싶은 기업 "男 삼성전자, 女 대한항공"」, 『조선일보』, 2014년 6월 26일.

18 「사설」 '삼성 考試'에 또 10만, '일괄 채용' 다시 생각해봐야」, 『조선일보』, 2014년 4월 14일; 김용섭, 『가면을 쓴 사람들: 라이프 트렌드 2015』(부키, 2014), 288쪽.

19 김홍수, 「삼성 임원 되면 3代가 편안?」, 『조선일보』, 2013년 7월 6일.

20 김병준, 『99%를 위한 대통령은 없다: 깨어 있는 시민이 던져야 할 7가지 질문』(개마고원, 2012), 47쪽.

21 리처드 윌킨슨(Richard G. Wilkinson)·케이트 피킷(Kate Pickett), 전재웅 옮김, 『평등이 답이다: 왜 평등한 사회는 늘 바람직한가?』(이후, 2010/2012), 279쪽.

22 전성우, 「"피땀 흘려 일할 일자리 좀 없나요" 대학생 이색 '헌혈 시위'」, 『한국일보』, 2007년 3월 20일, 10면; 정혁수, 「"힘 다해 공부할 테니 피땀 흘려 일할 일터를…" 지방대의 '피맺힌 절규'」, 『경향신문』, 2007년 3월 20일, 8면.

23 송희영, 「유통기한이 너무 짧은 인생들」, 『조선일보』, 2009년 5월 9일.

24 권재현, 「"문 열면 규제 소용 없어" 밤마다 상품 반입 막기 '전쟁'」, 『경향신문』, 2010년 11월 3일.

25 변진경, 「목숨을 끊거나 강도짓을 하거나」, 『시사IN』, 제70호(2009년 1월 12일).

26 장하성, 『한국 자본주의: 경제민주화를 넘어 정의로운 경제로』(헤이북스, 2014), 138~139쪽.

27 송현숙, 「4년제 대학 입학 정원 내년 1차 감축…지방대 96%, 수도권대는 4% 그쳐」, 『경향신문』, 2014년 10월 1일.

28 전정윤, 「학생 1인당 '정부 지원금', 서울대가 경북대의 4배」, 『한겨레』, 2014년 11월 4일.

29 김명환, 「책임 규명 필요한 서울대 시흥캠퍼스」, 『경향신문』, 2015년 3월 7일.

30 강준만, 『입시전쟁 잔혹사: 학벌과 밥줄을 건 한판 승부』(인물과사상사, 2009), 294~321쪽.

31 박거용, 『350만의 배움터 한국 대학의 현실: 신자유주의 교육정책 비판』(문화과학사, 2005), 205쪽.

32 김기수, 『아직 과외를 그만두지 마라』(민음사, 1997), 285쪽.

33 성지훈, 「왜냐면」 스카이대 소수정예주의는 답 아니다」, 『한겨레』, 2008년 10월 16일.

34 최혜정, 「우리 사회 최대 걸림돌은 부정부패·빈부격차 심화」, 『한겨레』, 2015년 1월 1일.

35 지해범, 「나라 망가뜨리기로 작심한 사람들」, 『조선일보』, 2015년 2월 2일.

36 「사설」 공공기관 납품비리 심각성 보여준 한전 '뇌물 잔치'」, 『경향신문』, 2015년 2월 3일.

37 고영복, 『한국인의 성격: 그 변혁을 위한 과제』(사회문화연구소, 2001), 64쪽.

38 이영작, 「소수 엘리트만의 '반쪽 민주주의'는 안 된다」, 『조선일보』, 2014년 4월 29일

39 「사설」 安 후보 사퇴를 전관예우·官피아 척결 첫걸음으로 만들라」, 『조선일보』, 2014년 5월 29일.

40 김영호, 「공직부패의 온상 전관예우」, 『미디어오늘』, 2014년 6월 18일.

41 김창룡, 「기득권층의 탐욕, 전관예우」, 『피디저널』, 2014년 6월 1일.

42 이정재, 「정피아, 관피아 재림의 전주곡」, 『중앙일보』, 2014년 11월 20일.

43 이진석, 「2,000억 써서 '政피아' 막기」, 『조선일보』, 2015년 2월 14일.

44 최종석, 「공기업 억대 연봉자 비율(8.4%), 일반 직장인의 3배」, 『조선일보』, 2014년 1월 23일.

45 김지환, 「한국거래소, 공공기관 중 '최고 연봉'」, 『경향신문』, 2013년 12월 23일.

46 김회승, 「'적자 전신주'」, 『한겨레』, 2013년 12월 25일; 이정재, 「부실 공기업, 씨가 마를 때까지」, 『중앙일보』, 2014년 3월 13일.

47 엄기호, 「[추천서] 꿈은 이 시대 청춘의 덫이다」, 한윤형 · 최태섭 · 김정근, 『열정은 어떻게 노동이 되는가: 한국 사회를 움직이는 새로운 명령』(웅진지식하우스, 2011), 5쪽.

48 짐 클리프턴(Jim Clifton), 정준희 옮김, 『갤럽 보고서가 예고하는 일자리 전쟁』(북스넛, 2013/2015), 5~11쪽; 이상민, 『일자리 전쟁: 디플레이션 시대를 준비하라』(청년정신, 2013).

49 전다은 외, 『대한민국 취업전쟁 보고서』(더퀘스트, 2014).

50 김영환, 「좌파 연구자가 노조에 해줄 말은?」, 『한겨레』, 2008년 12월 6일.

51 김철수, 「기자 24시: 기아차 노조의 '양두구육'」, 『매일경제』, 2005년 1월 22일.

52 안형영 · 김회경, 「"영혼이라도 팔아 취직하고 싶었다"」, 『한국일보』, 2005년 2월 2일, 8면.

53 「회사보다 정규직 노조가 더 밉다?」, 『한겨레21』, 2005년 2월 22일.

54 「대공장 노조, 진보 맞나?: 그대, 멸망으로 가는 완행열차에서 졸고 있는가」, 『한겨레21』, 2005년 2월 22일.

55 「대공장 노조, 진보 맞나?: 그대, 멸망으로 가는 완행열차에서 졸고 있는가」, 『한겨레21』, 2005년 2월 22일.

56 국기헌, 「'장그래'의 슬픈 현실…"정규 · 비정규직 월급 차 4.2배"」, 『연합뉴스』, 2014년 12월 25일.

57 「[사설] 망국적 정규직 · 비정규직 격차, 방치할 수 없다」, 『중앙일보』, 2014년 11월 28일.

58 이하늬, 「정규직 인간 대접 원했던 사람들의 죽음」, 『미디어오늘』, 2014년 12월 24일.

59 정희진, 「잉여」, 『경향신문』, 2013년 10월 30일.

60 경제민주화를 연구하는 기자 모임, 『경제민주화 멘토 14인에게 묻다』(퍼플카우, 2013), 230~231쪽.

61 유종일 · 손석춘, 『경제민주화가 희망이다: 손석춘 묻고 경제학자 유종일 답하다』(알마, 2012), 58~60쪽.

62 김대호 · 윤범기, 『결혼불능세대: 투표하고, 연애하고, 결혼하라』(필로소픽, 2012), 54~55쪽.

63 조성주, 『대한민국 20대 절망의 트라이앵글을 넘어: 88만원 세대의 희망찾기』(시대의창, 2009), 98쪽.

64 장승기, 「윤장현 시장 '기아차 지극 정성' 通하나」, 『광남일보』, 2014년 10월 6일; 최권일 · 박진표, 「윤장현 광주시장 '자동차 100만대 생산기지' 전방위 행보」, 『광주일보』, 2014년 10월 13일.

65 최종석, 「[青年실업 함께 풀자] 현대車, 光州공장 확장 못하는 속사정」, 『조선일보』, 2015년 3월 20일.

66 김대호 · 윤범기, 『결혼불능세대: 투표하고, 연애하고, 결혼하라』(필로소픽, 2012), 51쪽.

67 김기찬, 「일본보다 400만 원 많은 한국 대졸 초임」, 『중앙일보』, 2015년 1월 27일.

68 김기찬, 「일본보다 400만 원 많은 한국 대졸 초임」, 『중앙일보』, 2015년 1월 27일.

69 「[사설] 대기업 정규직과 중소기업 비정규직 임금 격차는 10대 4」, 『조선일보』, 2015년 2월 23일.

70 하종강, 「"노동 문제 해결해야 교육 문제도 해결된다"」, 『시사IN』, 2013년 6월 13일.

71 조성주, 『대한민국 20대 절망의 트라이앵글을 넘어: 88만원 세대의 희망찾기』(시대의창, 2009), 38~42쪽.

72 안석배, 「왜 高卒 취업자가 '반값 등록금' 예산 부담하나」, 『조선일보』, 2015년 1월 30일.

73 최태섭, 『잉여사회: 남아도는 인생들을 위한 사회학』(웅진지식하우스, 2013), 184쪽.

74 김윤철, 「사회운동의 새로운 주인공」, 『경향신문』, 2015년 2월 14일.

75 에드워드 글레이저(Edward Glaeser), 이진원 옮김, 『도시의 승리』(해냄, 2011), 7쪽.

76 강준만, 「왜 혁신은 대도시에서 일어나는가?: 네트워크 효과」, 『생각의 문법: 세상을 꿰뚫는 50가지 이론』(인물과사상사, 2015), 279~283쪽 참고.

77 이성용, 『한국을 버려라!: 한국, 한국인이 살아남을 수 있는 길』(청림출판, 2004), 180쪽.

78 김효정, 「'지방충'이라니…서울-지방 출신 삶의 격차 갈수록 커져」, 『주간조선』, 제2305호(2014년 5월 5일).

79 Irving L. Janis, 『Groupthink: Psychological Studies of Policy Decisions and Fiascoes』, 2nd ed.(Boston, Mass.: Houghton Mifflin Co., 1982), p.3; 찰스 포드(Charles V. Ford), 우혜령 옮김, 『왜 뻔한 거짓말에 속을까: 상대의 마음을 읽는 거짓말의 심리학』(21세기북스, 1999/2009), 307쪽.

80 「사설」 자치 단체장은 중앙 정치 식민지 벗어나라」, 『중앙일보』, 2014년 6월 6일.

81 이정우, 『약자를 위한 경제학』(개마고원, 2014), 208쪽.

82 이규태, 『한국인의 버릇: ① 버리고 싶은 버릇』(신원문화사, 1991), 288~289쪽.

83 김정호, 『서울제국과 지방식민지』(지식산업사, 1991), 105~107쪽.

84 「사설」 언제까지 수도권·지방 '선 긋기' 규제할 건가」, 『조선일보』, 2015년 1월 27일; 호경업·채성진, 「투자 막는 수도권 규제」 "수도권 규제 30년, 하향평준화만"」, 『조선일보』, 2015년 1월 28일.

85 홍철, 『지방 보통시민이 행복한 나라』(대구경북연구원, 2011), 178쪽.

86 「사설」 복지 비용 後孫에 떠넘기는 건 '세대 간 도둑질'」, 『조선일보』, 2015년 2월 5일.

87 이혜림, 「수도권이 늙고 있다」, 『LG Business Insight』, 2013년 10월 2일, 2~13쪽.

88 신윤동욱·신소윤, 「수도권이 늙고 있다」, 『한겨레21』, 제994호(2014년 1월 9일).

89 정은영, 「통영에서 출판사를 한다고요?」, 김승완 외, 『서울을 떠나는 사람들: 3040 지식노동자들의 피로도시 탈출』(남해의봄날, 2013), 201쪽.

90 김찬호, 「새로운 지연(地緣), 열린 고향」, 『경향신문』, 2015년 2월 14일.

맺는말 '비교하지 않는 삶'을 위하여

1 김종희, 「청년들아, 너희들을 위한 나라는 없다」, 『경향신문』, 2015년 1월 30일; 서의동, 「'한국리셋론'」, 『경향신문』, 2015년 2월 2일.

2 이신영, 「[Weekly BIZ] [Cover Story] 이미지로 말하기, SNS의 새 장르 열다」, 『조선일보』, 2014년 7월 5일.

3 강준만, 「왜 치킨 가게가 3만 개를 넘어섰을까?: 생존 편향」, 『감정 독재: 세상을 꿰뚫는 50가지 이론』(인물과사상사, 2013), 199~203쪽 참고.

4 강준만, 「왜 좋은 뜻으로 한 사회고발이 역효과를 낳을 수 있는가?: 사회적 증거」, 『생각의 문법: 세상을 꿰뚫는 50가지 이론』(인물과사상사, 2015), 33~38쪽 참고.

5 프릭 버뮬렌(Freek Vermeulen), 정윤미 옮김, 『비즈니스의 거짓말: 그들이 당신을 감쪽같이 속이고 있는 8가지』(프롬북스, 2010/2011), 16~17쪽.

6 김대식·김두식, 『공부 논쟁』(창비, 2014), 273~274쪽.

7 유하룡, 「월급쟁이가 강남구 전세 살려면 한 푼도 안 쓰고 10년 모아야 가능」, 『조선일보』, 2015년 2월 16일.

8 양성희, 「[분수대] 안 되면 될 걸 하라」, 『중앙일보』, 2014년 7월 12일.

9 나해리, 「그럭저럭 괜찮은 스펙의 대학생」, 전다은 외, 『대한민국 취업전쟁 보고서』(더퀘스트, 2014),

187쪽.

10 정상근, 『나는 이 세상에 없는 청춘이다: 대한민국 청춘의 생태 복원을 위한 보고서』(시대의창, 2011), 120쪽.

11 박구재, 「청춘 악담(惡談)」, 『경향신문』, 2015년 3월 19일.

12 우병현, 「삼성전자의 칸막이와 層階 문화」, 『조선일보』, 2015년 3월 21일.

13 정상근, 『나는 이 세상에 없는 청춘이다: 대한민국 청춘의 생태 복원을 위한 보고서』(시대의창, 2011), 128쪽.

14 한창만, 「합리적·비소비적 일본 젊은 층 주류 사토리 세대 부상」, 『한국일보』, 2013년 3월 18일; 박권일, 「각성이냐 상실이냐」, 『한겨레』, 2013년 3월 26일.

15 후루이치 노리토시, 이언숙 옮김, 『절망의 나라의 행복한 젊은이들: 어려운 시대에 안주하는 사토리 세대의 정체』(민음사, 2011/2014), 25~27쪽.

16 후루이치 노리토시, 이언숙 옮김, 『절망의 나라의 행복한 젊은이들: 어려운 시대에 안주하는 사토리 세대의 정체』(민음사, 2011/2014), 135~136쪽.

17 후루이치 노리토시, 이언숙 옮김, 『절망의 나라의 행복한 젊은이들: 어려운 시대에 안주하는 사토리 세대의 정체』(민음사, 2011/2014), 291~292쪽.

18 박종훈, 『지상최대의 경제사기극, 세대전쟁』(21세기북스, 2013), 268쪽.

19 박권일, 「각성이냐 상실이냐」, 『한겨레』, 2013년 3월 25일.

20 오찬호, 「해제/일본은 절망적이고 한국은 '더' 절망적이다」, 후루이치 노리토시, 이언숙 옮김, 『절망의 나라의 행복한 젊은이들: 어려운 시대에 안주하는 사토리 세대의 정체』(민음사, 2011/2014), 13~14쪽.

21 이계삼, 『변방의 사색: 이계삼 에세이』(꾸리에, 2011), 98~99쪽.

22 유병률, 「메가스터디 만든 손주은, "차라리 깽판을 쳐라"」, 『머니투데이』, 2011년 11월 7일.

23 김강한 외, 「['달관 세대'가 사는 법] 덜 벌어도 덜 일하니까 행복하다는 그들…불황이 낳은 達觀(달관) 세대」, 『조선일보』, 2015년 2월 23일.

24 김강한, 「[기자수첩] "행복하다"는 달관 세대…그들을 보는 불편한 視線(시선)」, 『조선일보』, 2015년 2월 26일; 박은주, 「잘돼봤자 저 꼴이다」, 『조선일보』, 2015년 2월 27일.

25 JW Kim, 「조선일보는 왜 '달관 세대' 프레임을 내세웠는가」, 2015년 2월 25일; http://ppss.kr/archives/37964.

26 이재권, 「달관 세대」, 『울산저널』, 2015년 3월 4일.

27 강명관, 「'동창이 밝았느냐'와 달관 세대」, 『한겨레』, 2015년 3월 6일.

28 모진수, 「『조선일보』의 '달관 세대', 원인과 결과 뒤바뀌었다: 한 취업준비생이 바라본 현실…유명대학 다니면서 달관했다니」, 『오마이뉴스』, 2015년 2월 27일.

29 조윤호, 「'달관 세대' 뜬다고? 아름다운 단편 영화 얘기하나」, 『미디어오늘』, 2015년 3월 4일.

30 박권일, 「달관이냐 체념이냐」, 『한겨레』, 2015년 3월 3일.

31 후루이치 노리토시, 이언숙 옮김, 『절망의 나라의 행복한 젊은이들: 어려운 시대에 안주하는 사토리 세대의 정체』(민음사, 2011/2014), 307쪽.

32 박정훈, 「이런 日本이 소름 끼치도록 무섭다」, 『조선일보』, 2015년 2월 6일.

33 김승완 외, 『서울을 떠나는 사람들: 3040 지식노동자들의 피로도시 탈출』(남해의봄날, 2013), 124쪽.

34 권기정, 「부산 지역 대학 출신 평균 임금 197만 원, 수도권 대학은 246만 원」, 『경향신문』, 2014년 11월 6일.

35 우석훈, 『솔로계급의 경제학: 무자식자 전성시대의 새로운 균형을 위하여』(한울아카데미, 2014), 173쪽.

36 김대식·김두식, 『공부 논쟁』(창비, 2014), 40쪽.

37 강준만, 「왜 선물 하나가 사람을 바꿀 수 있을까?: 자기이행적 예언」, 『감정 독재: 세상을 꿰뚫는 50가

지 이론』(인물과사상사, 2013), 123~129쪽 참고.

38 김찬호, 『모멸감: 굴욕과 존엄의 감정사회학』(문학과지성사, 2014), 217~220쪽 · 258쪽.

39 김태형, 『불안증폭사회: 벼랑 끝에 선 한국인의 새로운 희망 찾기』(위즈덤하우스, 2010), 31쪽.

40 크리스토퍼 래시(Christopher Lasch), 이희재 옮김, 『진보의 착각: 당신이 진보라 부르는 것들에 관한 오해와 논쟁의 역사』(휴머니스트, 1991/2014), 743~744쪽.

41 이주훈, 「공동체미디어 운동의 진화, 마을미디어」, 『미디어오늘』, 2015년 1월 14일.

42 윤정민, 「알바 · 도서관 도돌이표…더 힘든 건 '취업 루저' 자괴감」, 『중앙일보』, 2015년 2월 5일.

43 김현정, 「루저로 보일까봐…」, 『한겨레』, 2014년 2월 27일.

44 정상근, 『나는 이 세상에 없는 청춘이다: 대한민국 청춘의 생태 복원을 위한 보고서』(시대의창, 2011), 230~231쪽.

45 김지석, 「[유레카] 공유지식」, 『한겨레』, 2015년 2월 11일.

46 김호기, 「연대적 개인주의를 향하여」, 『경향신문』, 2015년 2월 13일.

47 노현웅, 「4가구 가운데 1가구는 '나홀로 가구'」, 『한겨레』, 2013년 1월 31일; 이석우, 「희미해진 소속감…대학생 3명 중 1명 "나는 아웃사이더"」, 『조선일보』, 2011년 6월 23일.

48 하승창 편, 『왜 우리는 더불어 사는 능력이 세계 꼴찌일까?: 불신 · 불안 · 불통 · 불행의 우리시대를 말하다』(상상너머, 2012), 76~88쪽.

개천에서
용나면
안된다

ⓒ 강준만, 2015

초판 1쇄 2015년 5월 15일 펴냄
초판 6쇄 2019년 8월 8일 펴냄

지은이 | 강준만
펴낸이 | 강준우
기획 · 편집 | 박상문, 김소현, 박효주, 김환표
디자인 | 최진영, 홍성권
마케팅 | 이태준
관리 | 최수향
인쇄 · 제본 | 대정인쇄공사

펴낸곳 | 인물과사상사
출판등록 | 제17-204호 1998년 3월 11일

주소 | 04037 서울시 마포구 양화로7길 4(서교동) 2층
전화 | 02-325-6364
팩스 | 02-474-1413

www.inmul.co.kr | insa@inmul.co.kr

ISBN 978-89-5906-342-0 03300
값 15,000원

이 도서의 국립중앙도서관 출판시도서목록(CIP)은 서지정보유통지원시스템 홈페이지(http://seoji.nl.go.kr)와
국가자료공동목록시스템(http://www.nl.go.kr/kolisnet)에서 이용하실 수 있습니다.
(CIP제어번호 : CIP2015012429)